金陵全書

丙編·檔案類

江南水泥廠檔案

籌備建設（下）

南京市檔案館　編

南京出版社
南京出版傳媒集團

圖書在版編目（CIP）數據

江南水泥廠檔案. 籌備建設. 下 / 南京市檔案館編.
-- 南京 : 南京出版社, 2019.12
（金陵全書）
ISBN 978-7-5533-2417-3
Ⅰ. ①江… Ⅱ. ①南… Ⅲ. ①水泥 - 工廠史 - 史料 -
南京 Ⅳ. ①F426.71
中國版本圖書館CIP數據核字（2018）第2015078號

書　　名　【金陵全書】（丙編・檔案類）
　　　　　江南水泥廠檔案・籌備建設（下）
編 著 者　南京市檔案館
出版發行　南京出版傳媒集團
　　　　　南　京　出　版　社
社址：南京市太平門街53號　　郵編：210016
網址：http://www.njcbs.cn　　電子信箱：njcbs1988@163.com
聯系電話：025-83283893、83283864（營銷）　025-83112257（編務）

出 版 人　項曉寧
出 品 人　盧海鳴
責任編輯　楊傳兵
裝幀設計　楊曉崗
責任印制　楊福彬

製　　版　南京新華豐製版有限公司
印　　刷　南京凱德印刷有限公司
開　　本　889毫米×1194毫米　1/16
印　　張　36.75
版　　次　2019年12月第1版
印　　次　2019年12月第1次印刷
書　　號　ISBN 978-7-5533-2417-3
定　　價　1000.00元

南京出版社
圖書專營店

目録

叁 建設工廠

叁

建設工廠

江南水泥股份有限公司與史密芝公司簽訂的購買制造洋灰機器合同（附麥加利銀行擔保函及首付款收條）（一九三五年五月二十三日）

檔號：1041-1-15

立合同人史密芝公司（以下簡稱承辦人）與江南水泥有限公司（以下簡稱公司）成立合同於一九三五年五月二十三日訂定條件如下

第一條　價值與機器件數

承辦人情願供應公司購買一九三五年五月二十二日逐項議定分別詳載於 EJ/EYS/ELa/J34/95A 單內各項機件總計價值英金六萬六千鎊除卸力外海運包裝及運費全包在內並保險保至南京東棲霞山工廠地址但承辦人用輪載運機件須配備大量充足之卸貨器具並供應以後開動絞車人員

第二條　交貨辦法

承辦人同意在訂貨後遵照本合同之規定不能遲過八個月在歐洲口岸完成船面交貨並允許在可能範圍內盡力縮短交貨時間倘在八個月之後此項機件仍然不能交到船面因此遲誤致使公司蒙受不能開工之任何損失時承辦人擔任用賠償法而不用罰款法償付公司損失總額計算按照交貨每遲誤一星期賠償全價百分之一的八分之三倘發貨遲延爲公司要求所致或因承辦人工廠中發生意外罷工或工人有所要求或爭執或其他一切在承辦人管理能力以外者本合同准許交貨合理展期此項機件須盡力運輸齊全以備安裝倘若發貨預備完竣公司方面情願要求緩發時則此項儲存費與由承辦人工廠至貨棧之運費以及保險等費應由公司擔負凡關改變發貨時間承

辦人同意進約如公司之願盡力發貨但在接到公司通知之後不能立即發出時承辦人不負其責承辦人於供應機件中應盡先運輸大窰底座滾輪以及軸架等件但實行此批運輸在合同簽定後至晚不能遲過五個半月

第三條　付款條件

第一批付款法在下定單即本合同簽字時付給價值總額百分之八十

第二批付款法本合同第六條內載明須在所擔保之出數與經濟效力相符四年以後或在承辦人付給公司罰款四年以後但至晚不能遲過全體機件運完五年半之後

公司同意付給承辦人第二批款項年息二釐從全體機件到達南京兩個月以後算起

本合同經承辦人簽字後同意聲明在麥加利銀行開給公司全價百分之八十之銀信保以運貨單交到麥加利銀行爲限倘遇意外情節當貨物備齊待運公司通知停運時銀信期限不能遲過本合同簽字以後二年所有款項均須交付麥加利銀行天津分行

第四條　承辦之圖樣

承辦人擔任不索費用供應機件地基及安裝各項緊要圖樣每份藍圖五張及工廠設計與計劃圖凡本合同載明之機器在各項建築內須要之地位圖建築地板之荷重量圖安裝地基詳細分圖此外承辦人不供應各項建築詳細分

圖亦不送給承辦人之機器構造圖或計劃圖設若公司需要供應時則須照加附圖費

第五條　安裝與燒窯人員

關於安裝與開始開動機器期中輔助公司之事承辦人於雙方同意之下情願在此時期內以相當人數之有經驗安裝師及燒窯師供給公司關於此等職員公司須代備宿舍牀毯傢具等而食物則歸其自理對於上述每人公司每日須付承辦人二鎊十先令但此等費用應自彼等離開丹京考平哈經之日算起並由考平哈經至公司往來旅費亦應由公司付給

第六條　擔保辦法

關於安裝與開動各項機器如確係遵照承辦人之安裝師監督和指揮之下實行安裝與開動時承辦人擔任下列各項擔保

甲、濕燒法安那克司大窯尺碼爲　2.85x2.55x3.0x131　米達太氏窯磨　(Tarax Mill)　包括在內關於煤斤之消耗按照每二十四小時出產燒煉完好灰塊三百四十噸計算若原料面內所含水份爲百分之三十六熱力不得超過一千四百度或原料面內所含水分爲百分之三十八熱力不得超過一千四百五十度或原料面內所含水分爲百分之四十熱力不得超過一千五百度

乙、灰塊之溫度正當離開冷爐 (Unax Cooler) 時不得大過攝氏表一百七十五度

丙、燒灰大窯每二十四小時出產燒煉完好之灰塊能達至三百八十噸

丁、燒煉完好灰塊之定義乃以燒煉完好與無欠火之表現爲限度並當磨成洋灰時須超過英國試驗標準

太氏煤磨 (Tirox Mill)

太瑞克斯煤磨號碼爲 22X4.0 米達每小時能烤磨乾煤十噸細度達至九百孔篩餘百分之一渣滓倘若濕煤中所含之水分不過百分之八時則無須首先壓碎

丹式洋灰磨 (Unidan Mill)

甲、丹式洋灰磨號碼爲 22X14 米達能磨洋灰如下

每小時十七噸細度達至四千九百孔篩餘百分之三至四渣滓有每克瓦點電能磨灰三十克羅之經濟效力每小時十八噸五成細度達至四千九百孔篩餘百分之五至六渣滓有每克瓦點電能磨灰三二·五克羅之經濟效力或每小時二十噸五成細度達至四千九百孔篩餘百分之六渣滓有每克瓦點電能磨灰三十五克羅之經濟效力該大小牙輪之效能不能小於百分之九十九且取用馬達之效能須合製造者之規定設或因此發生任何爭執時當以準確測驗之試驗爲標準

乙、磨成灰之細度達至四千九百孔篩餘百分之三渣滓倘入磨灰塊之溫度不過攝氏表七十度以及通風與冷水之溫度不過攝氏表三十五度當磨成之灰出磨時其溫度不得大於攝氏表一百一十五度

丹式原料磨 (Unidan Mill for Raw Grinding)

丹式磨號碼為 22X14 米達承辦人希望能磨原料如左（當裝入磨內之原料尺碼不大於一英寸時）每小時二十六噸細度達至四千九百孔篩餘百分之六渣滓有每克瓦點電能磨原料四十七克羅之經濟效力當承辦人獲得機會試驗原料時必須根據該化驗室之試驗備作擔保試驗之標準

原料面之混合程序

承辦人情願擔保用一種極大變換之準確摻合使所摻之原料面達至按照點定試驗之規定百分之二（即 $CaCo_3$ 炭酸鈣百分之一的五分之一）

錘式碎石機

承辦人情願擔保錘式碎石機每小時能壓碎二英尺大小之石灰石至一寸之塊六十噸

各項輸送器具

承辦人情願擔保輸送器具之能力例如泥砂蔴花鑽以及提運斗等等之屬於某項主要機器者均同相符

第七條　擔保試驗

關於證明擔保之產量與電力消耗之事在機器安裝完全開動以後許以四個月期限除機件照常工作每日依次實行三次試驗即須擔保準確相符外關於各項試驗之時間須由承辦代表人與公司在廠管理者雙方同意規定實行各項試驗須由雙方協同布置執行並且在各項試驗期間公司須預備工人以及充分之原料倘照本合同第六條內之規定證明擔保不符時承辦人情願以下列方法辦理善後

承辦人免費供給增加件數或機件以符擔保之需要供給此項件數須極力減縮交貨期限倘若正在實行工作期中各項擔保不足證明相符假如公司需要試驗時則須以新擔保方法實行試驗假如機器開動後八個月以內各項擔保不能相符時承辦人擔任用賠償法不用罰款法償付公司損失款項總額按照左列方法計算

甲、假如燒灰大窰丹式洋灰磨錘式碎石機各項輸送器以及煤磨之出產量較本合同第六條內擔保之出產量每少出產百分之一時承辦人情願用賠償法而不用罰款法償付損失款項總額按照該擔保不能相符之機器價值百分之一計算

乙、假如丹式洋灰磨所用之電力較本合同第六條內之擔保每多耗費百分之一時承辦人情願用賠償法而不用罰款法償付損失款項總額按照該丹式洋灰磨價值百分之一計算

丙、假如燒灰大窰所用之煤較本合同第六條內之擔保每多耗費十度熱力之煤時承辦人情願用賠償法而不用罰款法償付損失款項總額爲二百磅

假如安裝完畢後一年以內上述之擔保試驗不能開始其原因出於承辦人範圍之外者則承辦人對於此項擔保責任應認爲已與規定相符假若承辦人之各項擔保失敗不能如上述工作完好時公司當照本條協定從末次付款百分之二十以內正式扣留賠償損失之相當總額

第八條　手藝與破壞之擔保

承辦人擔保承造規定之機件概用上等手藝與材料並須絕對準確此項擔保之效果則爲最初出灰五十噸後之十八個月內規定機件之任何部分如有損壞或粗劣或出乎意外之磨損承辦人應即補償在南京交貨不索價值其損壞或換下之件概歸承辦人所有但其破壞或磨損由於使用失慎或其他原因出乎承辦人管轄之外者承辦人則不負其責此種破壞擔保以機件到達南京以後四十二個月爲滿期當機件與機器部分到達地址以後經技術上之考驗發見品質粗劣或手藝不佳或式樣不合或與規定不符承辦人須負責補償此項更換之件須與原來規定相符於十六個星期以內在船面交貨或在考驗以後二十六個星期運到公司之工廠地址倘有錯誤公司得正式拒絕不受承辦人須將已收之款退回

第九條　責任範圍

承辦人對於將來任何損失例如較本合同第二、七、八、以及十條各項規定以外之利益損失概不負責

第十條　罰款

假如承辦人對於公司方面人員或人員與公司有關係者給與用金或其他任何方式承辦人須擔任付給公司罰款

總額英金二萬鎊

第十一條　普通情形

關於議定售賣各種情形除在本合同以內說明者外即以附印於承辦人議定說明書第一頁之背面者爲有效並所有各項擔保統同隸屬於付款條件之中倘若將來關於本合同發生任何爭端彼此交涉不能解決時則須申述於仲裁會用選舉法由各方選舉仲裁人解決此事仲裁人中選舉主席一人表決違約之事雙方均須遵從

第十二條　簽字

本合同簽字人承辦代表人倪魯司金森與公司總經理袁心武本合同共計十三張簽成兩份彼此各存一份

公歷一九三五年五月二十二日在中國天津簽字

江南水泥有限公司　　袁心武

THE CHEE HSIN CEMENT COMPANY, LIMITED, TIENTSIN.

證人王濤

史密士公司 Neil Jensen

證人 N. Chr. Jorgensen

九

敬啓者丹麥京城之史密芝公司與 貴公司所訂購買製造洋
灰機器（價值陸萬陸千英鎊）合同之第二條由敝 行擔保倘
該公司不能履行此條敝行認付與 貴公司至多伍萬貳千捌
百英鎊此項擔保以二年爲期（由簽合同日起計算即一九三
七年五月廿三日）其總額以不超過英鎊伍萬貳千捌百鎊爲
度但於擔保期內敝行將所有該項機件提單交與 貴公司時即
爲解除擔保責任此致
江南水泥公司

麥加利銀行經理

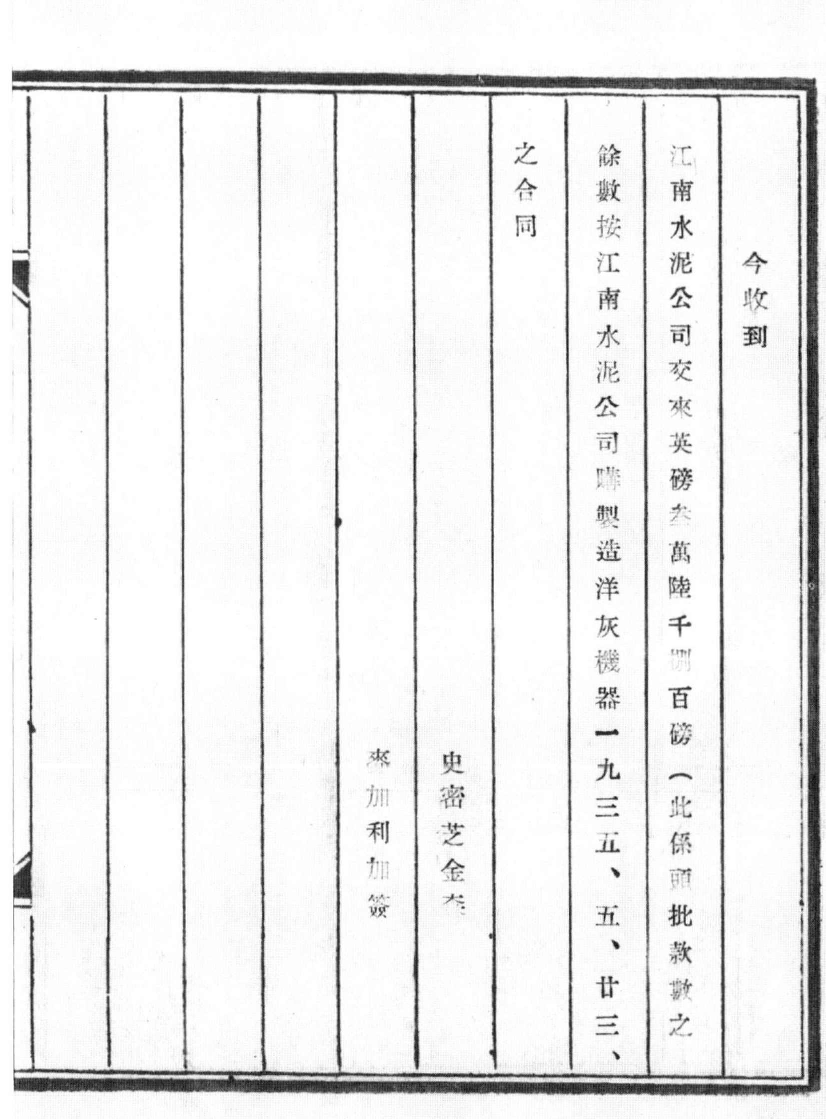

今收到

江南水泥公司交來英磅叁萬陸千捌百磅（此係頭批款數之餘數按江南水泥公司購製造洋灰機器一九三五、五、廿三、之合同

史密芝金夲

來加利加簽

江南水泥廠籌備處爲史密芝廠第一批機件已運來卸裝運輸報關及轉運付款等事致常務董事會的往來信函

（一九三六年一月二十八日至四月十日）

檔號：1041-1-41

江南水泥廠籌備處用箋

寧審字第五十六號第　頁

敬啓者：接啟新南店來函謂，據上海禮和洋行派員來店聲稱，尊處所訂購之機件現已到滬，定於本星期六（廿五日）由滬運上。此項機件分裝四十二箱，到達時如何起卸，應請預爲籌備。貨到後，應付貨款三分之一，係經合同規定等語。用爲轉達，祈查照等語。前項貨款是否由啟新南店代付，如由啟新代付，請鈞會發信通知啟新南店，爲荷。貨到後起卸、報關、轉運，由敝處接洽辦理。此致

江南水泥公司常務董事會

江南水泥廠籌備處啓

中華民國二十五年一月二十八日

中華民國廿五年壹月卅日收到

地址 南京新街口正洪街五十三號　電話 二二三二二　電報掛號 〇四〇四

江南水泥股份有限公司籌備處

廿五年 一月 卅 日

寧密 56

按前向礼和洋行所订购者价"修机房用机件"

共价 £2,343-4-0

订购时已付 1/3 计 £781-1-4 ✗

照合同规定应於

货到工厂时再付 1/3

使用满意后再付 1/3（货到工厂后三个月以内）

上海现尚存 £46-0-5

此次之款似应在津付

津審　二　仝

敬啟者接奉審字第五十六號

大函承　示接敝新南店函謂據上海禮和洋行來員聲稱尊處所訂購之機件現已到滬定於本星期六（廿五日）由滬運上此項機件分裝四十二箱貨到後應付貨款三分之一等語前項貨款如由敝新代付請發信通知又貨到後起卸報關轉運由尊處接洽辦理各節均敬悉查此項機件係『修機房用機件』共價 £2,343-4-0 訂購時已付三分之一照合同規定應於貨到工廠時再付三分之一計 £781-1-4 現因鉅款存津一俟該項貨件到廠址時即請　見示當由敝處在津照數劃付除已與天津禮和洋行接洽外希

察照爲荷此致

江南水泥廠籌備處

常務董事會啟

五　一　三十

江南水泥股份有限公司

江南水泥廠籌備處用牋

寧滬字第五十七號第一頁

中華民國廿五年貳月八日收到

敬啓者奉 津滬字第二號

大函承 示禮和洋行機件付款辦法敬悉啓事列後

一、由滬運廠第一批機件九十二件計重一百七十餘噸已于上月

下旬運抵浦口關于接洽此項機件之卸裝運輸以及報關

等事如交人代辦每噸約需手續費一元 庚孫副處長為

節省開支計均親自接洽辦理

該項機件金陵海關進口稅按值百抽十征收共納稅國幣

九七三一·三九元據海關方面表示此係全國一致未講啓新

中華民國 年 月 日

地址 南京新街口正洪街三十五號 電話 二二三二二 電報掛號 〇四七四

江南水泥廠籌備處用牋

字第　號第　頁

唐廠購運機件所完關稅為百分之幾便祈　查明示知

前項機件中有五十五件已分裝四平車于本月四日運往棲霞山站尚有三十七件一俟天晴即索車裝運鐵路運輸機件應按二等貨物收費經　庚孫副處長商得路局同意照中國工廠運機件計費辦法減等收費概作三等省去運費輪渡費殊多

二、天津交洋灰船運來機件十四件業于上月間運至下關之三汊河已雇船運往煤炭港車站日內裝車運廠

中華民國　年　月　日

地址 南京新街口正洪街五十三號　電話 二二三二二　電報掛號 〇四七四

江南水泥廠籌備處用箋

字第　號第 [illegible] 頁

禮和洋行運來修機廠機件四十一箱業已報關今日午後
查驗每箱重量均在一噸以下擬雇船運至東莊口再用卡
車送至廠內到廠時當即奉告
禮和洋行第二批所運機件八箱在滬裝船時跌毀一箱運
七箱來京其中三箱因與跌毀之箱有銜接關係需退回
上海配製　敝處僅收四箱其中重量有三噸以上者現已
報關完納碼頭捐用船運往煤炭港車站日內裝車運廠
三、掛綫路、綫圖昨已印成三份一份寄交王總技師兩份寄

中華民國　年　月　日

地址 南京新街口正洪街五十三號　電話 二三二三二　電報掛號 〇四七四

江南水泥廠籌備處用牋

字第　號第 四 頁

交陳常董鐵部陳司長慶曰內由庚慶長前往洽商

四、職員宿舍圖已寄請

審核承　示應略予縮小亦已另繪圖樣當陳常董在京時面請核閱如無變更擬即興工祈轉呈

常董核示

五、乙種職員宿舍（即最小者）圖曾寄請修正修正後陳

常董南旋時亦已閱及如無需更動擬先造八宅（即四子

單位）請

中華民國　年　月　日

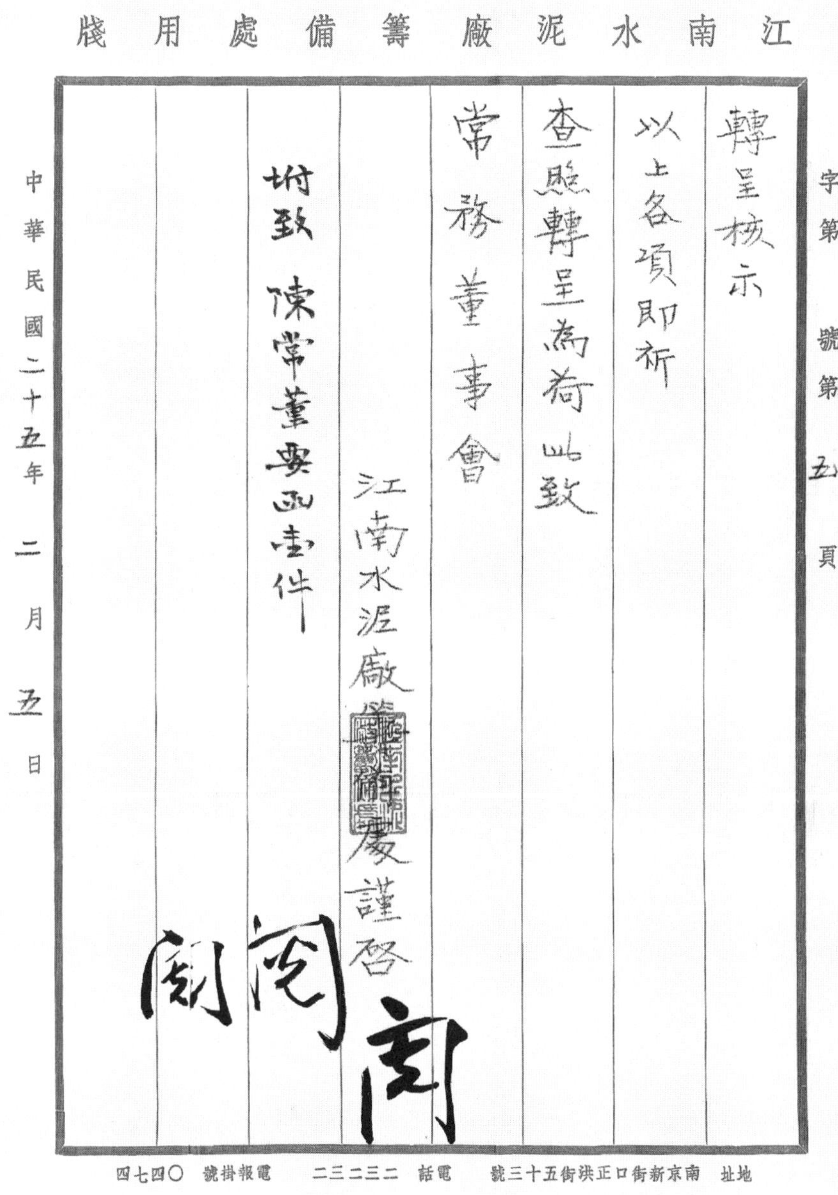
江南水泥廠籌備處用牋

字第　號第五頁

轉呈核示
以上各項即祈
查照轉呈為荷此致
常務董事會
江南水泥廠籌備處謹啓
附致陳常董要函壹件
中華民國二十五年二月五日

閱
閱
閱

地址 南京新街口正洪街五十三號　電話 二二三二二　電報掛號 〇四七四

南京江南水泥廠籌備處便條

敬啟，機器損壞，尚未修理完竣，故本日去函用鉛筆謄寫，希

台洽，此請

東夫先生道安

弟孫伟壽敬啟

卅、二、五。

江南水泥股份有限公司常務董事會用牋

津密　字第三號　第全頁

敬啓者接奉密字第五十七號

大函承　示史密芝廠第一批機件九十二件已於上月下旬運抵浦口所有卸裝運輸以及報關等事均係

庚處長
孫副處長　親自洽辦以資撙節各情已呈閱承　詢啟新唐廠購運機件所完關稅若干一節查秦島及天津海

關過進口機件徵收關稅之率最低限度爲百分之十請查照並承　示掛線路線圖昨已印成三份分寄暨敬

悉關於掛線線路圖似仍有待經行測量之處業陳常董另函說明於昨日航快遞寄　庚處長矣再關於職員宿

舍圖及C種職員宿舍（即最小者）圖均經　陳常董核閱認爲合度即請照預定計劃剋期興工爲要所有

各圖呈加印修正本各二份寄下備查爲荷此致

江南水泥廠籌備處

常務董事會啓

附來致　陳常董要函一件已轉呈　附陳常董致　庚孫處長要函一件

中華民國二十五年二月八日

江南水泥廠籌備處用牋

寧滬字第五十八號第一頁

敬啟者關於本月十五日運抵浦口之史密芝廠機件起卸問題 敝處早與津浦路王站長電洽 庚處長在滬時聞强生云輪船十五日抵浦卸貨日期至多十天愆期一天公司須賠償損失五十金鎊 庚處長當謂如碼頭不空不能停泊公司不負責任强生表示此係中國船埠起重設備不周仍須由公司照樣賠償損失强生所云未諳

鈞會以為如何 庚處長 陸副處長 昨往浦口接洽查五號碼

中華民國廿五年四月拾日發

中華民國　年　月　日

地址 南京新街口正洪街五十三號　電話 二二三二二　電報掛號 〇四七四

江南水泥廠籌備處用牋

寧字第五十八號第二頁

頭一帶貨積如山幾無隙地其原因除津浦有少數枕木外隴海路近到有枕木二十餘萬根無大批車輛可以裝運他如橋梁鋼架車輪亦觸目皆是當商請路局迅速讓出空地以免我方卸貨困難延誤船期並多給平車俾大件機器運卸至車上卸貨工人需日夜工作路局答復沿五號碼頭枕木可儘先裝運橋架車輪因隴海路主張須先運枕木津浦無權干涉平車有限多撥亦非易事工人開全夜工不難辦到就以

中華民國　年　月　日

地址 南京新街口正洪街五十三號　電話 二二三二二　電報掛號 〇四七四

江南水泥廠籌備處用箋

寧家字第五十八號第三頁

工談話推測即路局盡力幫忙騰出空地仍屬有限根本辦法須雇工將枕木橋架車輪堆積減少占地面積然此非數百元不可旋見隴海路駐京職員張君情商挪讓據云津浦車少責任不在隴海車輪可提前裝運將橋架堆集一二節應由公司雇工辦理隴海路以前已有先例語頗堅決繼訪接辦怡和船行之中國旅行社卓君詢悉十二日有亞細亞船裝載隴海路鋼軌等三千噸停泊五號碼頭貨物卸清需

中華民國　年　月　日

地址　南京新街口正洪街五十三號　電話　二二三二二　電報掛號　〇四七四

江南水泥廠籌備處用箋

寧滬字第五十八號第四頁

一星期江南機器船預計十五日到浦屋時無碼頭可靠祇有在江邊靜候唐處長孫副處長自得此項消息後深爲躊躇機器船既不能隨到隨時靠岸且亞細亞船所卸貨物又將空地塞滿大有使我方延誤船期之虞如由公司自出工料將其他碼頭延長俾亞細亞船可以停泊讓出五號碼頭亦一補救辦法但此事須商得該船同意能否辦到未敢預測此外擬向强生交涉輪船因無碼頭不能靠岸公司不能賠償損失總之如何

中華民國　年　月　日

地址　南京新街口正洪街五十三號　電話　二三二三二　電報掛號　〇四七四

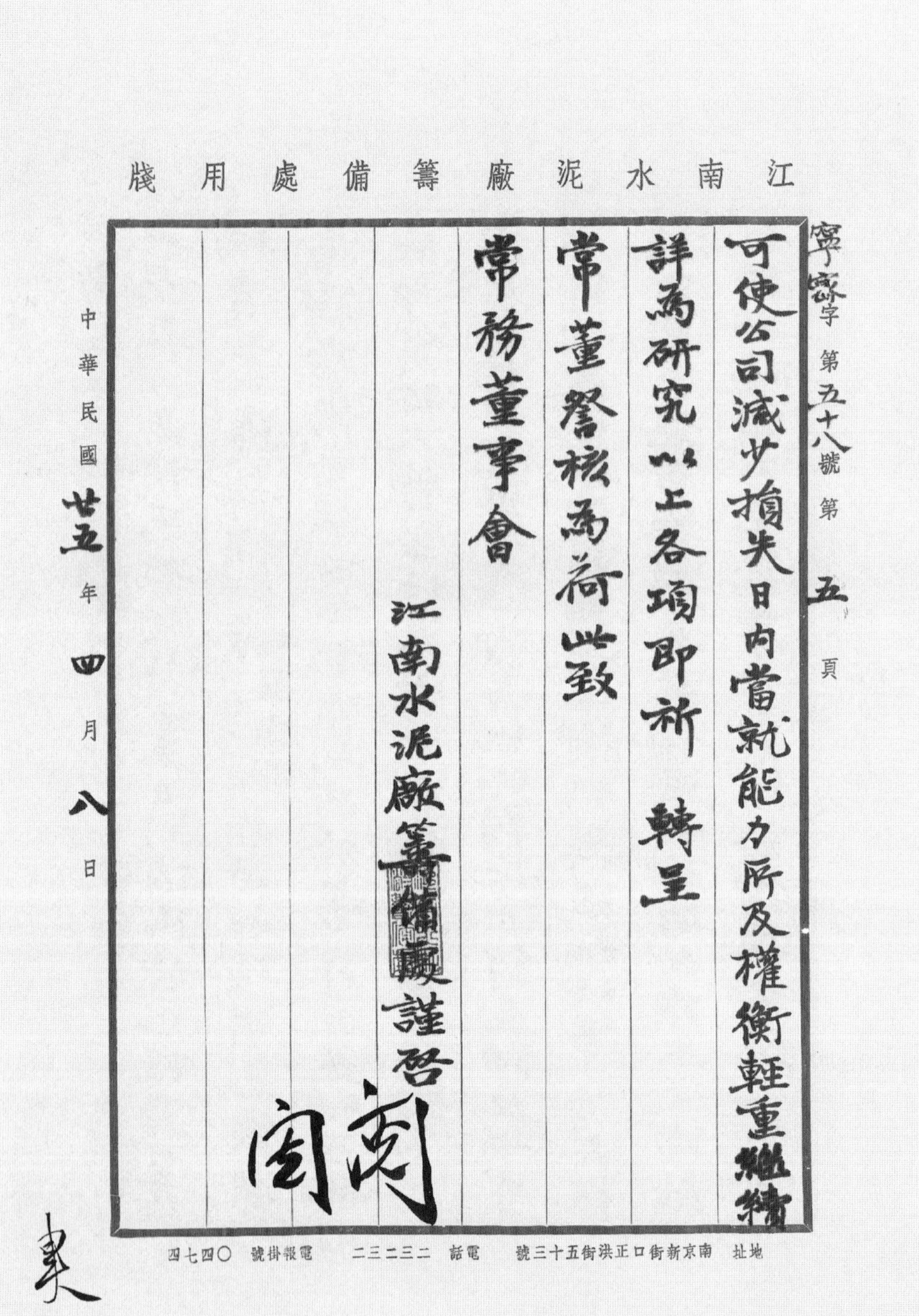
江南水泥廠籌備處用箋

寧察字第五十八號第五頁

可使公司減少損失日內當就能力所及權衡輕重繼續詳爲研究以上各項即祈轉呈

常董詧核爲荷此致

常務董事會

江南水泥廠籌備處謹啓

閱

中華民國廿五年四月八日

來

地址 南京新街口正洪街十三號 電話 二二三二二 電報掛號 〇四七四

津密　四　全

敬啟者接寧密字第五十八號

大函承　示預籌運抵浦口之史密芝廠機件起卸事宜與津浦路並有關各方面一

再磋洽情形已呈　閱

王袁陳常董以

尊處所籌極爲周到惟碼頭及平車均有缺乏之虞爲依限起卸以利進行起見可不

惜小費從速預籌卽希

台察爲荷至船到浦口如因無碼頭可靠以致延誤卸船期限其咎旣不在我似可酌

與史密芝公司交涉一面仍由我方自行設法商勻碼頭并趕速卸貨以期減短卸貨

時間爲要日前附敝江字元號函寄上史密芝廠運機器提單三件及保險單與領事

簽證貨單等件諒已荷

察收示覆在途矣此致

江南水泥廠籌備處

常務董事會啟

五　四　十

江南水泥股份有限公司

江南水泥股份有限公司關于定期召集股東常會、臨時會的通告（一九三六年三月十四日）

檔號：1041-1-2

江南水泥股份有限公司定期召集股東常臨時會報告第一屆帳略暨提議增加股額修正章程通告

本公司定於本年三月二十六日下午二時在天津假法租界海大道一一五號二樓開股東常臨時會報告第一屆帳略並提議增加股額修正章程改選董事監察人務望　股東諸公於開會前三日持憑入股証來本公司董事部驗取入場券及選舉票憑以到會如因事不克到會並請委託到會股東代表出席爲盼

江南水泥股份有限公司董事部謹啓

中華民國二十五年三月十四日

江南水泥股份有限公司股東常會程序（附工程進行時間預算表及購機建廠進行情形報告等）（一九三六年三月二十六日）

檔號：1041-1-2

江南水泥股份有限公司股東常會程序

計開：

一 是日午後二鐘振鈴一次開會

二 外室備有股東到會簿請到會股東各自簽到

三 蒞會股東憑驗入場券由招待員導入客廳先行休息

四 股東畢集後振鈴二次由招待員導入會場

五 公舉　　君爲常會臨時主席

六 報告本公司第一屆帳略

七 監察人報告

八　報告本公司購機建廠進行情形

九　報告與啟新中國兩公司簽訂聯業合同事

十　提議增加股份總額共爲肆百萬圓請公決事

十一　會議事件書記載於議案由主席簽名蓋章皮存公司

十二　振鈴一次常會畢會

中華民國二十五年三月二十六日

（附表一）

工程進行時间預算

項目	1935年				1936年											
	9	10	11	12	1	2	3	4	5	6	7	8	9	10	11	12
鐵路岔道																
汽車路																
窯磨地盤挖地																
管理机器房																
庫房																
發電机																
燒窯底脚																
烟囱																
生熟磨																
窯磨房																
洋灰存倉房																
洋灰棧房																
泥漿池																
洗泥池																
公事房及工程師公事房																
廠墻																
工房																
橋樑																
運河																
自來水設備及溝渠																
甲、乙、丙、住宅																

常

四、報告本公司購機建廠進行情形

本公司於聲請設立登記呈准　南京市社會局核轉　實業部註册之際（嗣轉奉實業部商字第36237號指令核准登記給照已領到設字第983號部照）即着手進行購機建廠各事兹分項報告如左

（甲）廠址之選定　經遴請地質專家調查化驗比較之結果以南京附近京滬路棲霞山車站旁攝山渡地方之石質土

陳

質最適於製造優良水泥之用且該地
水陸運輸均形便利頗合設立工廠之
條件遂決定在該處設廠分別購租
應用地畝

(乙)機器之購辦 除原動電力經與首都
電廠磋商供電用電條件尚為合算
雙方簽約可免自購大規模之發電
機外其餘製造水泥全盤機器經
分向專售此項機器之各著名廠家

問價以每天能出二千桶之產力為標準各廠家爭相攬售競報低價計丹國史密芝廠初報全盤機價（電氣採石等項機件在內）共為十一萬三千餘英鎊依現在滙率折合國幣一百八十六萬餘元實已較國內各廠以前所購機價為廉當以各廠家競爭甚烈尚可望再事磋減更點察水泥市場需

要之趨勢良以保有超餘產力隨時有伸縮餘地為宜遂分向提出每天能出四千桶產力之機器磋商最廉價格最後由史廠攬成雙方議訂合同對於機器之精度均有保障條件簽約後付給機價百分之八十恰值其時外滙最低結付鎊價特別合算計訂購全部機價共為九萬五千八百餘英鎊又美

二

金一萬一千元依現在滙率折合國幣共約一百六十一萬餘元現在本公司所訂購之機器產力為年產百二十萬桶較之本公司設立登記時計畫中之機器產力增加一倍是本公司之現在機器資產較設立登記時之預算數額實增一倍有餘此可為股東諸公告慰者也

（丙）廠基廠房之設計修築

最近積極進行預算至本年年終全部工程均可完竣詳（附表一）

關於廠基廠房機器底座之建築係委託上海揚子建業公司設計由本公司建廠工程處建築預定自去年七月起歷六閱月為第一期以後歷十六閱月為第二期至二十六年四月底全部竣工在施工期間仍隨時督促趕辦以能縮短竣工期間為原則計廠基平土工程已於本年二月間完成現正進行窰

三

磨底座挖土工程趕行建築底脚其
餘〔建築如修机间電机房材料庫房及职員宿舍〕廠房重要部分之鋼骨水泥屋架
及鋼屋頂均已裝成蓋屋頂及砌墻〔均係提前修建的〕
工作約於〔下〕月內可竣

(丁) 交通工程之興築

已於去年七月間築成由廠址直達便
民河邊之汽車路一道(長五里許)又於
去年九月間與京滬鐵路簽訂修建由
廠址至棲霞山車站之岔道(長四公里)

合同隨時修築橋樑（涵洞）及路基土方工程業已完成現正進行鋪軌預計史廠第二批機件運到（在四月底）可由火車直接運廠又於去年九月間自廠址至便民河邊開鑿運河入廠以利運輸雖交涉施工極感困難而於廠中水運異常便利已於去年年底完成矣

（戊）機器運到情形

四

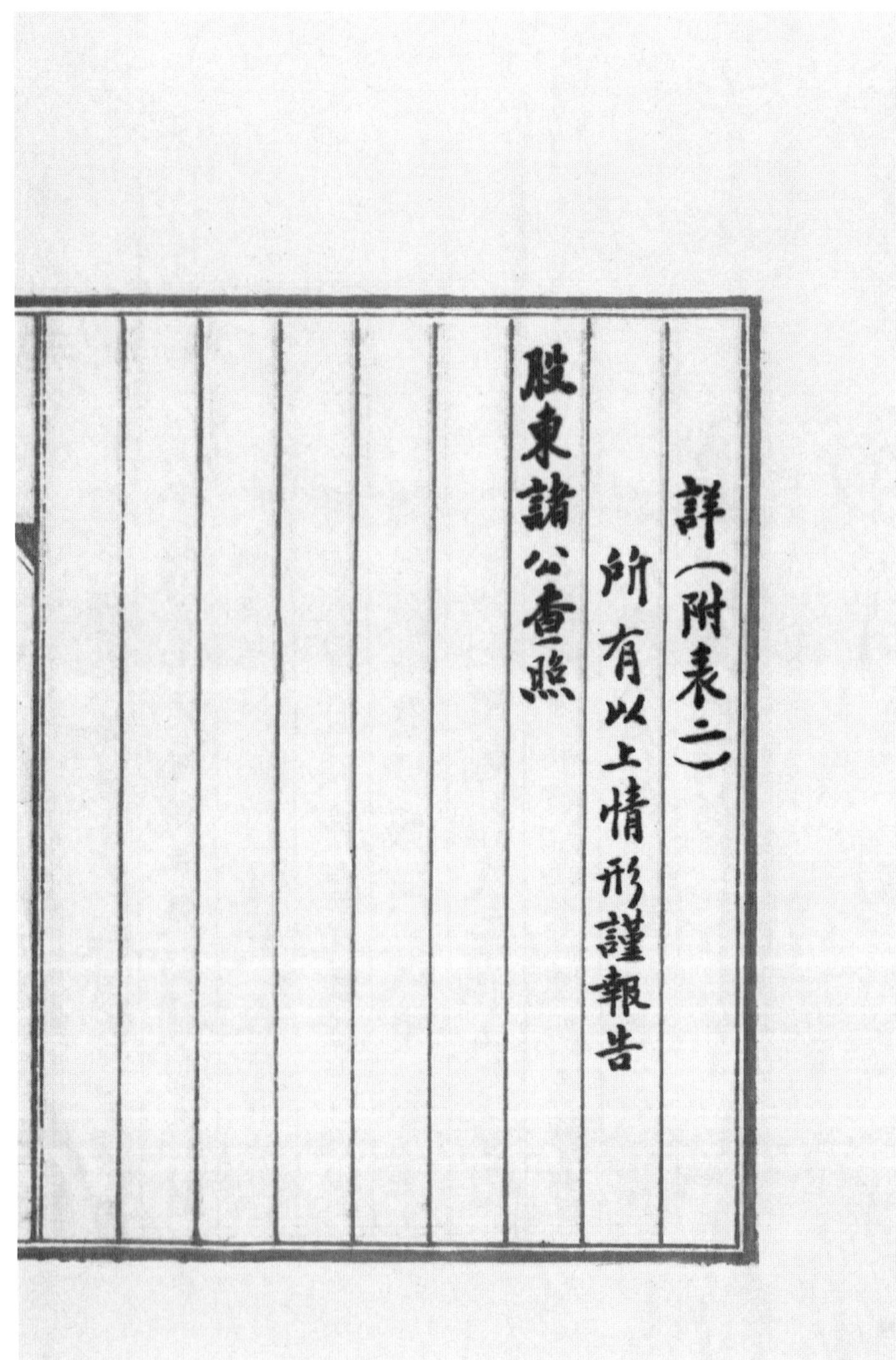

詳（附表二）
所有以上情形謹報告
股東諸公查照

江南水泥股份有限公司第一屆股東常會決議記録報告公司第一屆賬略、已奉實業部核准設立、與啓新中國兩公司簽訂分製合銷議約等（一九三六年三月二十六日）

檔　號：1041-1-2

江南水泥股份有限公司第一屆股東常會決議錄

日期　民國二十五年三月二十六日下午二時

地址　天津法租界海大道一一五號二樓

到會股東二百二十四人計十九萬三千六百八十四股合十七萬四千三百二十六權

一　公舉周實之先生爲主席

二　主席報告到會股東二百二十四人計十九萬三千六百八十四股合十七萬四千三百二十六權均已足法定數應卽宣告正式開會

三　董事會報告本公司第一屆帳略

各股東無異議

四　監察人報告

各股東無異議

五　報告本公司已呈奉實業部核准設立登記給予註册執照暨購機建廠進行情形事

各股東無異議

六　報告與啟新中國兩公司簽訂分製合銷議約事

各股東無異議

七　董事會提議本公司機器產量已經加倍所以資產價值確已增加甚鉅業經公估人上海莫律蘭洋行逐細調查負責證明計實增國幣壹百叁拾叁萬叁千餘元本公司即擬據以增加資本壹百陸拾萬元除國幣貳拾陸萬陸千餘元

擬以現金增股外其餘之壹百叁拾叁萬叁千餘元即以所增財產價抵繳並

將此項股份平均分給新舊股東請公決案

主席付表決

議決全體贊成通過提付臨時股東會依法核議

八 閉會

主席 周實之

中華民國二十五年三月二十六日

江南水泥股份有限公司股東臨時會程序（附提議、章程修正草案、報告書、增資問題檢討）（一九三六年三月二十六日）

檔號：1041-1-2

江南水泥股份有限公司股東臨時會程序

計開

一　振鈴一次開會

二　公舉　　君爲臨時主席

三　提議修改本公司章程請公決事

四　提議增資選定檢查人依法檢查提請股東追認事

五　增資檢查人宣讀所具之報告書

六　提議照章選舉董事監察人請公舉事

七　會議事件書記載於議案由主席簽名蓋章庋存公司

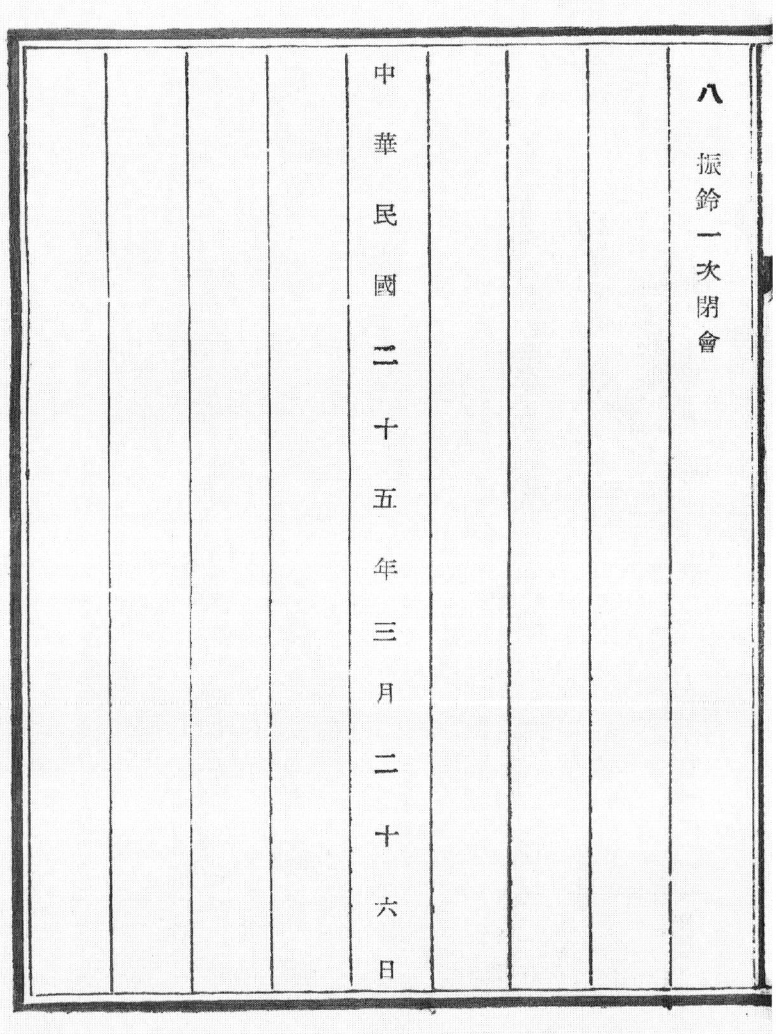

八

振鈴一次閉會

中華民國二十五年三月二十六日

臨

三、提議修改本公司章程請　公決事

查本公司增資案業提由股東會議決茲

因連帶關係並提議將本公司章程爲如

左列之修改

第六條『股額二百四十萬元分爲二十四

萬股』擬改爲『股額四百萬元分爲

四十萬股』

第九條　擬删去全條　遞條次序遞次下

推共爲三十六條

志恩

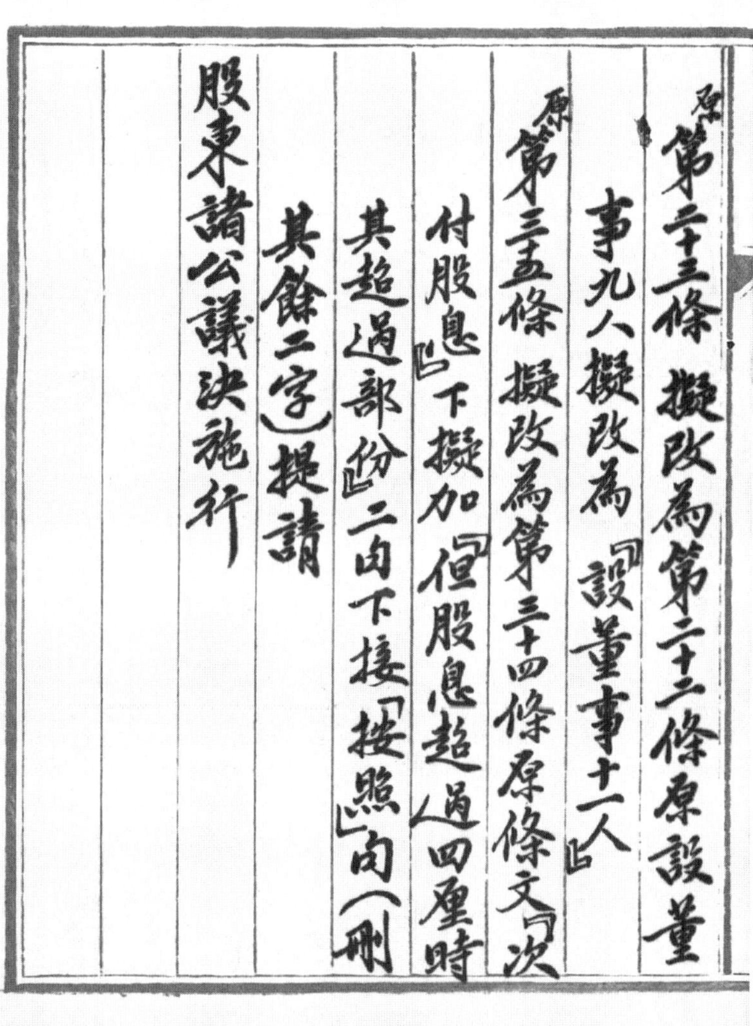

原第二十三條 擬改為第二十二條原設董事九人擬改為「設董事十一人」

原第三十五條 擬改為第三十四條原條文「次付股息」下擬加「但股息超過四釐時其超過部份」二由下接「按照」由（刪其餘二字）提請

股東諸公議決施行

臨

四、提議增資選定檢查人依法檢查提請

股東追認事

本公司本屆股東常會所決議增加之資本

業已全數收足業經委託立信會計師為

檢查人依法檢查提出書面當場報告即希

股東追認查照施行

表

閱

六、提議按照修改章程選舉董事監察人事

查本公司章程已經股東議決修改立案按照新章程選舉董事十一人計董事長一人常務董事三人董事七人均直接由股東會就股東中持股票滿二百股以上實註本身姓名者選任之並就股東持有股票滿壹百股以上實註本身姓名者選任監察人二人但是否祗加選董事

袁

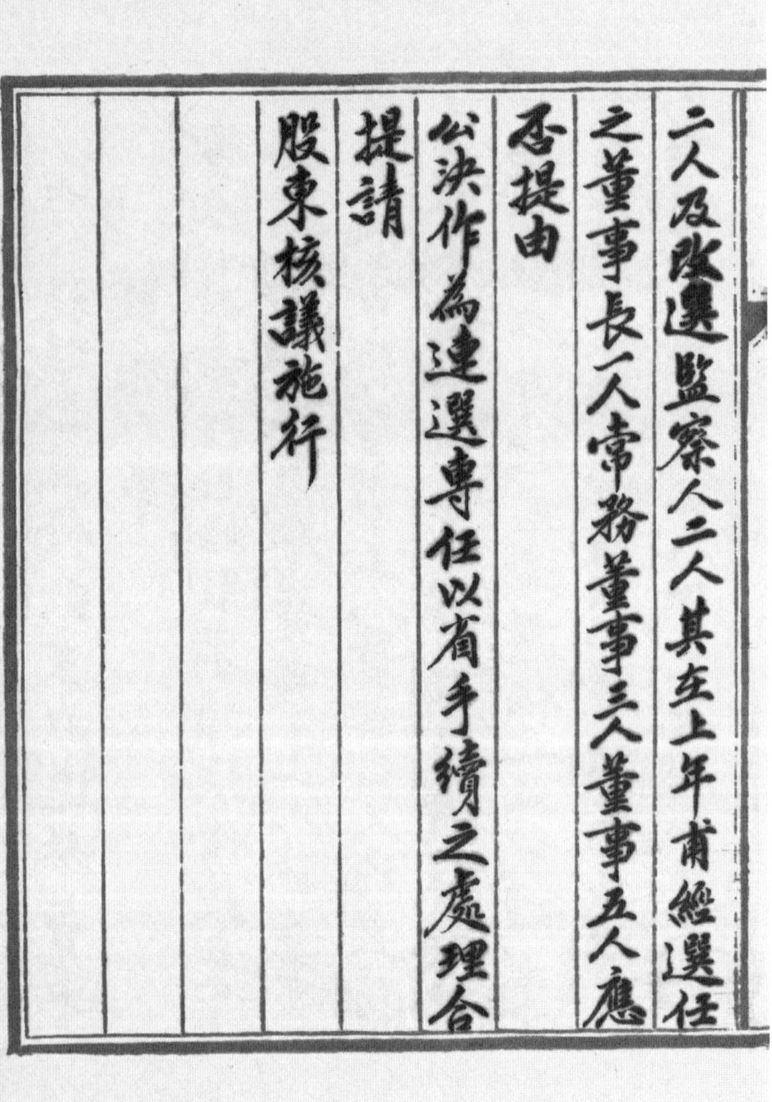

二人及改選監察人二人其在上年甫經選任
之董事長一人常務董事三人董事五人應
否提由
公決作爲連選專任以省手續之處理合
提請
股東核議施行

江南水泥股份有限公司章程修正草案

江南水泥股份有限公司章程修正草案

第一章 總則

第一條 本公司定名為江南水泥股份有限公司

第二條 本公司製造水泥及以水泥製成用品暨研子土各種器皿運銷中外並举辦有關係事業以開闢利源為宗旨

举辦前項事業用款在股本總額百分之五以下者董事會有權先行辦理於股東會時報告請予追認其需款在股本總額百分之五以上者須經由股東會議決行之

第三條 本公司設本店於南京市設支店於上海

其他各地設立支店及委託代理處由董事會之議決行之

第四條　本公司設總工廠於江蘇省江寧縣境棲霞山東攝山渡必要時經股東會之議決得於他處增設分廠

第五條　本公司公告以登載南京上海天津通行日報行之

第二章　股份

第六條　本公司股本總額定為國幣肆佰萬元分為肆拾萬股每股拾元一次收足

第七條　本公司之股東以有中華民國國籍者為限

第八條　本公司股票為記名式由董事會推董事五人簽章填發每户一張認購多股者得因其請求分填數張

第九條　本公司股票如有轉讓買賣等情應由原股東及受股人雙方於股票背面簽名加蓋原留并新存印鑑另具轉股證書交由本公司審核無訛方准過户登載股東名簿改換户名發給股票

第十條　股東有因繼承或他項原因取得股份所有權請求過户時須由請求人填具轉股證書提出證據連同原股票及原留印鑑交由本公司審核無訛方准過户登

載股東名簿改換戶名發給股票

二

第十一條　股票如有遺失毀損須補發新股票時須向公司報告填具請求書並須登載本公司所指定之日報七天經過二十日後並無第三者主張異議時方能邀同保證人連同所登報紙全份交由本公司核准方可換給新股票

第十二條　股東須將印鑑填具印鑑條交公司存查如轉讓股份或對本公司行使一切股東權利時須以此項登記之印鑑為憑

第十三條　股東送存本公司之印鑑如將該項圖章

遺失或損壞時須填具本公司規定之股東遺失印鑑報告書並須在本公司指定之日報登載七天如逾六十日後并無第三者主張異議時得檢同所登載之報紙全份送請本公司審核無訛者方准改換新印鑑存記自報告遺失印鑑之日起在新印鑑未核准存記以前所有股票轉讓過戶及股東行使一切權利均暫行停止

第十四條　關於股票過戶期間及手續費并其他未盡事宜由董事會另定之

第三章　股東會

第十二條　本公司股東會分左列二種　三

一、股東常會於每年度結賬後定期召集開會其召集事由地點時日由董事會於三十日前依本章程第五條公告之

二、臨時會由董事會或監察人認有必要事項時或由股本總額二十分之一以上之股東按照公司法第一百三十三條請求行之但此項股本總額二十分之一以上之股東請求時須將股票交存本公司並須查明股票與所

到戶名相符方為有效其召集事由地点時日俱由董事會於十五日前依本章程第五條公告之

第十六條　股東會之議決除公司法有特別規定者外以本公司股份總數二分之一以上之股出席出席股東表決權過半數行之可否相同取決於主席

第十七條　股東會議每壹股有一表決權但一股東有拾壹股以上者其超過部份每十股或不足十股者均減一權但至多不得超公司法第一百二十九條之規定

第十八條　股東因事不能到會得於會期前親具委託書加蓋原留印鑑委託本公司股東

代表與會

前條股東及本條前項代表於會議事項與其個人有利害關係者不得加入表決

第十九條

每年股東常會舉行之事項如左

一、由董事會將本屆帳略編製齊備經監察人查核負責証明後提出報告並請求承認

二、報告本屆營業狀況

三、規定以後營業方針

四、選舉監察人董事長常務董事及董事如有任滿或缺額者照章選出

五、其他討論事項

第二十條　股東會開會由董事會公推一人主席
會畢解任

第二十一條　股東會議決事項均記載於決議錄
由主席簽章交由董事會執行之

第四章　董事及監察人

第二十二條　本公司設董事十人其中有董事長一人
常務董事三人均直接由股東會就
股東中持有股票滿二百股以上實註本
身姓名者選任之

第二十三條　本公司設監察人二人由股東會就股
東持有股票滿壹佰股以上實註本身
姓名者選任之

第二十四條 董事任期三年，監察人任期一年，均得連举連任，如遇董監缺額時，另由股東会選任之

第二十五條 董事及監察人之職權悉照公司法之規定

第二十六條 董事長爲董事會主席，對外爲本公司之代表，如不能執行職務時，由其委託常務董事一人代理之

第二十七條 常務董事三人組織常務董事會，推定一人爲主任，凡董事會議決事項交由常務董事執行之，所有公司文件至廿須經主任常務董事及其他常務董事一人簽署，主任常務董事不能行使職務時得

委常務董事一人代理之常務董事為公司全体職員之領袖承董事會之意旨處理公司一切業務其關於重要事宜須提出董事長召開董事會議決之

第廿八條 董事會議須有半數以上之董事到會以到會之多數取決可否同數時由主席決之其議事細則由董事會另定之

第廿九條 左列事項經由常務董事會審定後提交董事會通過執行之

一、決定公司業務方針

二、造具年終決算報告

三、整釐定公司製銷及一切辦事規則

四、核議分支店之設立或撤銷
五、審核对外之重要契約
六、關於盈餘之分配
七、公司科長以上職員之聘用
八、召集股東會

第三十條　凡董事長常務董事董事对股東會負連帶責任

第三十一條　董事會議有關於監察人職權者得由董事長召開董監聯席會議

第五章　結算及分配

第三十二條　本公司會計年度自一月一日起至十二月卅一日止

第廿三條　本公司每年總結算時由董事會造具左列各項簿册交由監察人覆核負責副署後報告於股東常會請予承認

一、貸借对照表

二、財產目録

三、損益計算書

四、營業報告書

五、分派盈餘之議案

第卅四條　本公司每年總結算所得利益除一切開支及折舊外如有盈餘先提十分之一為公積金次付股息但股息超過四釐時其超過部分按照十四成分派以十四成之八歸股東按

股均分以十四成之六為董事長常務董事董事監察人暨辦事同人酬勞其分配細則由董事會另定之

第六章 附則

第卅五條 本章程如有未盡事宜悉照公司法辦理如須修改應經股東會依法議決呈報主管官署備案

第卅六條 本章程自呈奉 實業部核准登記後施行

江南水泥股份有限公司增資檢查人調查報告書

江南水泥股份有限公司增資檢查人調查報告書

具報告書增資檢查人立信會計師潘序倫茲承本公司各股東推選爲增資檢查人特依照公司法第一九四條之規定將業經檢查應行報告之各項列舉如下

（一）所增新股國幣壹百陸拾萬元計分壹拾陸萬股每股拾元除貳拾陸萬陸千陸百柒拾元計貳萬陸千陸百陸拾柒股確以現金增足繳齊外其餘之壹百叁拾叁萬叁千叁百叁拾元計壹拾叁萬叁千叁百叁拾叁股即以所增估之財產價值抵繳足額

（二）各股東增加之資本壹百陸拾萬元確已全數認足一次繳齊

（三）各股東除以現金認足繳齊之增資計國幣貳拾陸萬陸千陸百柒拾元外其餘之壹百叁拾叁萬叁千叁百叁拾元卽以所增財產價値抵繳其姓名及股數詳列另表

以上各款業經查核均屬確實並無冒濫情事特此報告如上右致

江南水泥股份有限公司股東會

具報告書立信會計師潘序倫

潘序倫會計師

中華民國二十五年三月二十六日

江南增資問題之檢討

一、增資之數額及其分配　查江南公司原定資本二百四十萬元業經全體發起人一次認足繳清現擬增加資本總額至四百萬元則尚應增加新資一百六十萬元其中擬續行募集資本二十五萬元而以現鈔繳足讓充股額一百三十七萬元而以估增機器產業之價值相抵付是共收現股為二百六十五萬元每股攤得估增股額半股則應共攤得估增股額一百三十三萬五千元尚餘估增股額五萬五千元可作為紅股備作獎勵創辦人員

茲將上述各數列成算式如左、

2,400,000 ……已收股本
\+ 230,000 ……擬增現股
2,630,000 ……現股總額
\+ 1,315,000 ……估增現股總額
3,945,000
\+ 65,000 ……紅股
4,000,000 ……股本總額
\- 2,400,000 ……原定股額
1,600,000 ……共增股額

= 1,370,000（估增股額）+ 230,000（續收現股）

二、估價機器價值之方法及其理由

估價機器產業之價值可分二方面（甲）因各行家競爭之強烈及係購標準之經濟所獲得之利益（乙）因訂購時所結低廉之滙價與現在施行法幣後滙價之差數所獲得之利益茲分述於左

（甲）查江南原定計劃其產量爲月出六萬桶全年六十萬桶即按照每天能出二千桶能力之機器分函各國機器行家投報價格計接到此項報價函者有英國之Metropo-Armstrong廠報價十萬零八千餘鎊德國之Krupp廠報價六萬八千九百餘鎊又Miag廠報價五萬七千四百鎊又Polysius廠報價四萬九千五百餘鎊丹國之史密芝廠報價六萬二千鎊上開各價均係歐洲海口交貨（從歐洲至上海應需運脚

二

三

保險費約一萬鎊）內以德國之Polysius廠報價為最低而以丹國之史密芝廠機器為最優故以此兩家機器為最後採購之標準按史廠所報之價格如按當時（二十四年四月）滙率計之約合華幣七十四萬元如按現行滙率計之約合國幣一百〇二萬三千元故當時公司創立之資金預算亦備以一百萬元為購置水泥機器產業之用未為過多若以報價中之最高者而以現在之滙率計之則應達國幣一百七十八萬元之巨各行報價之高低雖有種種之因素但亦足以表示此項機器價值之一般

每天能出二千桶機器各行所報之價值既如上述關以研究國內時勢之需要默察各行競爭之強化爰改變計劃由日出二千桶之機器而增為日出四千桶之機器即預備全年

四

至少能出水泥一百二十萬桶再請各行報價出產量既已加倍則其價值按照常理推測亦應加倍或比例的增高但以運用種種選購之策略復經多次之減讓其結果以史廠之六萬六千鎊定向且係南京交貨之價格是無異以日出二千桶機器之代價購得日出四千桶能力之機器實非始料所及亦為一般所不能得之便宜蓋此非機器真正之價值實以史廠與啓新關係最深又以該廠商業政策與他廠不同故寧願賠本銷售此項最新機器於中國市場固亦未嘗不謀東隅桑榆之計耳

茲將史廠第一次所報每天二千桶產量全部機器之價值與現在所購每天四千桶產量各項機器訂定之價款列表比較於左藉以推定應行估價之價值

五

機器項目	每天二千桶產量機器之概價F.O.B.歐洲海口	每天四千桶產量機器之確價C.i.f.南京	每天四千桶產量機器估增之價值	每天四千桶產量機器估增後之總值
			+11,000	
Main Machinery	£ 62,076	£ 66,000	£ 7% 45,600	£ 111,600
Motors & Reduction Gears	£ 12,685	£ 11,634 ⊙	£ 17% +2,000 3,700	£ 15,334
Crane	£ 5,025	£ 2,400 *	3.0% + 450	£ 2,400
Quarry	£ 2,345	G.$ 11,000 △	2% + 300	G.$ 11,000
Repair Shop Machines.	£ 3,065	£ 2,343 ⊛	[illegible]% + 300	£ 2,343
Wiring Materials	£ 8,370	£ 2,218 ⊙	2% + 300	£ 2,218
Slurry Basin & Steel Conveyor	£ 2,653	£ 2,450	3% + 450	£ 2,450
Diesel set	£ 1,800	£ 1,800 ⊙	2% + 300	£ 1,800
Exitor	£ 900	£ 900		£ 900
Freight & Insurance	£ 9,452	£ 0	£ 16,400 15,100	£ 16,400
Starting Pumps		£ 696		£ 696
Extra Slurry Dept.		£ 48		£ 48
Increasing Conveyor		£ 260		£ 260
2 Themometers		£ 50		£ 50
Collectors for Slurry basin		£ 24		£ 24
Sundry Machines.	£ 5,000	£ 5,000		£ 5,000
Total value	£ 113,371	£ 95,823 G$ 11,000	£ 65,700 64,469	£ 161,723 G$ 11,000
按每鎊16.5折合國幣			1,063,700 $ 1,084,050	$ 2,700,000
	⊙ 禪臣 * 安利 △ 怡和 ⊛ 礼和			

六

照上表所示史廠第一次所報歐洲海口交貨每天二千桶機器之價
格共六萬二千餘磅又報電氣碎石等各項機件及水脚保險費共
價四萬六千餘磅兩項共十四萬三千餘磅〔零八〕再加其他應行購置
而未報價之襍項機件共約五千磅則每天二千桶產力之工場共
需機器資本約十五萬八千餘磅依現在之滙率折合國幣約一〔一〕〔三〕
百四十餘萬元〔八〕〔六〕〔九千〕但照表中第二行所示現在業已訂購之四千桶
機器價格共六萬六千磅又其他電氣碎石等各項機件共二
萬九千八百餘磅美金一萬一千元兩項共九萬五千八百餘磅
美金一萬一千元且均係南京交貨價格依現在之滙率折合
國幣共約一百六十一萬元是機器之能力既已加倍而其價值反
減少至二百〔十五〕萬元之鉅故現擬估價之標準至少可與二千桶機器
產力之價值相等〔增約百分之五十〕仍未見有過高之嫌即按第一次所報二千桶

產力機器價六萬二千鎊估攤五分之四則所購四千桶產力之機器價值應共為十一萬一千六百鎊即估攤四萬五千六百鎊又此次所訂四千桶產力之價格雖均係南京交貨但其價格仍較第一次所報二千桶產力歐洲海口交貨之價格為廉故以第一次所報水腳保險費九千四百餘鎊為標準而使此次所訂四千桶產力之機器及其他電氣碌石等各項機件之價值上分負水腳保險費一萬六千四百鎊亦屬估攤價值有力之根據又查此次向禪臣洋行訂購電氣機件原價一萬五千餘鎊實付機價一萬一千六百餘鎊計有折扣三千七百餘鎊如將此項折扣之數一面仍付入產業價值之內一面收歸盈餘之一種本屬會計之常例以上共計估攤六萬五千七百鎊依現在滙率折合國幣一百零八萬四千元是時參江南機器產業之總值約共二百七十

八

萬元每桶佔機器資本二元二角五分証諸國内已成水泥工廠之機器產業價值其每桶所佔機器之資本江南仍屬最低如啟新年出一百五十萬桶機器產業約五百萬元每桶佔機器資本三元三角中國年出七十五萬桶機器產業一百八十萬元（二十三年表）每桶佔機器資本二元四角華商年出四十萬桶機器產業九十八萬元每桶佔機器資本二元四角五分西村年出七十二萬桶機器產業約二百八十萬元（按第二次擴充一千二百桶機器價毫洋一百五十八萬餘元為標準）每桶佔機器資本三元九角再以各廠之資本總額論之啟新資本總額一千四百萬元每桶佔資本九元三角中國資本總額四百五十萬元（二十三年底帳略）每桶佔資本六元華商資本總額一百六十八萬元（二十三年底賬略）每桶佔資本四元二角西村第一次計

九

劃完成開工時已用去資本毫洋四百萬元則現在第二次計劃完成後其用去資本當在約六百萬元左右九折和合國幣五百四十萬元每桶佔資本七元五角則江南以四百萬元之資本經營全年能出一百二十萬桶水泥之工廠每桶僅佔資本三元三角仍屬國內水泥工廠每桶資本率之最低者綜上所論估價機器產業之價值確有充分之理由與實在性則同時因擴充產量增加股額亦名正而言順固無可啟公私方面任何疑竇之所在也茲再將上述各公司每桶之資本率列表于後以資比較（參閱第二表）

(乙)當去年五月間訂購機件時適逢銀價高漲之際故彼時中國對外滙率開金貴以來最有利之記錄故乘此時機購定鎊價而將史廠機價先付百分之八十計五萬二千八百鎊

滙率一先令八便士又于上年七月訂購金鎊一萬二千鎊滙率一先令六便士四分之一又十一月訂購金鎊一萬鎊滙率一先令二便士十六分之七十二月訂購金鎊五千鎊滙率一先令二便士八分之三共計七萬九千八百鎊共合國幣一百零三萬三千餘元内已付機價者六萬七千二百餘鎊合國幣八十二萬四千八百餘元未付機價而已購定金鎊者一萬二千五百餘鎊合國幣二十萬零九千三百餘元合計平均滙價每鎊折合國幣十二元九角五分六與現在滙價每鎊折合國幣十六元五角五分每鎊相差三元六角則因滙價之差額所獲得之盈餘共為二十八萬六千七百元與(甲)節所述估增之價值合共為一百三十七萬元亦即估增股額所需要之數茲將歷次滙價列表于后(見第三表)

十一

第二表

水泥公司	全年產量	資本		每桶佔機器資本	每桶佔資本總額
		機器產業	資本總額		
啟新	$ 1,500,000	$ 5,000,000	$ 14,000,000	$ 3.30	$ 9.30
江南	1,200,000	2,700,000	4,000,000	2.35	3.30
中國	750,000	1,800,000	4,500,000	2.40	6.00
華商	400,000	980,000	1,680,000	2.45	4.20
西村	720,000	2,800,000	5,400,000	3.90	7.50

第三表

訂購鎊價日期	鎊數	滙率	國幣	機器鎊價		國幣
二十四年 五月	52,800	1/8	633,600	67,233	已付	824,586
六月	12,000	1/6 ¼	157,808	12,566	已購鎊價未付	209,301
十一月	10,000	1/2 3/16	166,320			共計 1,033,887
十二月	5,000	1/2 3/8	83,507			
共計	79,800	$ 13,048	1,041,235	79,799		

三、公司法上關于增資之規定　茲查公司法中關于增資各項條文列舉於左以資遵循

第一百八十六條　公司非經股東會議決不得增減資本

第一百八十七條　公司非收足股款後不得增加資本

第一百八十八條　公司添募新股時應先就儘舊股東分認如有餘額始爲另募

第一百九十一條　公司增加資本時有以金錢外之財產抵作股款者其人其財產之種類價格及公司核給之股數應於決議增加資本時同時決議之

第一百九十二條　公司添募新股時董事應備聯單式之認股書載明左列各款事項由認股人填明所認股數金額及其住所簽名蓋章

十二

十三

一、第八十八條第一款至第六款、第八十九條及第九十一條第一款之事項

二、增加資本決議之年月日

三、增加資本之總額及每股金額

四、第一次繳納之股款

第一百九十三條　公司增加資本於第一次股款收足後，董事應即召集股東會報告關于募集新股之事項

第一百九十四條　監察人應報告調查左列各款事項，報告於股東會：

一、所募新股已否認足

二、各新股第一次應繳之股款已否繳足

三、有以金錢外之財產抵作股款者，所核給股份之數是

否確當

第一百九十五條　第一百九十三條之股東會完結後董事應於十五日內將左列各款事項向主管官署聲請登記

一、增加資本之總額

二、增加資本決議之年月日

三、各新股已繳之股款

此次江南增加資本必須先經股東會討論議決當無問題其擴充之股額按照原股分攤是與第八十八條規定相符估增產業之價值不啻為股東均有之財產以此項估增之財產抵付新加之股本是與第一百九十一條規定有以金錢外之財產抵作股款者原則相同原股東應行攤得之股額本應開列清單此項清單之格式即可按照第一百九十二條規定辦理以資兩用又

十四

按第一百九十三條規定增加資本第一次股款收足後董事應即召集股東會報告按此次增加之資本除現款募集部份（二十三萬元）既已繳足而所餘擴充之股額亦均係以估價之產業抵付股款則可於一次股東會同時辦理蓋股東會之前半段可討論增資問題一俟增資決議後即由董事作一股款收足之報告然後亦方可按照第一百九十五條規定向主管官署聲請登記至第一百九十四條規定監察人之調查報告究應如何報告以符法定之處尚應審慎討議

四　準備檢查呈驗之証件　依照上節所列公司法上關于增資各條並無規定聲請登記前須先呈請主管官署派員檢查之明文但主管官署如認為有疑義時當然有權派員檢查增加之資本是否收足其用途是否正當故公司

對于此項檢查不能不預為準備妥善以資臨時應付茲擬行補備各項証件如左

(1) 史密芝廠每天四千桶機器歐洲海口交貨報價函一件其內容應列各項機器名目宜與第一次所報二千桶機器之報價函相仿其水泥機器價格照二千桶機器價格加十分之九其他各項加十分之三四水脚保險費加十分之八則其總價格較現在估價後之價格為高因報價函既非合同自不能與訂購之價值相同蓋表示其中必有若干減讓之處

(2) 彼此交換訂購函件各一件代替合同即先由我方致函史密芝廠詳列各項願購之價格史密芝廠覆函認可以資證明訂購史廠機器之價格

十六

(3)如以一次收足現款為原則必須請吏廠另具收據為數既巨實 十七
不易辦亦不能辦但欲一時調動現款百數十萬元以備檢驗亦
為不可能之事故不如定增加之資本分三期繳款第一次繳款
六十萬元第二三次繳款各五十萬元蓋於第一次股款收足
後亦可聲請登記同時調動六十萬元現款以備驗資之用
事較易辦但必須于聲明請登記增資時呈明分期繳款
之數目

總之擴充產量至一倍之巨增加資本僅及原股百分之六十強則
則據此聲請登記增資實無可疑之點公司法上亦無必須檢
查之規定蓋與公司初次成立聲請登記時截然不同故此
次增資登記最好力求避免驗資為最要策蓋如能避
免則分期繳款易造收據及調動現款均可不必至內部會

許閣疊祇須經股東會通過自有其合法之根據矣

十八

江南水泥股份有限公司股東臨時會議事録（報告增資案通過、選舉董事會成員等）（一九三六年三月二十六日）

檔號：1041-1-2

江南水泥股份有限公司股東臨時會議事錄

日期　二十五年三月二十六日下午四時

地址　天津法租界海大道一一五號二樓

到會股東貳百叁拾叁人計貳拾玖萬貳千玖百捌拾股臨時照章公推董事周實之先生主席

主席周實之先生就席宣告臨時會到會股東人數爲貳百叁拾叁人計貳拾玖萬貳千玖百柒拾股至到會權數俟修改章程案通過後照章程規定再行報告現到會股東人數股數均已足法定數額即宣告開會

主席請盧董事開壇代表董事會提議修改本公司章程（另有稿）朗讀修改條文（另有草案）

主席付表決　各股東全體起立通過

主席報告今日到會股數共貳拾玖萬貳千玖百柒拾股照章合計權數共貳拾陸萬叁千陸百捌拾肆權

主席請王常董仲獨代表董事會報告現在增資案已經股東全體議決通過所有增資股款除以金錢外之財產即增估機器資產部份即可抵繳外其餘現金股款貳拾陸萬陸千陸百柒拾元投資者已於通過本案後照數收足　股東無異議

主席請袁常董心武代表董事會提議增資選定上海立信會計師潘序倫爲檢查人依法檢查請到會股東追認事　另有稿　股東無異議

主席報告本公司增資檢查人潘會計師序倫依法具有報告書委託杜芝良君代爲宣

續有正式報告書存卷　　股東無異議

主席請王常董仲錫代表董事會報告增資案已經衆股東全體通過核查手續及修改章程各案亦依法完成除俟呈請管轄官廳登記後即將已發入股證每二股加發一股但爲手續便利起見擬於此次登記批准後趕緊印製正式股票即將每二股入股證照給股票三股省去再發入股證一次手續　股東如無異議者當即照此辦理　股東無異議

主席請袁常董心武代表董事會提議請股東按照修改章程選舉董事監察人

股東余仲和等臨時提議按照修改章程應選舉董事長一人常董三人連其餘董事共爲十一人及監察人二人本人主張去年當選之董事長一人常董三人連其餘董事共九人由此次臨時會表決連選連任祇須選董事二人合足修改章程所定董事十一人

之數並照章改選監察人二人以符規定而利進行

主席付表決　　全體股東起立通過

衆股東公推股東岳季之余仲和兩君爲監票員股東依次書票投匭畢檢查得董事票貳百叁拾玖張內廢票四張監察人票貳百肆拾壹張內廢票一張唱名檢票計數如左

董事票權計數

李企韓　壹柒貳、零捌零權

王少巖　壹叁捌、貳伍肆權

龔仙舟　貳貳、貳叁玖權

袁進庵　捌、零伍捌權

俞翽梧　肆、柒伍叁權

余仲和　肆、柒貳壹權

李頌臣　貳、壹伍肆權

陳西甫　壹、捌壹壹權

聶雨南　壹、捌壹壹權

李勉之　陸玖捌權

石松岩　肆捌陸權

巢九餘　肆壹陸權

丁雨莊　叁玖貳權

程伯實　貳捌柒權

周穉平　壹貳肆權

陳一甫　壹零零權

聶賀元　玖陸權

盧木齋　玖陸權

言鎔甫　玖陸權

曾養甫　肆零權

監察人票權計數

葉秀峰　壹柒叁、玖壹捌權

顧季餘　壹叁柒、玖柒伍權

余仲和　壹伍、玖捌叁權

李勉之　壹伍、玖叁叁權

李又蘅　叁、壹肆玖權

杜芝良　叁、零肆玖權

李頌臣　貳、零伍叁權

龔仙舟　貳、零肆叁權

聶雨南　壹、玖零柒權

陳西甫　壹、捌壹壹權

姓名	權數
金伯平	貳玖陸權
李進之	貳陸玖權
謝元龍	貳貳零權
劉湫瑩	壹玖陸權
林鳳苞	壹玖陸權
楊味雲	壹玖陸權
張禹民	壹捌壹權
周　英	壹壹貳權
李耕硯	玖陸權

趙一琴　玖陸權

袁鑄厚　肆壹權

劉繼武　壹陸權

張家鳳　壹陸權

主席宣告選舉董事長顏駿人先生常務董事袁心武先生王仲劉先生陳範有先生董事孫章甫先生周實之先生曾養甫先生盧開瑗先生吳少皐先生均經全體股東議決通過連選連任其餘董事二人以李企韓先生王少溥先生得票權數最多當選爲董事監察人以葉秀峰先生顧季餘先生得票權數最多當選爲監察人當由主席將選舉票封固簽字由文書科保存

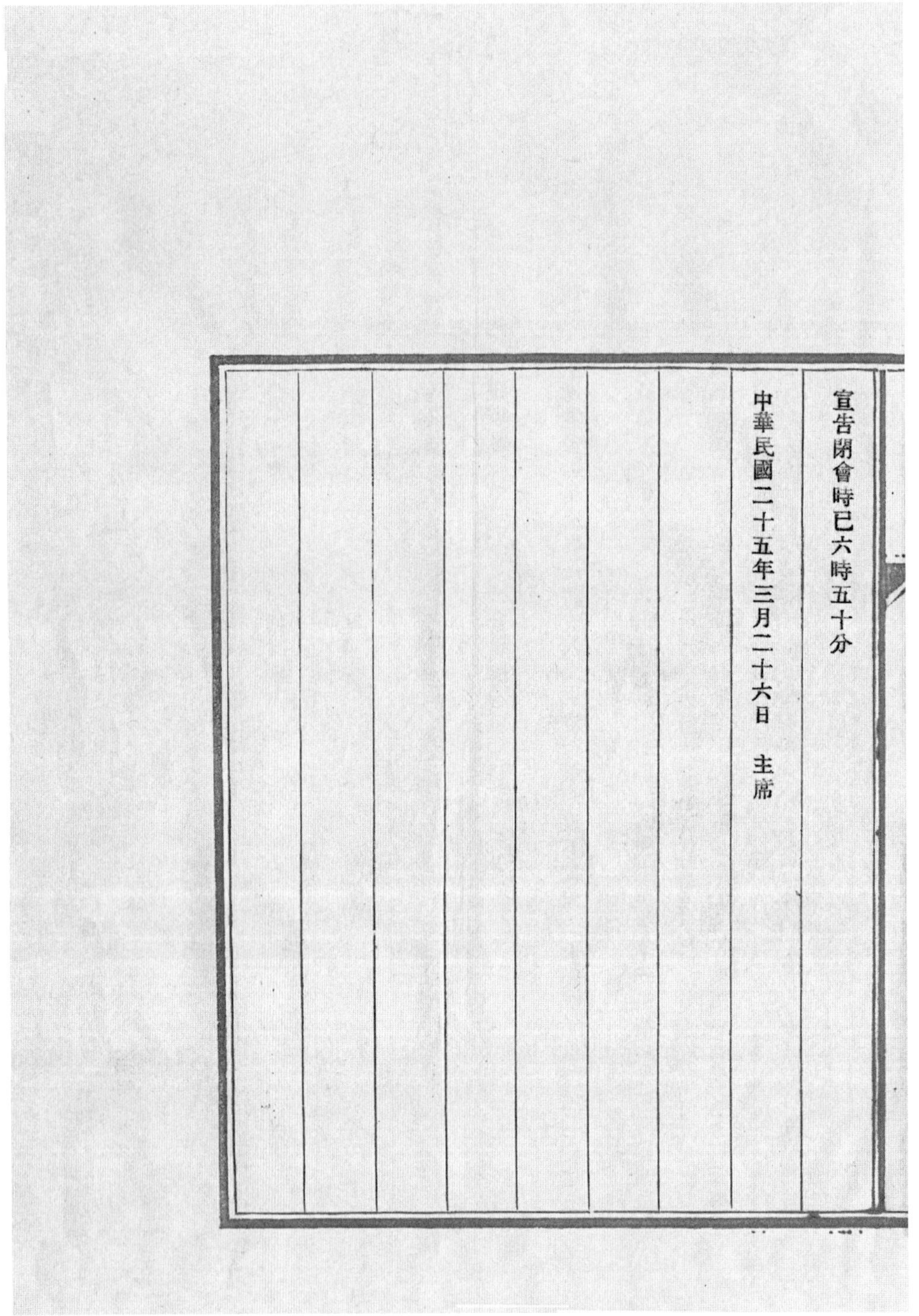
宣告閉會時已六時五十分
中華民國二十五年三月二十六日　主席

江南水泥股份有限公司股東臨時會決議記録（增加資本、選舉增資檢查人、修改章程草案、選舉董事會成員）

（一九三六年三月二十六日）

檔　號：1041-1-2

江南水泥股份有限公司股東臨時會決議錄

日期　二十五年三月二十六日下午四時

地點　天津法租界海大道壹壹伍號二樓

到會股東　貳百參拾參人計貳拾玖萬貳千玖百柒拾股

一　公推周實之先生爲主席

二　主席報告到會股東貳百參拾參人計貳拾玖萬貳千玖百柒拾股至權數俟通過章程後照章程規定再行記載現到會股東人數股數均已足法定數應即宣告正式開會

三　董事會提議本公司股東常會已議決增加資本即應修改本公司章程當將修改章程草案逐條宣讀（修改章程草案另錄）

股東全體起立通過

主席報告今日到會股數共貳拾玖萬貳千玖百柒拾股照章合計權數共貳拾陸萬參千陸百捌拾肆

權

四　董事會報告增加資本所有現金股款及以金錢外之財產抵繳之股款共數壹百陸拾萬元均已收足

股東無異議

五　董事會提議本公司增加資本已選定上海立信會計師潘序倫爲檢查人依法檢查提出書面報告請

到會股東追認

股東無異議

六　本公司增資檢查人潘會計師序倫委託杜芝良先生宣讀所具之報告書

股東無異議

七　董事會提議章程既已通過卽應按照新章程選舉董事監察人

八　股東余仲和等臨時提議按照修改章程應選舉董事長一人常董三人連其餘董事共爲十一人及

監察人二人本人主張去年當選之董事長一人常董三人連其餘董事共九人卽由此次股東臨時

會表決連選連任祇票選董事二人合足修改章程所定董事十一人之數並照章改選監察人二人

以符規定而利進行請

主席付表決

全體股東起立通過

九　選舉董事監察人公推岳奉之余仲和兩君爲檢票員經衆投票當場發表董監姓名及權數如下

董事長一人

顔惠慶　先生

常務董事三人

袁心武　先生

王仲劉　先生

陳範有　先生

董事連前及添選者共十一人

孫章甫　先生

周實之　先生

曾養甫 先生

盧開瑗 先生

吳少杲 先生

以上諸君經全體股東議決通過連選連任

李企韓 先生 一十七萬二千零八十權當選

王少溥 先生 一十三萬八千二百五十四權當選

監察人二人

葉秀峰 先生 一十七萬三千九百十八權當選

顔季餘 先生 一十三萬七千九百七十五權當選

十 閉會

主席 周實之（印）

中華民國二十五年三月二十六日

江南水泥股份有限公司常務董事會爲接收史密芝廠機器件等致江南水泥廠籌備處函（一九三六年四月七日至五月四日）

檔號：1041-1-23

江南水泥股份有限公司常務董事會用箋

津江字第元號　第全頁

逕啓者茲寄上史密芝廠運機器提單三件保險單二件及領事簽證貨單四件請查收備提查以上機件共計七千餘件所有應辦報關手續以及應用人工　械均須預爲籌畫俾本月半邊貨到時即可順利起卸又關於起卸原係定明至多不得過十天每過一天由吾方認損失英金五十磅並祈注意務於限內起淸爲要提單等收到後並先見覆爲盼此致

江南水泥廠籌備處

常務董事會啓

附（一）史密芝廠運機器提單三件（內有二張粘附機件詳單）

（二）保險單二張

（三）領事簽證貨單四件

中華民國二十五年四月七日

江南水泥股份有限公司常務董事會用牋

津江字第二號 第全頁

敬啟者接寧江字第二號

大函敬悉敝事列後

一承示收到 敝 元號函所寄之提單三件保險單二紙領事簽證貨單四件事已查照

二承示寧 蘇丁米克船約十六日到浦若因無碼頭停泊以致延誤卸期我方不負責任事已於十八日逕函史密芝

公司申明此節並將函底一紙寄上諒荷 察存矣

三承示籌劃起卸機件情形照路局規定浦口車站貨物一律由碼頭夫裝卸前次機件係僱沈生記工人由機務

車站運廠目前岔道完成火車可以進廠此次所到機件如何僱工起卸一節查安裝機匠現在尚未包定所有

此次運來之機件卸貨事宜應請

尊處覓妥人承包為盼此致

江南水泥廠籌備處

常務董事會啟

中華民國二十五年四月十三日

津江 三一

敬啟者接安裝工程處趙主任寄來安字第一二號函暨報告第一號均收悉啟事列後

一、嗣後敝寄江字號函加附印底一份應由貴處逕交安裝工程處趙主任督洽為要又以後安裝工程處來函亦應將印底一份送交貴處督洽正函如無緊急請示之事可由貴處公函附來

二、安裝工程處擬訂辦事員事務之分配㈠機件安裝並督務 王潤甫 劉穎 ㈡機件之點收及保管 楊惠民 劉紹卿 ㈢機件之繪圖及一切圖樣之校對 王潤甫 施復彭 ㈣安裝工人之管理 並督務 ㈤安裝材料之收發 楊惠民 劉紹卿 ㈥工作記錄及報告 劉穎 ㈦安裝工人之進退及安裝材料之採購由趙主任直接處理之以上均奉批照辦祈 查照為荷

三、安裝工程處函報據史密芝公司代表今生君云安裝師二人約於五月五日

江南水泥股份有限公司

津江　三　二

抵申七日來寧事已呈　閲所有安裝師到廠待遇已在合同第五條規定爲「此等人員公司須代備宿舍床氈餐具等等而食物則歸其自理對於上述每人公司每日須付貳鎊拾先令但此等費用應自彼等離開丹京考平哈經之日起算並由考平哈經至公司往來旅費亦應由公司付給」上開宿舍床氈氈餐具等等諒已由　貴處備辦其每日應付給之費應如何按期撥付請與趙主任洽商擬定後由　貴處照付就祈　查照爲盼

四、安裝工程處函報已安裝完竣者及正在安裝中而未完工者並驗收機件各情並辦事員工作分配各節均經呈　閲此致

江南水泥廠籌備處

常務董事會啟

附函底一份

五　五　四

江南水泥股份有限公司

實業部商標局爲『金輪』商標發放審定書的批文（一九三六年七月二十二日）

檔號：1041-1-59

實業部商標局批

事由	擬辦	決定辦法	備考
發給第二三六六〇號審定書			
附件 審定書一件			

字第 號 年 月 日 時到

收文 字第 號

本局發文號數 呈復號數

南〇八廿五年七月 號已附來

實業部商標局批第3204號

原具呈人江南水泥股份有限公司

商標呈請註册由

呈一件以下列

呈件均悉。查商標法第二十六條第一項之規定「呈請商標專用，經審查後認為合法者，除以審定書通知呈請人外，應先登載於商標公報，俟滿六個月別無利害關係人之異議，或經辨明其異議時，始行核准註册給證。」茲據該商呈稱，「以下列商標使用於下列商品，呈請專用」等情，前來業經本局審查認為合法，並付刊商標公報合行將審定書發給該商閱看仰即遵照此批。

計開

商標名稱 金輪

第十三項水泥類之水泥及以水泥製成用品商品

審定書號數 第三六六〇號 一件

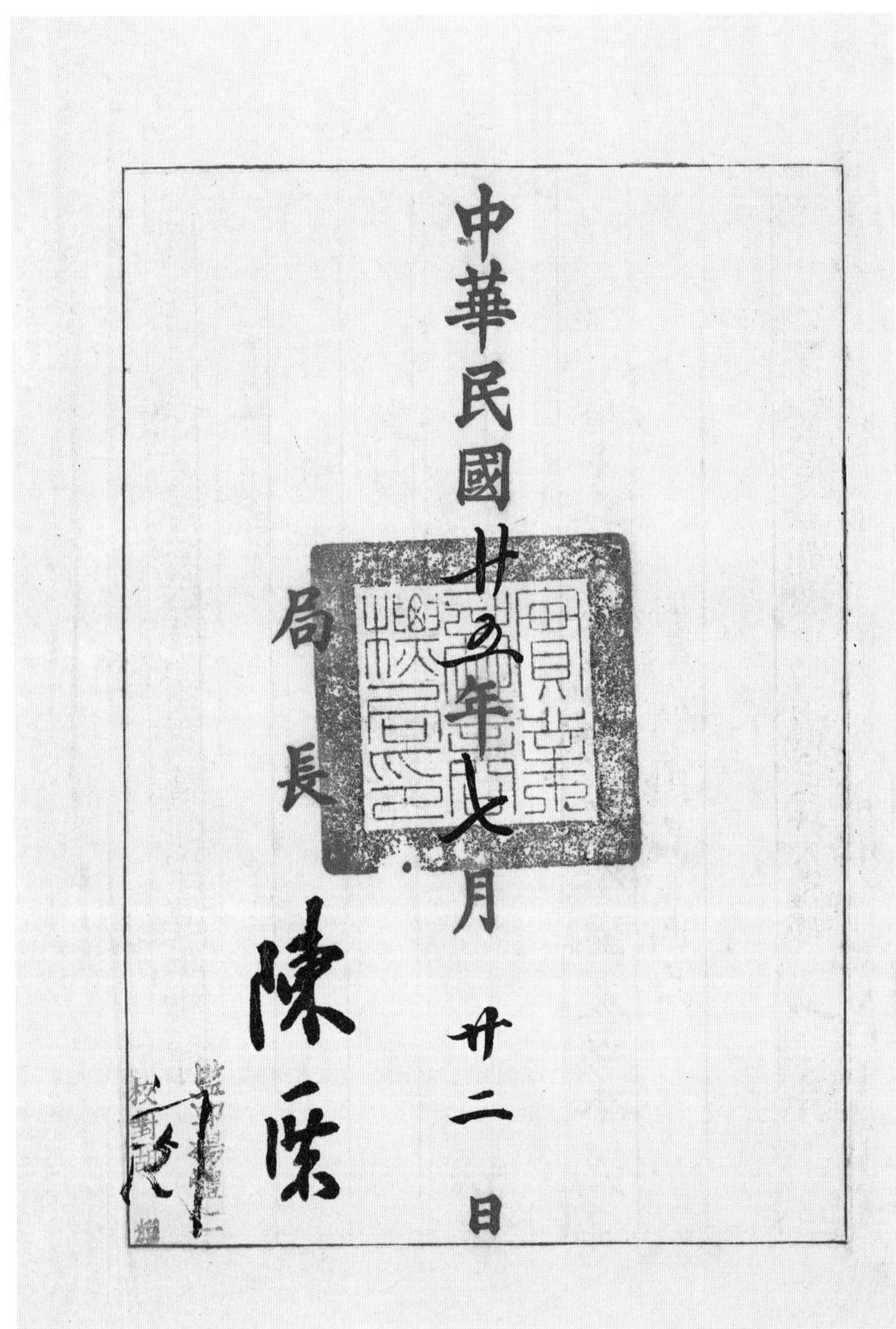

中華民國廿五年七月廿二日

局長 陳[illegible]

商標審定書

第二三六六〇號

呈請書到局時日	呈請書到局號數	完成手續呈文到局時日	完成手續呈文到局號數	呈請人	代理人	商標名稱
中華民國廿五年六月五日	第四二〇四號	中華民國廿五年六月三十日	第四九九七號	江南水泥股份有限公司 在南京新街口正洪街五十三號		金輪

商標圖樣
江南水泥股份有限公司
金輪商標
THE KIANG NAN CEMENT CO., LTD.

商品	審定主文
水泥及以水泥製成用品 第十三項水泥類	茲經審查認爲合法

理由

據該商呈稱以金輪商標，使用於商標法施行細則，第三十七條第十三項水泥類之水泥及以水泥製成用品商品，依法呈請註冊。茲經派審查員審查，並無違反商標法第一條第二條之規定，應即依照商標法第二十六條第一項審定公告。

商標局局長 陳[illegible]

中華民國二十五年七月廿二日

甲種審定書用紙

校對胡[illegible]

實業部商標局爲核準『金輪』商標注册致江南水泥股份有限公司的令（一九三六年三月二十七日）

檔號：1041—1—12

實業部商標局令 第3371號

令江南水泥股份有限公司

查商標法第二十六條第一項規定，商標經審查後，認爲合法者，除以審定書通知呈請人外，應先登載於商標公報，俟滿六個月别無利害關係人之異議，或經辨明其異議時，始行核准該商之金輪商標，前經本局審定，認爲合法，於民國廿五年八月十六日登載第一二〇期商標公報。現在公告六個月期滿，與前條規定相符，應准註册。茲填發第三九三三號註册證乙紙，交該商收執，仰將領到日期，呈報備案。此令。

附第三〇九三三號註冊證乙紙。

中華民國廿六年三月廿七日

局長 陳[illegible]

監印楊體仁

校對胡 燿

江南水泥股份有限公司常務董事會爲與淮南煤礦局簽訂用煤合同等事宜致江南水泥廠籌備處的密函

（一九三六年十一月十九日至十二月七日）

檔　號：1041-1-41

津密　　六　　全

敬啓者關於本公司工廠開工後用煤已與建設委員會淮南煤礦局簽訂合同茲將此項簽妥之正式合同一式三份附函寄上請

尊處洽交該局南京辦事處張子敬君（地址在下關二馬路吉慶里）簽章後寄下一份備存並請洽詢按照合同應付之半數煤價十五萬零捌百元在京交款抑在滬交款交與何人應先索取收條樣據以便憑驗照撥而昭妥愼統希

台察辦理見復爲盼此致

江南水泥廠籌備處

常務董事會啓

附本公司與淮南煤礦局簽訂合同一式三份

五　十一　十九

THE KIANG NAN CEMENT COMPANY, LIMITED. TIENTSIN.

津密　七　全

敬啓者接寧密字第六十三號　大函敬悉關於淮南礦局售煤合同經　庾處長婉商秦陳明後日諒能辦到一節深以爲慰并承

示掛綫路所經土地已迭與法律家研究非完全購買或租用不可盼　敝處通知 Dr. Bradel 早日南下覆勘一節茲悉 Bradel 君現雖在津但彼因北平及太原方面尙有兩處生意正在接洽日內仍須赴晉在短期內不能南下關於路綫一節應以最後所測者爲標準無須覆勘即希

尊處進行租購應用之地畝萬勿等候 Bradel 君以免有悮時機又掛綫路植桿地位據 Bradel 君云根據

尊處最後測量之路綫地形圖請其德廠規畫渠在此間未便再有所擬定以免兩歧統望

察洽從速著手進行毋庸延候爲盼此致

江南水泥廠籌備處

常務董事會啟

五　十二　二

津密　八　　　全

敬啟者接寧密字第六十四號　大函附建委會收到預付煤價拾伍萬捌百圓回據一紙均照收悉承
示淮南煤礦局售煤合同已於本月四日簽妥送局用印約一星期後辦齊當將預付煤價拾伍萬捌百圓支杲
面交取具收條一紙并先接
貴處電告煤約已簽字付款暨此事迭經　庾處長
孫副處長　疏通接洽情形均呈　閎深以爲慰另接該礦局南京
辦事處函送煤款收據印鑑樣張一紙茲將該印鑑樣張寄交　貴處密存并致該辦事處復函一件請
貴處洽交（函底一份備　貴處存卷）爲盼再承
示籌議進行掛綫路及碼頭用地情形亦呈　閎關於江中造洋灰塲事務所　積極籌備進行爲要此致
江南水泥廠籌備處
常務董事會啟（印鑑）
附函一件又函底一份及淮南礦局南京辦事處煤款收據樣張一紙
五　十二　七

江南水泥廠籌備處致江南水泥股份有限公司常務董事會承詢六角小缸磚運廠辦法、押關税款收回等的信函

（一九三七年一月五日）

檔號：1041-1-13

寄丙　壹　一

敬啟者　昨津南第廿十五號七十四號七十五號函暨附件均敬收

悉謹分覆於後

一、承　詢六角小缸磚運廠辦法查此項缸磚　敝廠需用尚緩希望

於本月底以前運到裝輪或交鐵路聯運請　轉告啟新磁廠

酌奪

二、押關税款收回壹萬叁千餘元連同上月三十日收到京電廠息金

壹萬零捌百元（已由　敝處出給收條）已遵　囑一併存入銀行

鈞戶備撥

肯否　。

三、關於購鐵及碼頭租購地一節，迭與地方士紳籌商，或高價勒索，或提出苛刻條件，難於進行，業由　庚、璐處長函請常董詳晰敘明，當現備節略，擬送請省府設法讀價收買，似恐不易辦到，茲抄奉節略一份，祈　垂閱。

四、承　示釣會撥還啟新之款（一）千不拉渾貴式拾壹元陸角捌分，菲補撥　尊帳（二）九月份向啟新借調各款薪津等叁拾萬元已於十月份轉帳，請

冀南 壹 三

查照

五、承 示自廿六年起各函均加寄函底一份以便分類歸卷囑 敝處亦同樣辦理自當遵辦

六、鈞會交國華銀行匯示曾董事 葉 顧監察夫馬費共壹仟捌百元已照收並連同謝函分別致送並備 曾董事 葉監察發回收條先行寄奉收 示董事長已回津月支夫馬費自一月份起由 鈞會備款逕送津宅毋庸再由 敝處送轉已查照並候 顧監察由滬回京致送函款時提及

寓南 壹 四

七、承 示啟新滬廠墊付福泰祥號蘇拉油價弍仟肆百弍拾肆元又代購英金壹仟捌百磅尾款（已付弍萬玖仟元）壹仟零伍拾弍元壹角柒分該二款均已由 鈞會撥還 敝廠已查照轉帳

八、 敝廠廿五年十一月份會計月報農場月報暨建廠收支月報表試算表差額試算表建築材料月報表工具月報表各一份業於上年十二月廿九日郵寄 計荷
察收此致

寄南 壹 伍

常務董事會

江南水泥廠籌備處謹啟

附節略一份

狀據二紙

二十六 一 五

寧南 二

職廠暨鈞處一月份經常費計法幣壹仟玖百另玖元建廠工程處一月份需款拾萬另貳仟伍百元兩共拾萬另肆仟肆百另玖元計編送支表二份請

轉呈

鑒核安裝工程處預算表續行補呈除關稅項下收回壹萬叁仟玖佰柒拾肆元需廠息金壹萬另捌百元兩共貳萬肆仟柒百柒拾肆元已儲存備撥外實需柒萬玖仟陸百叁拾伍元即請

鈞會照數核撥為荷此致

常務董事會

江南水泥廠籌備處謹啟

二十六 一 八

賓南

敬啟者　導津南第元二二號大函均敬收悉茲分覆於後

一、承　交國華銀行滙來國幣伍萬元中孚銀行滙來國幣叁萬元已於十一日十九日先後收到

二、附奉安裝工程處預算表祈　畀核

三、附上　顧問學夫馬黃收據一紙請　簽存

四、准礦局售煤合同該局京處張子敬君本言定俟該局用印調換核對　敝廠暨經數次張君始謂該合同尚未寄京最近忽云用印合同一份呈會一份存局均經歸檔公司所執一份業經彼本人簽章領受煤價並由會出給收據手續可算完備如此須用印祇有蓋京處鈐記建委會礦業科陳科長亦如此主張擬副處長於十九日提下關該處由張君執蓋鈐記茲附函寄上

寧南 三 二

五、截至廿五年底止 欵處共計取用馬來數量及付欵日期欵額等並開

列詳單寄奉

六、承 示欵新調回茹鄭楊君林趙協勝 派陳清麟君接替月俸

津貼貳佰伍拾元自伍月四日起支一節已查照

七、六角小缸磚叁萬叁仟塊並多裝發備補換破碎用之貳佰塊裝車聯運

檢覆已於五日照數收到

八、茲寄上建廠工程處上年十二月份下半個月暨本年一月份上半個月工程進行

近狀各一份祈 呈 閱

九、承 示代付下列各欵已查照轉帳

一、滬津南允錄函第二條開史密芝厰運來機器配件進口稅國幣壹仟

寧南　五　三

柒佰貳拾玖元六角駁力肆拾捌元裝車及由滬運棲霞山廠火車費柒拾肆元柒角捌分共計壹仟捌佰伍拾貳元伍角捌分

一、遵津南元號函第六條關大角小缸磚叁萬叁仟塊貨價計國幣壹仟壹佰貳拾捌元陸角又運費計國幣肆百零肆元柒角共計壹仟伍佰叁拾叁元叁角肆分

一、遵津南二號函第五條關史密芝運來配件稅款國幣柒佰伍拾柒元玖角叁分合關幣壹仟柒佰貳拾玖元陸角運廠火車費小工裝力駁力等壹佰貳拾貳元柒角捌分共計國幣壹仟捌佰伍拾貳元叁角捌分

十、關於棲霞廠五十噸建水泥壞事，本廠長令農階層車壹會董村長與警備司令部派員李君乘汽車下鄉查勘，當備飭略式份分別函致[illegible]村鄉

覽閱　三　四

節略一紙，請　鑒存

十、我公司增資交圖內廠銷水泥情形，前擬稿託許君送登上海新申兩報，兹

剪寄新聞報刊登一段，請　鑒存

十一、蒙　鹽務代表東南職校借定期存款存單式紙（定期一年，年息九厘）共

計國幣叁仟九今日完全交遂，該款擬本月廿九日到期時本息一併收存

銀行　尊户内備撥。此致

常務董事會

江南水泥廠籌備處謹啟

附：安裝預算表一紙，丸島貨收據一紙，淮礦局合同一冊，洋灰清單一份，

建廠工程進行近狀二份，節略一份，剪寄新聞報一張。

二十六　一　二十

華南 四一

敬啟者 華津南字第四號

大函暨附件均敬悉 茲事列后

一承 示

飭會擬速啟新之款（一）唐廠點交揹號各員本年一月份薪水等四條備

陸續照兌（二）上海辦事處墊付鐵器二十五件計四隊付十万等價國

國幣二十八元四角五分 該處均已盡數歸帳

（三）二十五年份 該處各同人分月已支薪水數目茲遵照一單呈核

警務人員自本年一月份起按月數冊內付 [illegible]

（四）收 天津中孚銀行電匯劃帳 [illegible] 萬元款 該處於本月十六日如數收到

[illegible] 前經函中陳復請 [illegible]

寧南　四二

大鑒矣

以上各項統祈

查照轉呈為禱此致

常務董事會

附同人薪水單一紙

江南水泥廠籌備處謹啟

年　一　廿九

寧南 五　金

敬啟者敝前歸函諒達

大覽

袁常董本日由津飛滬午后五時許平安過京敝處

二月份經常費計法幣壹仟玖百另玖元建廠工程處

二月份需款計拾肆萬柒仟壹百貳拾伍元兩共拾肆萬

玖千叁百叁拾肆元茲分別編列預算表各一紙寄請

轉呈　鑒核并盼在農曆年內先予撥發一部分以資

應用安裝處預算表續行補呈統煩

查照為荷此致

常務董事會　江南水泥廠籌備處謹啟

廿六　一　卅

附二月份需款預算表二紙

寧南 六

敬啟者 尊津南字第五六號

大函暨支電均敬悉

一、承 由中孚同華兩銀行各電滙五萬元 敝處均於本月四日如數收到

分存原滙銀行備用

二、承 示奉 諭二十五年給 敝處同人酬勞按供職一年給六個月之

標準於本年關前照發附下細單一紙該款計共二千六百九十元

并屬除樊主甫陳伯斌等另具收據外其餘同人在酬勞單簽收

後寄陳等由謹當遵辦

三、葉監察處還前代辦東南職校所借定期存款七仟元上月二十

日到期計本息七千六百二十八元零七分 敝處業已一併收回

寄南 六 二

四、安裝處一月份經費預算開支及二十五年份廠處同人酬勞金
共九千五百十二元除以職校遞來存款本息七千六百廿八元零七分
備撥外來 由國華銀行滙下國幣二千元 該處業於本月
三日如數收到

五、承 示
鈞會代撥遞廠新窰磚一萬零六百八十塊及烟囱磚二萬零
九百塊之價款及機由運費等共計國幣三仟一百六十五元零三
分并附下原帳單二紙 該處已查照轉帳

六、常董暨 王委員松波今晨由滬抵京到廠視察明晨飛津
併以奉聞析

寫南　六　三
查照轉陳為荷此致
常務董事會

江南水泥廠籌備處謹啟

二十六　二　五

事由 七 全

敬啟者 案准 南字第六號函諒達

大鑒

一、茲編送二十五年十一月份會計月報暨工場月報寄請

答核

二、茲另郵寄上工程造平五號至九號、十六號至四十五號二份計七十張

又建廠工程處收支月報表一張 差額試算表八張 試算表七張 未完

工程計算表自廿五年六月至十一月每份三張共計十八張 工程進行月報

廿五年六月至七月每份二張計四張 八月至十一月每份三張計十二張 共

十六張 廿五年十一月份材料月報表十五張 統祈 答收 此致

常務董事會

江南水泥廠籌備處謹啟

廿六 一 六

附會計月報、工場月報、各一冊、

寧南 八 一

撥款者寧南第七號函計達

台覽掛綫路購地事經庚廠長、雍副廠長與地方士紳磋議並再因(?)當地人民

當重視懇望願者無廿五尺地者咸愚(?)忝(?)指摘(?)判多時未能接近旋向滬建廳

軍委會分送商洽不得已時擬請政府征收俾將此種計劃向地方鎮紳暗示鄉

村長及地主始稍讓步得結論於次

地方義務

（一）大杆十四根每根二丈見方小杆十四根每根八尺見方

（二）沿綫購讓空檔 無論田地灘塘房屋

（三）在江邊買碼頭地十畝

（四）協助在江中建那灰墩

第南　八　二

（五）劃地繳水泥料　運銅索經過路線田地

地方權利

（一）以上地價及費用共壹萬陸仟伍佰元又預備費壹仟伍佰元（非經廠方同意不得動用）

（二）自正式出貨之第二個月起每月由廠方付酬勞捌拾元滿十五年為止

酬研究進行手續　敝處顧慮周詳與法律家商訂之各種文稿當地士紳認為廠方不顧地方困難蔑視紳辦人之人格心灰意冷斷絕不聞牟

袁常董飛滬過京　敝處商樊君表示已經擱場請示奉　諭既地方及士紳有困難廠方亦應體諒樊君係本公司職員絕不致只求一時順利而不顧及將來後患仍應與樊君繼續籌商樊君聞之頗引以為慰所有文據措詞大致就緒

敝處原來主張茲將印擬文據此據各一份即祈　正

寄商 八 三

據此事經過之曲折阻力橫生筆難盡述

袁常董過京時曾由 庚處長 孫副處長 面呈本 諭即照所定計劃進行擬

綵過鐵路與路局所訂合約應請

常董簽章已於十一日寄呈

陳常董諒荷

簽及簽章寄回

以上情形即希

查照轉呈為荷此致

常務董事會

二十六 二 八

江南水泥廠籌備處謹啟

附售掛綫用地文據一紙空白收據四紙

再啟者 庚處長 暨副處長 頃自廠回處，關于掛綫購地事，據樊君云已放定洋者計六十餘户，另有十户左右比較留難，經多方疏通，不致問題。此外有歐如賢（房屋打場房屋似可避免，今日派員復測）、施永發田、施正泉田三户大事居奇，索價駭人。據聞廠方如不能避免，惟有由地方人士採用非正道方法進行，否則經辦人無法繼續辦理。又碼頭地點正有之灘地五畝，適當綫路通江廠，每畝索價式佰元，其他各户相率效尤（自公司已購之地起至掛綫路中綫止約十餘畝，尚有償暨協出售者，是以共約二三十畝），萬難接受，惟有利用當地人與之刁難。凡此皆萬不得已，如廠方認為不妥，惟有即時停止進行等語。庚處長 暨副處長 考慮良久，並再向他處調查，樊君所述尚屬實情。除前付叁仟元均作為陳仲文借款外，本日付掛綫交際費壹仟元，如掛綫路不能購成，一免此一千元由公司負擔為事業計。上述四

二

户不就範，請樊君設法與之妥協，不得已時，手續方面允許樊君酌量通融，祈

查照，轉上爲荷。此致

常務董事會

江南水泥廠籌備處謹啟

二十六　二　八

寧南 九 一

敬啟者 尊津南第七八九號

大函暨附件均敬收悉并分復於後

一、上年度敝處同人酬勞業經發訖茲寄還酬勞

單一紙收據四三紙祈 詧存

二、建廠工程處暨敝處二月份預算表茲補章寄奉

承 示建廠工程處二月份預算內列洋灰一款四萬

六千一百二十五元擬續撥已查照文編製預算表(一)應

將上月結餘數明白載列(二)「各項工程」應於備註欄

寧南 九 二

詳晰說明(三)材料如鋼鐵等應記明單位價自

當遵辦

三、本公司與京滬路局簽訂掛綫合約已託啟新滬處

劉經理於十二日備具保證書一併送局該局來電稱

合約業於當日呈部又延聘朱法律顧問合同已

備款貳百元送交

四、建廠工程處會計徐莘農擬調廠處任助理會

計兼助理文書查有王良生君對於會計學驗俱

六年南 九 三

宏建廠工程處會計擬延王君接充月支津貼六十元可否之處即祈 轉呈

常董核奪示復為荷此致

常務董事會

附預算表二紙酬勞單一張收據三紙

江南水泥廠籌備處謹啟

二十六 二 二十

寧南 十一

敬啟者寧南第九號函計達

台覽前奉津南第十號 大函暨附件敬悉茲分復於後

一、鈞會撥還敝新唐廠代付借調各員二月份薪水四百六十九元又車力一百七十九元兩

共六百三十元 敝處已查照轉帳

二、承 示本年 尊津南二號所轉敝新港處墊付機件稅力一八五二·三八元

查與津南九號函所轉係屬一事已查照沖回

三、建廠工程處同人因各項工程趕速進行事頗繁劇每於辦公時間外照

常工作殊為辛勤茲擬自本月份起按工作情形分別酌給加班津貼以

資鼓勵共計每月約二百五十元可否之處祈 轉呈

核奪示遵

寗南　十　二

四、建厰工程處園閑建工原有監工不敷分配除已延蔡永興君爲監工月支津貼五十元於五月廿五日到職外擬續添監工一人月支津貼四十元祈　查照轉呈

五、建築江中碼頭距厰約二公里餘原有技術人員無暇兼顧當添聘副工程師一人常川住歇家營主持人選正物色中

六、建江中碼頭事迭與蘇財廳姚秘書江寗縣長交部航政司吳科長商洽決定由厰呈縣核准並轉呈省府咨請交部備案呈縣呈文已於廿七日由縣派副處長親赴東山鎮面交縣府擬即派員查勘呈省府核示闗省府必要建廳擬復　庚處長已託人向建設廳疏通茲將呈稿寄請　呈閱鑒

常務董事會

江南水泥厰籌備處謹啟

附呈稿一紙

二十六　五　十

渠南 十一 一

敬啟者 敝處二月份經費截至今日為止除零星銀行存款不計外存數不足四萬元茲將三月份 敝處及建安兩處應需經費詳細列表寄上并分別說明於后

一、補呈安裝工程處二月份預算表一紙計需款伍千叁佰三十三元該款業已陸續支付並寄呈

存核

一、安裝工程處三月份預算計需款五仟六百八十七元附呈表一紙

二、建廠工程處三月份分編(1)(2)兩表共計需款拾五萬三仟六百七十三元九角二分內鋼條一項楊聯新和興兩家約需六萬六千餘元係目前急須支付之款業在備註欄內略加說明再該表應由建廠工程處蓋章以時間不及未回先將

濟南 十一 二
副張呈送
備核俟日內補具後續呈
四、敝處三月份經費計一千九百另九元九 附呈表一件
以上共計 敝處及建安兩處三月份預算需費拾六萬一千二百六十九元九角
六分敬乞
察核並請先行電匯柒萬元以應急需餘款請分期撥發為荷 此致
常務董事會
附預算表五紙
江南水泥廠籌備處謹啟
廿六 三 四

寧南　十二　一

敬啟者津南第十一、十三號

大函暨附件均敬收悉

一、承　交國華、中孚兩行電滙國幣八萬元已於昨日如數收到祈　查照

二、建廠工程處會計王良生君已於今日到廠任事祈　查照

三、尊津南第十號函檢送禪臣洋行電線馬達等帳單囑查核簽復一節

查帳單內有兩次驗關費共三十二元應由禪臣負擔其餘在滬報關納稅直

接裝火車運廠計海關稅國幣柒佰五十七元六角九分請　照數付還原單

六紙茲簽註寄請

察收

四、尊津南第十一號函承　示撥付天津禮和洋行修機房用機件進口稅及印

寧南 十二 二

花費共計國幣三仟七百四十一元七角二分 敝處已查照轉帳

五、尊津南第十三號函承 示代付 敝處借調員茹譽馨、王渭甫二君膳費

全本息國幣二百十六元二角六分 敝處已查照轉帳

六、承 寄示二月份墊款清單兹經核對尚有津南五號函轉煤由磚窯磚價

格及費用共計法幣三仟一百六十五元零三分未見列入祈 查核

七、尊津南十號函轉借調各員二月份薪水四百六十九元車貼一百七十元共六百三十九元已

查照轉工程處頃據該工程處會計股未查各員細數即請 查抄一單寄下以

便轉知爲荷

八、建廠工程處三月份預算表五張補呈二紙祈 鑒存 此致

常務董事會

江南水泥廠籌備處謹啟

二十六 三 九

附 預算表五張

轉自津付鷄達電線帳單等文件 六紙

寧南 十三

敬啟者奉津南第十五號

大函敬悉

一、惠書奉悉陳常董已於八日安抵此間

二、承 示奉 諭派劉漢增充安裝工程處辦事員辦理材料收發事宜

月支津貼九十元自任事日起支各節已查照

三、承 示 敝 寧南第十一號函内關安裝工程處二月份預算計需款五仟三佰

三十三元三百之「三」字疑為七字查確係七字之誤祈 代更正

四、公司與京滬路局所訂掛線合約業經路局簽章呈報鐵道部昨由該局

函送 敝廠茲將該合約寄請

詧存

寧南　十三　二

五、準津南字第十號函第四條所詢事項已於　敝寧南第十二號函奉復

度邀

詧洽

六、一月份下半個月工程進行近狀一份祈　呈　閱此致

常務董事會

江南水泥廠籌備處謹啟

附合約一份、進行近狀一份。

二十六　三　十一

寧南　十四　全

敬啟者關於拱綫路購地事因施正來等五戶要事居奇迄未收買完成茲擬由　顏董事長具呈呈請實業部咨請蘇省府切實協助對于數刁難地主予以制裁業由　孫董事　陳常董與　周李梅次長面洽呈函稿已呈陳常董核閱添附上請即　轉呈表王常董核定後照繕送請　顏董事大蓋章寄交　敝處送部即希查照辦理為荷此致常務董事會

江南水泥廠籌備處謹啟

二十六　三　十四

敬啟者：貴會第十四號函計在達。中建廠工程處會計王良生君到廠任事日期業經函達。徐葦農君移交事項刻已準備就緒，王君以初到甚願對於各項賬目手續有充分時間研究清晰再行接收。茲商定十八日交接，屆時由敝處會計桂承之君前往照料移交，祈查照轉王爲荷。此致

貴會董事會

江南水泥廠籌備處謹啟

二十六　三　十五

敝廠青年津刊第十四號

大函暨附件均敬收悉

一、來 文國華中孚兩行電匯國幣八萬元已於十九日如數收到祈 查照

二、來 示嶺南磚售價已列入一月份營業數字 合并查照

三、來 寄備調敵新人員三、二兩月份薪水車旅費具存

四、建廠工程處監工員應時棠因事辭職所遺職務經處聘工員朱俞潮接充月支津膳七十元朱君已於十六日到工作事務 並聘轉呈

五、關於料鋼路公司呈實業部呈文及 董事長致 兵部長函已於廿日備詳圖三紙由 庚處長面交 周李趙次長、閻周魏高登適隨即送該部收發處並將兵部長復函寄請 轉呈並呈文並不經過唐處改為

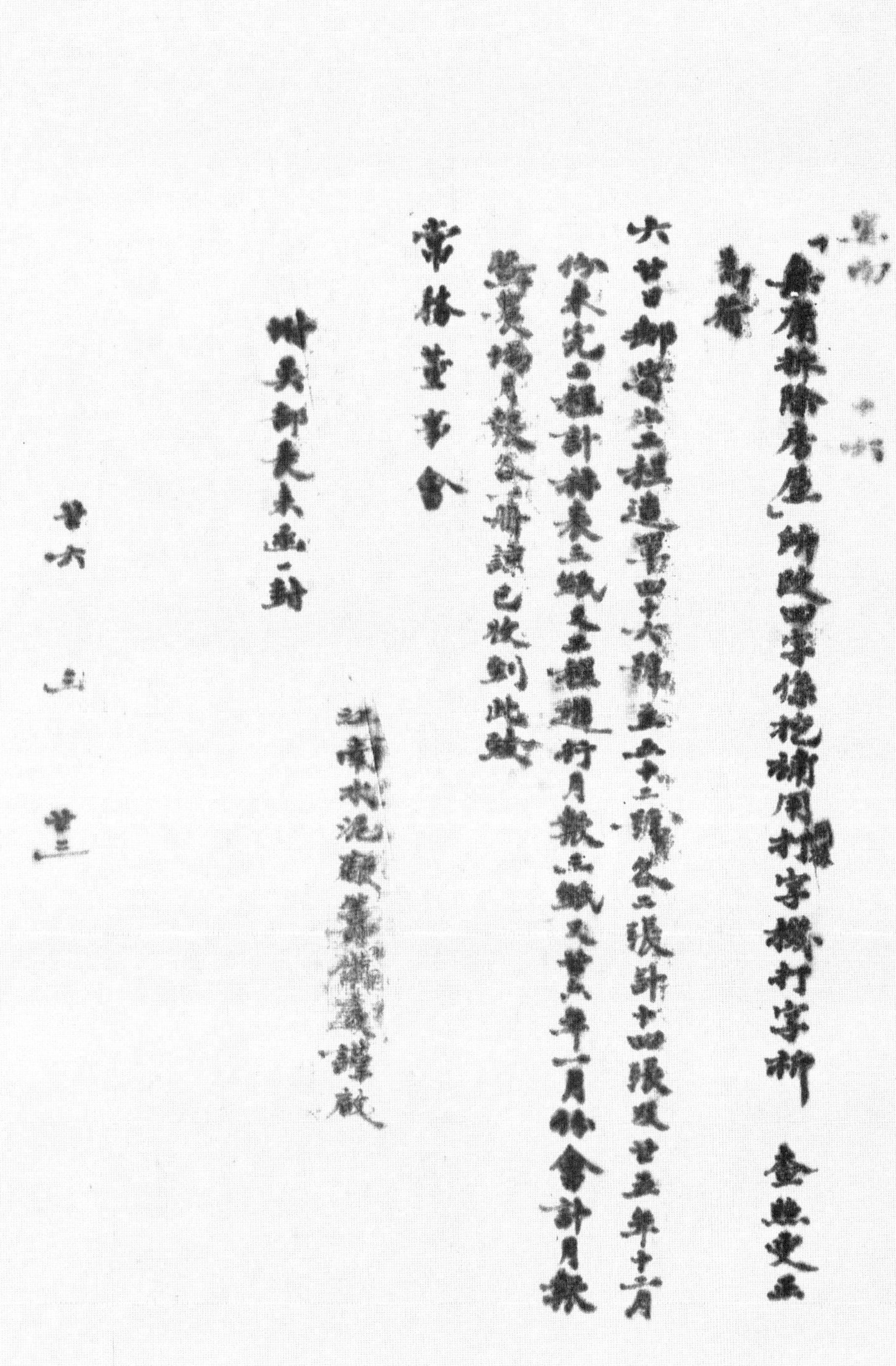

「余摘拆除房屋」所改四字係托湖周村字機打字所　查照更正

為荷

六廿日鈞函暨二種造單四十六號至五十二號各二張計十四張及廿五年十二月

份未完工程計補表工賬又未完工程造打月報工賬又廿六年一月份會計月報

醫務業場月報各一冊諒已收到此致

常務董事會

附吳卸表來函一封

江南水泥廠籌備處謹啟

廿六　五　廿三

寧閩　十七　一

敬啟者接奉津字第十五號

大函暨附件均敬收悉

一、承　示禪臣洋行索取在滬墊付機件進口稅及由滬運津京大車費七百五十七元六角九分已照付訖並附來該行洋文細單一紙　敝處已照轉帳

二、承　代撥還啟新唐廠墊付茹譽勳君由棲霞廠迴唐山川旅費國幣一百五十九元一節已查照轉帳

三、建廠工程處前為趕工並築江中碼頭有添聘副工程師之計劃江中碼頭因掛綫路天空通過問題尚未完全解決未能興工但近因周副工程師因公跌碎跨骨臥病中央醫院

寧字第七　二

虹一兩個月內恐難恢復原狀照常工作目前各項工程急需加緊進行仍不得不添用副工程師一人茲延鄒輸君充任月支津貼一百五十元鄒君已於廿六日到程處服務用奉復
應一節祈　轉呈
鑒存

四、本月廿四日寄上總處二月份會計月報暨裝場月報各一冊又於廿五日寄上建廠工程處一、二兩月份收支月報、試算表、差額試算表、建廠材料月報、工具月報各二份計荷
鑒收矣此致
常務董事會

江南水泥廠籌備處謹啓

附履歷片一紙

二十六　三　三十

資南　十八　仝

敬啓者十七號函諒荷
詧收茲將四月份敝處及建安兩工程處應
需經費共計捌萬陸千叁百另四（六）元列表四
份即乞
轉呈
詧核查三月份經費除支付外餘存之數約計十
萬元此次表內所列新（新和興及拟添購百噸鋼条之祥泰祥和均係購買鐵路用材料）和興久泰祥泰各號之款
均係急須支付並盼
鈞會即予撥滙爲荷此致
常務董事會　江南水泥廠籌備處謹啓
廿六　四　一
附預算表四份

寧南 廿九 一

敬啓者奉津南第十六號

大函敬悉

一、承 示周副工程师因公跌傷住院治療奉

批所有醫藥等費概由公司支付以示體恤並致慰

問等因已查照

二、關於掛綫路事前呈實業部請予救濟一案茲奉該

部工字第一九六五六號批附工廠登記規則一份除錄

存備查外茲將原件寄請 呈

閱江寧縣前後任縣長定於本月十日交接掛綫路事

應否另備文呈縣俟彭縣長視事後由 孫庚處長

寗南 十九

訪晤商決 二

三、茲寄上商標局第三三七一號令並註冊証一紙祈

詧收並將領到日期呈復該局備案註冊証擬處已攝

影存查

四、攝山鎮建築鎮公所請公司捐助建築費併以模範農

場與該鎮毘連之稻田一畝餘作鎮公所基地又請補助

該鎮小學臨時費又增加造橋捐款我公司提出交換

條件如下

(甲)遷移泥鍬壟義地坟墓並由地方人書面聲明遷移

淨盦

寶南

十九　三

(乙)泥鰍壟邊空義地(約四五畝公司需用以建造工人住宅)由鎮公所呈縣作為興建鎮公所基地調換請領執照交公司執業使用

(丙)書面聲明鄧圩河邊公有斗門地歸公司執業使用

(丁)書面聲明鄧圩西面自河邊起至陳李巷止舊圩基完全歸公司執業使用(前曾涉訟雖經和解因地方人意見紛歧未澈底解決)

(戊)拆除陳李巷土地廟並聲明邊空之地歸公司執業使用

上述條件經曹鎮長奔走疏通當地人士業經同意各

寧南 十九 四

項公益捐款連同泥鰍壟義塚（約八十塚至一百塚）遷故費

共計叁仟元以上辦法祈　查照轉呈

常董為荷

五、一日晚間九時餘謝慰農徐震寰諸君自辦公室回宿
舍南出俱樂部忽見工具房後面似在竹籬外泥水
匠工房處火光直冒當即擊鐘鳴笛員工鄉集奮勇
灌救惟以此時風急火猛蘆棚易於燃燒瞬即延及
工具房暨保安隊琅記等宿舍至十二時方將餘燼
完全撲滅泥水匠工房內行李未及搶出童工楚新周
不及逃避葬身火窟殊堪惆惻此次廠方損失約二

寓南 十九 五

千餘元一部份鐵料尚可應用起火原因或係工人拋棄香煙頭但尚未查明除嗣後加緊防範增加工人徹夜梭巡外並補充必需消防器具對於工人續加消防訓練廠中房屋除未完工之水泥屋架與鋼鐵屋頂廠房未保火險外其他已完工程如庫房修機間發電間辦公室俱樂部職員宿舍甲乙丙三種住宅共十四所均於完工時即保火險外

查照轉呈為荷此致

常務董事會

江南水泥廠籌備處謹啓

附 實業部批暨工廠登記規則各乙份
商標局令暨註冊証各乙份

二十六 四 五

啓新　二十一

敬啟者：奉津劄字第十七號大函敬悉

一、六日承交中孚銀行滙下國幣伍萬元，已如數收到。

二、練習生汪紀立、吳智新於上年七八月間先後到廠，各月支津膳十五元，其工作均甚努力，擬自本月份起每人加津貼五元，可否之處，祈轉呈核示。

三、承示工廠登記規則第三條規定中之甲乙兩種登記表，非出貨營業機關無從填報，應否向實業部書面聲明，煩探詢一節，此事孫副處長前曾與實業部工業司李醴廔君（即撰非出稿人）面洽，李君表示可俟出貨後聲請登記。

四、承寄來呈復商標局呈文，已轉遞。

冀南

五、承 寄來本公司召集股東臨時會通告一式二紙已遞登中央日報次要地位前三日報紙期日寄請 備存

六、承 寄來本年三月份往來墊款清單一紙已收存

七、京市商號習慣以每月十五三十兩日爲大小月底結帳期 敝廠現計已經支付料價及撥付工程處工資等款共爲五萬三千餘元現存數在月底應付各款後即皆所存無幾前函寄呈四月份預算八萬六千二百另六元除已撥到五萬元外餘款即乞

特予續爲撥匯爲荷 此致

常務董事會

江南水泥廠籌備處謹啓

[illegible]

[illegible] 二十一 二

大函敬悉

一、承 交國華銀行電滙國幣叁萬六仟元已於十四日如數收到，祈

查照

二、承 示墊付本年四月份面政衙借調各員薪水車費五百三十二元并清單一紙，暨碳盆七個價款及打擔費共國幣八十三元六角五分均已

照收 尊帳，請 查照

三、承 示書中夫先生撥還趙慶杰主任國幣十元，該款已交

鈞會收帳，擬明日備款轉交，并照付 尊帳

四、建廠工程處會計徐華豐君調 敝廠服務，業經呈蒙

寧南 二十一号 二

常董核准徐君原支津貼六十元調京後生活程度較高可否自本月份起改為薪資並再加津貼十元祈 轉呈核奪示遵再 敝廠用人均當 飭會給有聘書請 補發徐君聘書以便轉交為荷

五、廠中長途電話交部電政局原定需我公司貼費三千元嗣經庚廠長一再商洽利用該部新近收回之軍用電話線我公司僅供給木杆四十根計國幣壹佰捌拾肆元交該局敷設與軍用電話線銜接電話機暫設俱樂部派練習生陳同祜兼管已於本月十六日正式通話聲浪清晰此後廠中與京滬各埠均可通話

六、本月十八日夜間 敝廠辦公室被竊擊破朝南玻璃窗擬擴保險

寧南 二十一号 三

箱鎖簧、竊去國幣肆佰柒拾弍元八角三分（内孫副處長存壹佰元）（一部份薪資）幸未遺失其他文據次晨發覺即報警局查緝擬即另購保險箱並派人在辦公室住宿以資防範此次被竊之款可否在鈞處與建廠工程處購料損益及煤餘項下（約共三百二十元上下）開支抵銷不足之數再在雜支内出帳之處祈 鑒呈
核示

七、本月十五日寄上鈞廠五月份倉庫月報暨農場月報各一冊計荷
察收

八、下列各件本日付郵寄奉即乞 查收呈閱
建廠工程處三月份收支月報表、試驗表、差額試驗表、建廠

寧南　二建字　四

材料月報、工具月報各一份，一二兩月未完工程計示表、工程進行月報各兩份，又自二月上半月至四月下半月工程進行週狀計五份，又工程進單自五十三號至五十五號，又自五十七號至六十二號各一份，此致

常務董事會

江南水泥廠籌備處謹啟

寧南 二十二 全

逕啟者葉監察人介紹吳佩秋名購江南股[illegible][illegible]來國幣伍百陸拾元託滙與 陳常董[illegible]處已收入

尊帳請如數撥付 陳常董為荷此致

常務董事會

江南水泥廠籌備處謹啓

卅六 四 廿三

寧南　五日三　會

敬啓者，茲將敝廠及建廠工程處五月份預算計需費捌萬陸仟叁百拾壹元，附表二份，即乞

轉呈

鑒核。再敝廠需款甚亟，並請

鈞會先行電匯一部分到廠，以便應付為荷。再安裝預算表續呈，並此陳明。此致

常務董事會

江南水泥廠籌備處謹啓

附預算表兩紙

廿六　四　三十

學衡 二十四 一

敬啟者奉 五日

電示託國華銀行電匯 敝 處五月份一部分經費五萬元

同時接到該行通知已於今日照收登帳矣茲將安裝工程處

五月份預算表轉呈計需費壹萬捌仟玖百元又承啟新

京辦事處陳經理漢清來商擬請在本月份撥交洋灰貨

款壹萬元濟用兩項合計共需款貳萬捌仟玖百元即乞

轉呈

鑒核照撥為荷再 敝 處欠啟新京辦事處洋灰貨款為數

甚鉅已請該處結開一單候開來 核對後再行轉呈並此陳

明此致

寧南 二、四 二

常務董事會

附預算表一紙

江南水泥廠籌備處謹啟

廿六 五 三

寧南 二十五 金

敬啟者前寄呈寧南廿四號函並將有安裝工程處五月份
預算表一份計荷
詧收敝處及兩工程處五月份預算計需實十萬另五千二百
十一元又加付通啟新京辦事處貨款一萬元共計拾壹萬
伍千貳百拾壹元前已奉到電滙伍萬元除支付各款外
存款款數無多瞬屆十五小月底期需款應付敬祈
轉呈將餘額撥滙於十五日前到處以便應付為荷此致
常務董事會

江南水泥廠籌備處謹啟

廿六 五 十一

寧南　二十六　一

敬啟者奉津南字第廿一　廿三號　大函敬悉

(一)承　交國華電匯六萬五千元已於十二日如數收到

(二)發行公司債稿已送登中央日報修正稿已送報社請其照修改者排正連日所登標題及本文常有錯誤今已交涉更正換發股票稿亦送登該報已於今日登出茲檢齊報紙六份另郵寄奉

(三)發行公司債廣告費

第一星期頭等地位每行二元計六行每日拾弍元對折計價四十二元嗣後普通長行登八天每行一元六角計六行每日九元六角對折計價三十八元四角共計國幣八十元零四角已代付訖照付　尊帳

換發股票廣告費

寧南　二十六　二

頭兩星期頭等地位每行二元計五行對折計價每日五元兩星期共七十元

嗣後普通長行隔日登卅一天每行一元六角計五行對折計價每日四元卅一天

共一百廿四元共計國幣一百九十四元

(四)承　示擬付啟新碎子兩價及費用計國幣叁百四十二元零七分已查照轉帳

(五)陳常董寄下宋局長王站長入股證各一紙已分別轉交當收到股款共壹仟

二百四十四元已如數收入　尊帳

(六)請　檢寄換填股票加具單三十張俾此間股東需用

(七)附奉實業部商業司函一件請　查收呈　閱應否函覆祈　酌奪

(八)附上建廠工程處四月份下半月工程進行進狀一份請　查收呈　核

(九)附上地契清冊二份廠房及各種建築平面圖二份祈

寧南 二十六 三

查收此致

常務董事會

江南水泥廠籌備處謹啟

附 實業部商業司函一件

工程進行近狀表 一份

地畝清冊及廠房草圖 各二份

二十六 五 十五

寧南　二十七　一

敬啟者寧南二十六號函暨附件等計荷　鑒核

(一)茲寄上小學校舍建築圖及盤鎖費概算書祈

呈　核示遵建築費原為一萬餘元為樽節起見已將不急需之教員

宿舍剔除現共約八千元學費收入係參照南京市立小學所收校學

費計算工人子女可否照規定酌打八折併乞呈　核示復

(二)彭縣長介紹其學生梅眉女士南京女子師範學校畢業曾服務

江蘇省立[illegible]南京鼓樓小學擬請聘爲廠中小學教員自六月十五日

起請其到籌備處籌備小學並助理其他事項可否之處請

轉呈　核示

(三)樹綠路事少數刁難業主仍不受開導彭縣長允即揀納孫指導

寧南 二十九 一

貴呈復辦法劃定公路區域通知廠方施工並出示保護此項公文

彭購本星期內當可辦出

(四)附上印就之照招標辦法及合同各五份請

察存

(五)本月十八日寄上廠房建築平面圖樣九張諒已收到此致

常務董事會

江南水泥廠籌備處謹啟

廿六 五 十九

寧南 廿八 一

敬啟者奉呈 苗呈錄

大函暨附件均敬收悉

一、承 示代付下列各款

開灤缸磚二千五百塊貨價及運費共計國幣四百九十八元九角一分

啟新小火磨一具價款及包裝運費共計國幣六百三十七元二角八分

敬處借調啟新各員五月份薪水中分攤共計國幣五百三十二元

已查照轉帳

二、承 示廠中附設小學建築費 常董均主張以不超過七千元為度

學費收入辦法各有變更自當遵照分別釐訂呈 核

三、茲寄上地畝清冊及廠房地盤藍圖各一份並寄還合同謄本（已照

華南　廿八　二

抄件查)一份祈　鑒存關於地契與新華銀行共同保管一節地契擬仍存上海銀行保管箱請其點收後參加開箱印鑑鑰匙仍存我方已於廿九日與該行鄒君議妥理接洽擬擇日由徐經理與庾處長孫副處長面洽

四、敝處四月份會計月報於五月廿六日付郵寄奉計荷　鑒及

五、承　寄來四月份往來整款單一紙已查對相符

六、上年十二月九日敝新廠由鐵路裝運裝來耐火黏土（即火泥）六十五噸計車五輛唐廠發貨知照單為[illegible]號　其價格及運費若干請　詢明示復為荷

七、附上56.63.64.工程進單六紙請　查收

寧南　廿八　三

八、附上五月份上半個月工程進行近狀一份請　查收呈　核此致

常務董事會

江南水泥廠籌備處謹啟

附工程造單　六張

工程進行近狀　二張

地畝清冊　一冊

藍圖（廠基）一張

合同謄本　二張

廿六　六　一

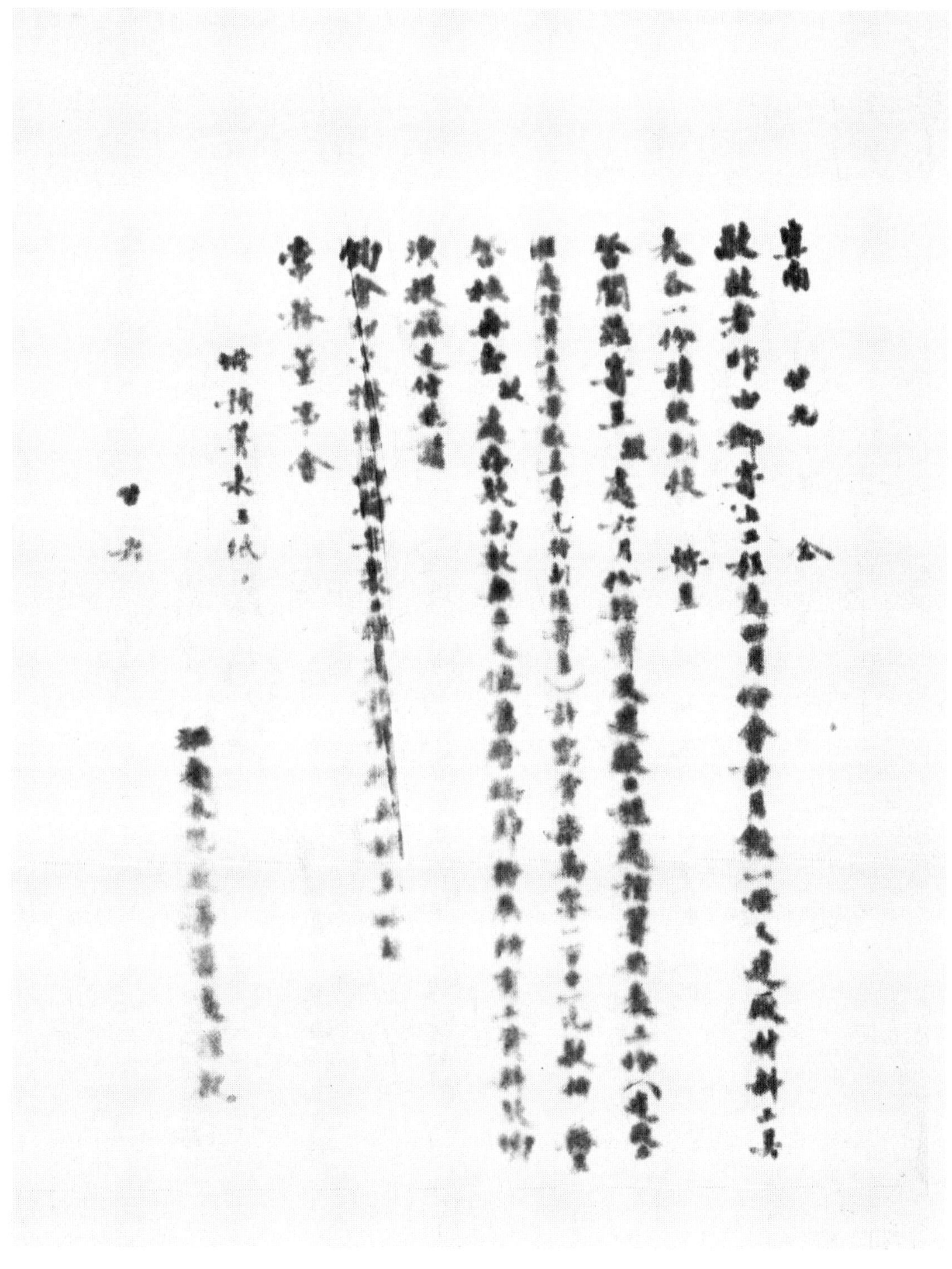

宰南　五十

敬啟者我廠招標開採土石訂期上月底截止計領標者凡七家投標者僅蔣生記王麟記于長記孟春和四家各該標件經袁常董在京會同　庚處長 主任於本月三日拆封審查其每噸土石料之估價以于長記較大（計九分六厘）孟春和最小（計六分四厘）袁常董意孟記在唐廠及龍潭中國廠專司灰窯看火工作對於開山事無相當經驗及信用擬請

鈞會就近轉請　王松波先生詳爲調查後即請

審核決擇示遵茲將領標及投標商家各列一表連同招標辦法暨承包採運合同等印底各一份一併附上即祈　辦理　簽存爲荷此致

常務董事會

江南水泥廠籌備處謹啟

廿六　六　五

華南　五十四

附　投標商家標單　四份
揀石黏土章程　一張
揀石黏土合同　一份
投標商家比較表　一張
併加搭給　一張
領標商家表　一張

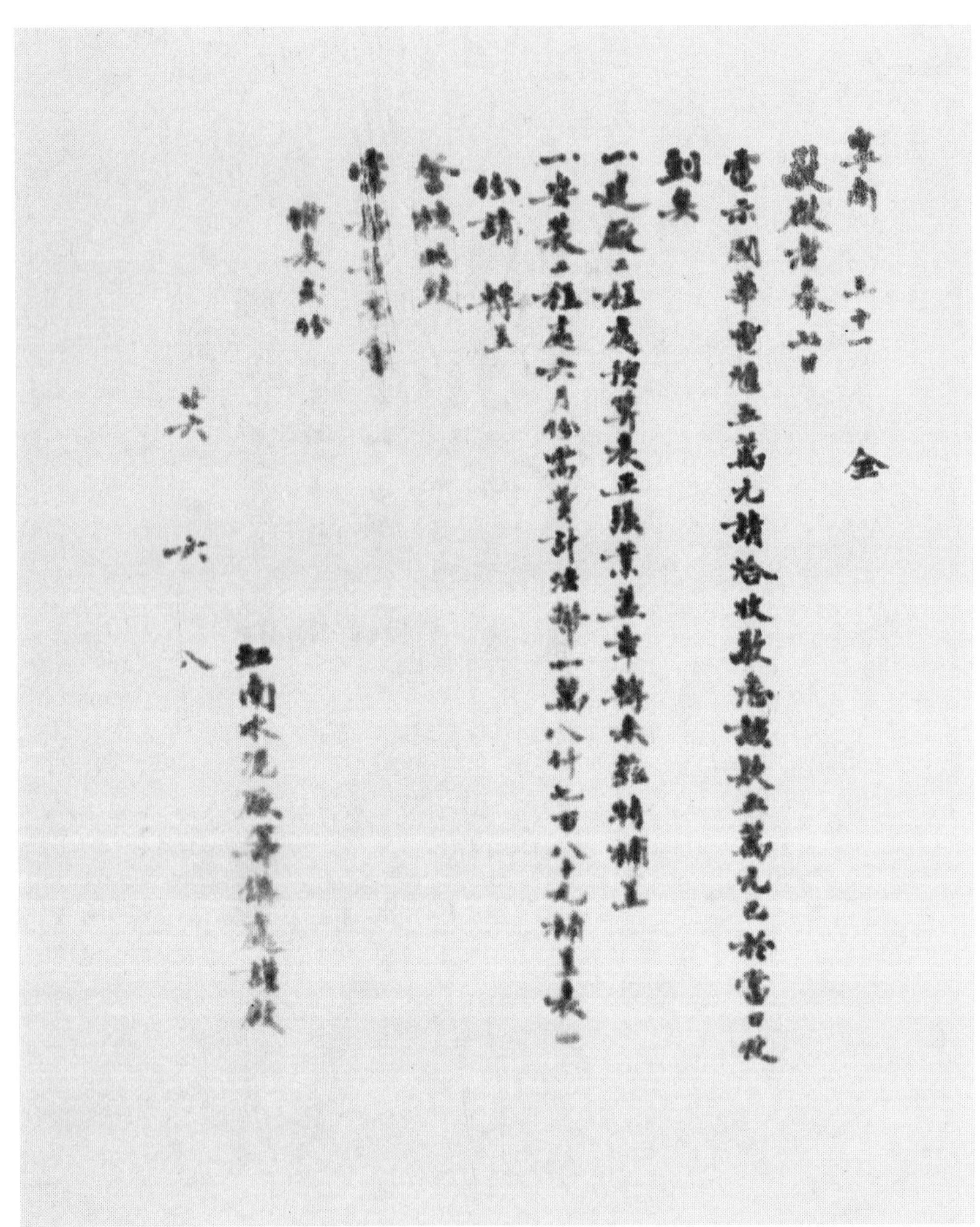

寧南 五十一　　全

敬啟者奉 卅日
電示國華電匯五萬元請洽收敝處頃款五萬元已於當日收
到矣
一建廠工程處預算表五張業蓋章轉來請將補呈
一安裝工程處六月份需費計洋拾一萬八仟七百八十元補呈表一
份請　轉呈
鑒核此致
嘯總經理先生
附表貳份

江南水泥廠籌備處謹啟

廿六　六　八

寧南　三十二　一

敬啓者，迭奉 廿六、廿七號

大函暨附件均敬悉。

一、關於發行公司債呈社會局呈文，孫副處長往訪局洽送，據該局

主管人員面稱：

一、此項呈文須俟增資五十萬奉實部批准後呈送，雖法定應于

公告期滿十五日內聲請登記，但事實上不妨展期，增資呈文該局

今日呈部。

二、呈文應備二份，一份存局，一份轉部，並須由全體董監署名。

三、公告證明書兩份，其中一份亦應剪黏所登報紙。

茲將原件寄還，即祈（中文呈文正副本各一件，附件三之二五本，兩件副本一件寄還，餘存敝處）

寧南　五十二　二

查照上述各縣辦各需下條貨部批准增資復通由

二、水　請代付下列各款

啟新提運半全膏分裝十五箱貨價修理工料運費等共國幣式仟

壹佰拾壹元零角四分

啟新唐廠電務工人貫瑞林等三人由唐至京川資及安家費共計國

幣壹佰叁拾伍元

啟新洋灰廠代購鐵沙由砂十三噸打撈運棧貨價及運費共計國

幣肆百肆拾壹元陸角伍分

已查照轉帳

三、水　前付火車即料子工價格運費肆單已於上年附　曾律南第

寧南　五十二　三

三、十三號函寄來查此項砂子工帳單確已寄來，因敝處誤為安裝材料入安裝帳內，茲已收回歸入建廠工程處矣。

四、承示王松波君在敝處支用國幣五十元已交還鈞會，茲已照付　尊帳。

五、承示禮和補交化學器皿應在棲霞工廠交貨，已函安裝工程處知照矣。

六、茲檢還上年十月廿三日　尊津南第六十一號附寄之禪臣洋行電力設備合同正本一份，請　詧收。

七、承示與新華京行共同保管地契各辦法，業經與該行部襄理電洽，日內約期照辦。此致

常務董事會

江南水泥廠籌備處謹啟

廿六　六　九

附禪臣合同一册，蓋定支撥函一份，公告證明書正本一紙、副本一紙

寧南　二十五　一

最蔵兄敬 度及建安兩工程處六月份預算計共需款八萬八仟八佰九十一

元已荷

鈞會由國華電滙來五萬元現已陸續支付各款存款無多日內即有鉅

額料款待付所有六月份經費餘額五萬八仟餘元敬祈

轉呈即予續撥滙下為荷

再查建安兩處工程現正加緊工作除原呈預算外又有續定料款計大

條鋼料約加一萬元本廠因益源等鋼鐵料亦約一萬元請予追加預算

共計兩萬元

查近數月來每屆初旬敝處支付各款時輒因存數不敷支配又以銀行往

來透支利息較大不願透支常感艱於應付擬於預算請撥數外另請

寧南 三十三 二

擬借預備費兩萬元存放桂來利息較高銀行（國華、中南均可）以備臨時撥用可否請轉呈

簽核示遵此致

常務董事會

江南水泥廠籌備處謹啟

廿六 六 十五

寧函　三十四　一

敬啟者關於選擇採土石投標人一節前經庚慶長函陳袁常董面陳當承指示進行辦法旋與較有經驗熟識我廠情形之蔣生記一再磋議得下列結論

一、每桶價六分四厘　氣鎖及鎖杆由廠方修理

二、開荒山廢土每英方四角

三、鋪道及開道引子廠方不另貼費

四、預爲石料搬入石碾廠方每半洋貼承包人六分

該投標人復請求將氣鎖每月租費減爲二元查蔣生記在工程廠工作兩年信用尚佳所見鋪保派員調查尚屬殷实茲附上合同底稿二份（空白）（正本）關採土石是否由該蔣生記承包及

寧南 三十四 二
合同如何簽訂敬祈
常董核奪示遵此致
常務董事會
特陳
附合同二份
江南水泥廠籌備處謹啟
卅六 六 廿二

寧廠 三〇五 一

敬啟者連奉津廠第一六八、一六九、卅號

大函敬悉

一、承寄回公司債並文及附件已照收供實郎批准增資令文到

局後呈遞

二、承示代付備調啟新職員本年六月份薪水車力共計國幣

五百三十二元已附詳單一紙已查照轉帳

三、承示安裝工程處考取化學技術員嚴藻蘇等六名及

各該員月支津膳住宿由本公司供給各節已查照

四、承示司務差運灰紙袋二十一萬三千七百七十五個在滬裝貨

已函請啟新滬處代提如何運廠　庚慶長昨日午後赴

寧南 三、五 二

中面洽

五、承 詢進江運之蔗袋船到棲霞如何卸運各点 祈示復

於後

一、江邊欧家営地方亦經我廠呈准交部准闢為輪船停
泊處所以前任何輪船不能停泊

二、進江製袋廠由滬運袋至廠或雇民船運至江寧縣境
之東莊口（該處離廠僅三里許）換船由運河運廠

三、或仿照永和袋廠辦法由滬裝大車運至棲霞山站駛入
我廠私有岔道直達廠內車運較船運安全而較方便

請 轉告前途為荷

六、茲寄上五月分敝廠會計月報及農場會計月報各一冊、工程處會計月報一冊、建廠材料工具月報表各一份、工程進行近狀表五月下半月並六月上半月各一份、工程通報第65 66 67 68號各二份，請　轉呈
察核。

七、尊寄五月份往來墊款清單已查對無訛，但五月廿九日將轉電務工人賈瑞林三人川資及安家費一百卅五元撥還，計全套修煉及費用二千五百五十一元七角四分，兩單敝廠係在六月份轉帳，特此陳明，請
查照。此致

寧南

常務董事會　三十五　四

江南水泥廠籌備處謹啓

附會計月報農場月報工程處月報各乙冊

、建廠材料工具月報表各乙份

、工程進況表二份

、工程造單八紙

廿六

六

廿六

寧南　三十六

敬啟者：敝處及建安兩工程處六月份經費兩次共收到
鈞會電匯來款拾萬捌仟元，又向首都電廠取到利息壹萬元，共計拾壹萬捌仟
元。敝處陸續支付建安兩工程用款，截至本日止，計分存本京各銀行總計玖仟餘元，
除仍擬請將此款作為預備費外，茲寄上七月份敝處預算表一份，計需費壹仟
玖百拾壹元；安裝預算表一份，計需費壹萬零式佰叁拾伍元；建廠工資預算副
表一份，計需費肆萬伍仟伍佰伍拾元；並建廠材料項下約計需費肆萬元。該
表尚未及呈經　爽處長核定，先行約數呈報，該表連同工資正表一併補呈。以
上合計需費玖萬柒仟陸佰玖拾陸元。因六月份久泰等商號續定料款壹
萬柒仟餘元屆期需款支付，特先專函請款，即乞
轉呈

寧南　三十六　二

答核准先煙機一部價以資應用為荷此致

常務董事會

附預算表弍份

江南水泥廠籌備處謹啟

廿六　七　三

阜南 五十九

敬啟者本卅一、卅二號

大函敬悉

一、五日承交國華電匯國幣伍萬元已於當日如數收到

二、承示代付下列各款

司密芝紙袋二十五萬三仟七百六十五個貨價計國幣貳萬陸仟伍佰拾叁元

貳角伍分

參加利洋行代司密芝收紙袋價手續費國幣叁拾壹元壹角捌分又

電報費壹拾肆元貳角貳分

均已查照轉帳

三、承囑轉函農業工礦處關於桿上電器電線高壓保險曾否繳清各項

阜南　五十七

進口關稅　敝處有無付過各節，業已轉詢嘈安裝工程處，尚候據覆，當

節高騰保險狀料單已於本月四日寄津，並前電線一項，何時由何處交

（係指何種電纜，西書華信）

貨，請

（究係何種電纜）

查明示知，以便詢明奉告。當節電纜關稅如係在上海關完納者，

敝處未曾付過。

四、關於與蔣出紀磐訂購泥土石合同，來示奉諭，當由陳廠長負責

簽字，業已遵辦。

五、建安兩工程處會計股擬添辦事員一人，查有余恩付堪以充，每月支津

貼四十元，可否之處，祈　核奪

裁示。

六、前號函呈款七月份　敝處及建安兩工程處預算需費九萬七千六百九十

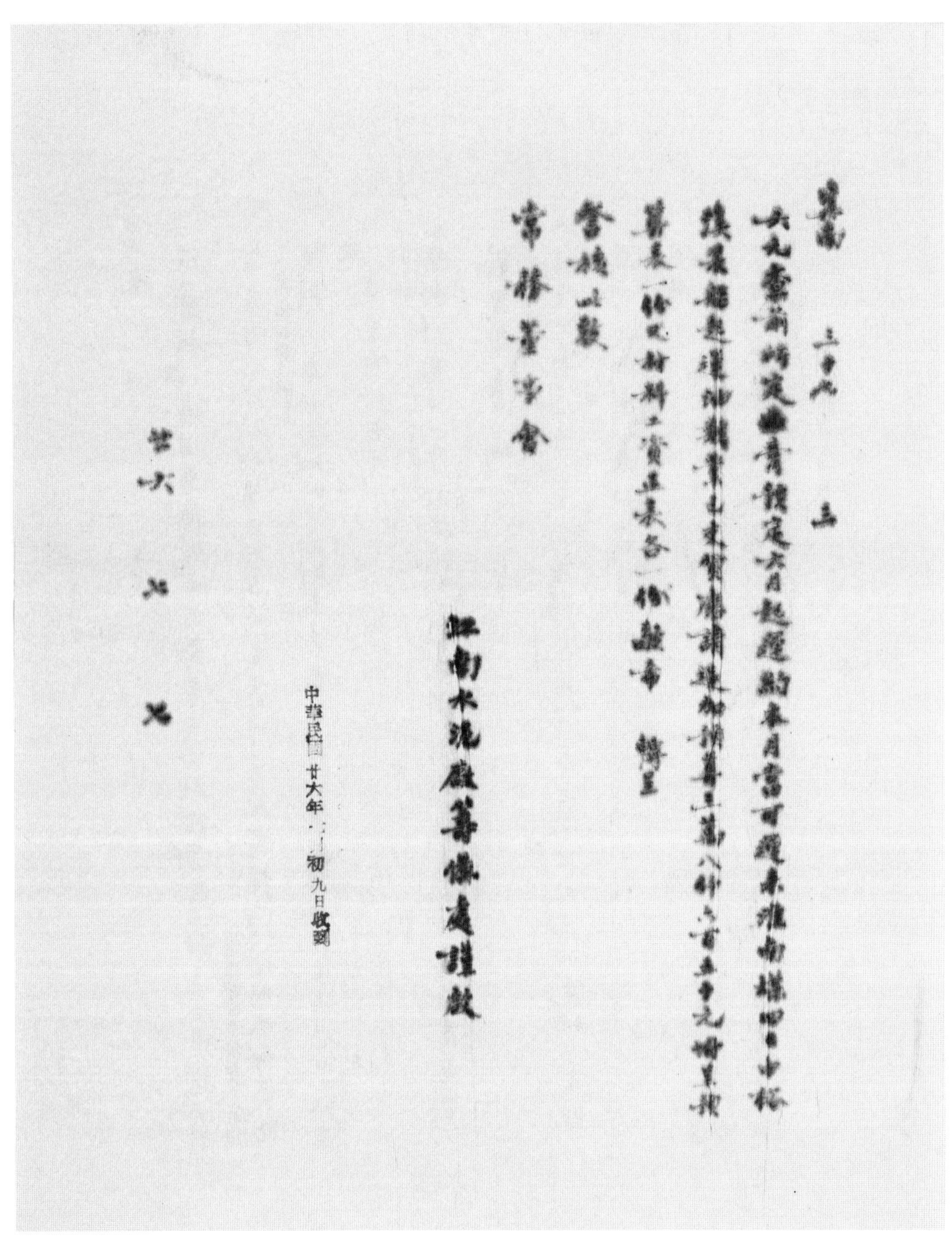

案由　三十八　三

[illegible]青[illegible]定六月起運約本月當可運來[illegible]

[illegible]加預算三萬八千六百五十元[illegible]

算表一份及材料工資表各一份隨函　附呈

鑒核　此致

常務董事會

江南水泥廠籌備處謹啟

中華民國廿六年[illegible]月初九日收到

廿六　七　[illegible]

寧南五十八　函

敬啟者本京所得稅法限自廿六年一月一日起實行於 敝處及建業兩工程處同人關於薪給報酬所得照章應於每月發薪時由會計處於由扣繳 敝處職員人少扣繳時手續簡單貴於敝覺尚易惟工程處同人每月薪津有由本京發給亦有由敝廠轉帳者如扣繳此項所得稅辦理殊覺困難而國家法令似又未能顧及特將辦理扣繳所得稅困難情形具函陳報如何之處敬乞

核示（十五日為發薪期能於期前到京）以便轉知遵照辦理為荷此致

常務董事會

江南水泥廠籌備處謹啟

廿六　七　八

寧南　五十九　全

敬啓者七月份預算款　處及建安兩工程處共計需款拾叁萬陸

仟餘元已撥

電匯伍萬元到處餘款捌萬陸仟餘元懇請

轉呈

核准續予撥匯以資應用爲荷此致

常務董事會

江南水泥廠籌備處謹啓

二十六　七　十三

寗南 四十一

敬啟者奉津第三十四五號

大函暨附件均敬收悉

一、承 交國華電匯伍萬元 啟新滬處電匯拾萬元已於十六日如數收到

二、承 代付啟新興磁磚窯炒小缸磚貨價及費用共國幣捌百伍拾陸元壹角已查照登帳

三、承 示永和通江蘇義交貨地點及付款辦法已查照又該貨家開發票三份隨貨送廠〻中收貨後將一份蓋戳交商家俟照收清楚後再另開收料單連同另一份寄交鈞會以憑核付貨款已轉知材料房遵辦矣廠方僅留底

寄南　四十　二

票一份不敷存查請　待添為該碼以四份隨貨送廠為荷

四、承　示向三井訂購鐵皮二百噸業足用鉚釘約於本月

下旬到滬運廠已通知廠中準備卸存地點

五、謹寄上六月下半月工程進行近狀一份計二紙又工程造

單第六九七十二號各兩份祈

查存

六、禪臣帳單一紙已抄送安裝工程處查外洋進口機件電纜

等如運滬裝船運浦口則進口稅由敝處在金陵關完

納如運滬用大車運廠則進口稅由洋行在滬關完納禪

臣電機機綫項向安裝工程處查詢雖已收到係由滬用

寄句　四十三

火車運廠進口稅國幣三百八十九元八角六分係禪臣

至滬關完納，請

鈞會照付為荷。此致

常務董事會

江南水泥廠籌備處謹啓

附進竹表一份

退單六份

二十六　七　十七

寧函　四十一　　金

敬啓者敬事列後

一、關於增資登記近經　孫副處長向實業部商業

司催詢本日收到通知書一件據謂業已照准茲將原

件寄請

察存發行公司債呈文已於今日送京市社會局

二、茲寄上實業部函一件及公司調查表一份祈

填寄敝處轉送

三、高觀四君交來江南股款壹仟元已照收　尊帳印布

查照為荷此致

常務董事會　　江南水泥廠籌備處謹啓

廿六　七　廿二

附通知單、調查表、實業部統計處原函各乙件

郭函　四十五　一

敬啓者

一、運料　以前敝廠運煤分向華東淮南兩礦京廠接洽據淮礦張子敬君云現煤斤供不應求我方派可雇民船日運五六百噸陸續裝運如用輪船整批裝三千餘噸事實上不可能至於改運冶廠值茲缺貨期間尤其未能照辦　又據華東余誠恪君稱園於訂約售貨及何時交何家若干均由滬營業科主持華東駐京辦事處及運輸科無權處理浦口貨棧因車輛缺乏存貨無多政府機關復派員駐浦坐索大車運到臨即搶運一空預料江南裝運

寧園　四十三　二

啓訢華東煤一節即營業科承認但浦口無貨可裝亦屬杜然等語頃向雷達文回江天津換煤事兩礦在一個月內均無大批貨可供輪運至詳則度邀

鑒及　庚處長在滬已電請其就近交涉但恐難有效

二、陶知舜以詐財未遂自訴　孫副處長一案昨接傳票卅一日庭期茲抄狀稿寄請

鑒存辦（訴）狀俟朱法律顧問擬就抄寄此致

常務董事會　江南水泥廠籌備處謹啓

廿六　上　廿四

附狀稿乙件

江南水泥公司建廠工程處用箋

寧南字第四十三號第　一　頁

敬啟者奉　津南字第三十六至四十一號
大函敬悉一一因平津京滬各地先後發生戰事時局緊張郵遞
中斷茲將陳覆事項條列于后
一、承寄示本公司辦事規則底本二份禮和掛線路臨時站圖一份工
廠職工宿舍及租用住宅水電等五種章程各四份均敬收悉
二、承　示奉　諭派庾宗溎為棲霞工廠經理兼任總店經理趙慶
杰為工廠主任技師兼副經理張建新為工廠副經理兼會計科科
長孫柏軒為總店副經理兼工廠總務科科長均著於八月一日

中華民國　年　月　日

地址　京滬綫棲霞山車站攝山渡

江南水泥公司建廠工程處用牋

南字第四十三號第二頁

就職視事又派桂永之充總廠會計科主任徐華農充副主任張子幹
充購料科主任岳書充充購料科兼會計科辦事員鄭介棟充文
書科助理員又派王良生充工廠會計科副科長王士華王儀鄭
吳紀祚均充會計科助理員李吉度充工廠總務科土木工程師朱
劍南汪原滋均充總務科辦事員陳伏波蔡公鉄吳智新均充總
務科助理員郭仁旺充總務科監工員劉漢增充工廠材料房
主任陳兆筠劉憲曾汪紀立均充材料房助理員謝慰農充工
廠運輸科辦事員徐震寰夏毓華陳同祜傅昌洪均充運

中華民國　年　月　日

地址　京滬綫棲霞山車站攝山渡

江南水泥公司建廠工程處用牋

寧字第四十三號第三頁

輸科助理員王彷虞充運輸科練習生又派陳育麟為工廠電機師兼代機師胡慶泉為副機師陳新民為副化學師鄭克庚為副機師張繼曾張澤良施復鼓均充機器技術員嚴蔭孫秦志濂宋偉如趙慶然殷文煊均充化學技術員各等因業經有另付郵寄各該職員之延聘保証書及職員錄對保函請假條華格式紙 敝處尚未收到

三、承 寄示總在工廠及經副理各職員並上海辦事處各式圖章印樣一紙業經收存惟各該圖章迄未遞到

中華民國　年　月　日

地址 京滬綫棲霞山車站攝山渡

江南水泥公司建廠工程處用牋

寧南字第四十三號第四頁

四、承　示嗣後
鈞會與總店通函擬另編津總寧總字與工廠通函擬另編津
江寧江字在　敝廠未結束以前仍續編用津南寧南字各節謹
當遵辦
五、承　寄示致史密芝公司函底一份約定看火師於八月廿日前後
到我廠工作一節　遵即轉知廠中惟接該公司函告看火師約
於九月二日到職。
六、承　示奉

中華民國　　年　　月　　日

地址　京滬綫棲霞山車站攝山渡

江南水泥公司建廠工程處用牋

寧南字第四十三號第五頁

諭借調啟新職員劉紹卿暫留工廠材料房服務又借調職員

除劉君外均經本公司函請啟新自八月份起悉歸本公司延用各

等因敬悉并遵即轉知劉君查照

七承　示　鈞會已代撥還之款項(一)我廠借調啟新各員本年

七月份薪水車力共計國幣五百卅二元正(二)啟新唐廠聯運棲霞山

窯磚三五二〇塊之貨價及裝運費共計國幣六百七十六元八角三分

(三)啟新唐廠窯磚三五二〇塊追加聯運費十元另八角一分(四)啟新

唐廠聯運棲霞山站窯磚五千塊之貨款及運費計國幣一千二百三十元另三角七分

中華民國　年　月　日

地址　京滬綫棲霞山車站攝山渡

江南水泥公司建廠工程處用牋

寧南字第四十三號第六頁

（五）啟新由唐運棲造鐵桶機器二套價款及費用計國幣一千七百七十元零六角七分（六）永和榮記新蔴袋十萬條價八成五計國幣三萬零一佰七十五元（七）禪臣洋行墊付電笛及電線進口稅共計國幣二百六十一元六角二分（八）啟新代墊關於鉄皮改在上海交貨致三井電費國幣十三元八角六分（九）史家芝運滬第二批紙袋三六三二五個價款國幣四千五百十元零六角一分又麥加利銀行手續費五元七角二分（十）啟新代付敝處借調各員趙慶杰君等五人慰勞金本息共計國幣五百三十七

中華民國　年　月　日

地址　京滬綫棲霞山車站攝山渡

江南水泥公司建廠工程處用牋

寧南字第四十三號第七頁

元六角一分以上各款均已遵照轉帳

八、自滬戰爆發時局日形緊張京滬交通限隔日来首都不時發生空戰居民紛紛遷避商店亦多停業我廠鄰近京滬路線亦屬險要地帶幸賴各職員鎮靜維持各項重要工作仍舊加緊進行以期本月底開始試車

九、敝處在京中新街口附近亦為防空要地自本月十五日發生空戰時虞轟炸異常危險各職員迫不得已均於十六日移廠照常辦公

中華民國　　年　　月　　日

地址　京滬綫棲霞山車站攝山渡

江南水泥公司建廠工程處用牋

寧南字第四十三號第八頁

十、總店及工廠派定各職員之薪津自八月份起應各支給幾何敬候

核示以便支領

十一、本月十二日奉

鈞會復電由啟新滬處轉撥之十萬元敝處以需款孔殷

遵即電滬洽催迄未滙到目前京地銀行因戰事關係規

定存款一律按百分之五支取因之應付益感困難茲悉

新京處有款可撥擬請就京轉撥應用正在商洽中

中華民國　年　月　日

地址　京滬綫棲霞山車站攝山渡

江南水泥公司建廠工程處用牋

寧南字第四十三號第九頁

十二、前奉電亦吾廠所定架空鉄路材料在本月十三日運抵滬埠，庚經理原擬十六日左右前往報關提貨，不意十四日滬戰爆發，交通斷絶，未能赴滬辦理，當函上海禮和洋行聲述不克如期提貨原因，請其暫存關棧代為保管，一俟時局安定當即補辦手續，現尚未見該行函復也。

十三、關於求貨所需物料，其已經裝運到廠者約計石膏一千二百噸，屑煤二十噸，其餘亦在續運中。

十四、架空鉄路水泥柱子及桶廠工程因金融奇緊工料缺乏擬

中華民國　年　月　日

地址　京滬綫棲霞山車站攝山渡

江南水泥公司建廠工程處用箋

寧南字第四十三號第十頁

暫緩進行是否有當，敬候
核示。
十五。茲將上七月份上半個月工程進行近狀一份計兩紙，祈
詧存為荷，此致
常務董事會
附工程進行近狀一份

中華民國二十六年八月廿四日收到

江南水泥廠籌備處謹啟

中華民國二十六年八月十九日

地址　京滬綫棲霞山車站攝山渡

江南水泥股份有限公司爲購買懸車挂綫柱基用地等致實業部呈文及實業部部長吴鼎昌的回信

（一九三七年三月二十二日）

檔　號：1041-1-12

立出售掛線用地及天空通過文據人　今因
江南水泥公司建築掛線路懸車空間以爲運輸之用
南自江寧縣三霞鄉便民河北岸ニ圩　起向北至單
家圩江邊止其間經過本人田畝如建築水泥柱用地
二丈見方者每柱一根地價洋　元整一丈見方者
減半如僅在天空通過每田一坵計通過費洋　元
整建築掛綫施工時損壞地面麥價均在其內(如已取
得地價不再另取通過費)自立出售文據以後聽憑
江南水泥公司過戶納税永遠便宜使用永不妨害惟
天空經過面積路線二面每邊不得過二丈路線高度
需在距地面十六尺以上並不得妨礙地面耕種除另
立收據外特此出售文據爲憑

附註　計用地　　應照過戶完税

中華民國二十六年　月　日立售掛線用地及天空通
過文據人

憑　中　村長　副鄉長　鄉長

呈爲發展國外貿易建築掛線路以利運輸沿線柱基用地及天空通過因少數業主刁難無法進行仰祈鑒核俯賜救濟事竊水泥及其製造原料均爲笨重貨物其搬運費用實佔運輸成本中之重大部份是以各國水泥工廠多選設於水陸通運地點商公司工廠設於江寧縣攝山渡北距長江約二公里查外洋巨船排定受儎期限極爲準確笨重貨物每日必須承裝千噸以上始肯受儎如無敏速機械之裝置則不能在限定之船期內將大批貨物裝入航洋巨船啟新中國各水泥廠對於國外推銷雖極努力但迄鮮顯著之成功其失敗原因卽以裝運方法須假借駁船轉運費用旣昂裝船遲慢商公司有鑒於此爲發展海外貿易及減輕成本計擬自廠中建築掛線路一道直達江中碼頭（亦名掛線站）每隔一百二十公尺埋設水

泥柱一根上掛鋼索懸車空間藉電力行駛貨物用高線掛車運至江中碼頭以起重機直接裝入輪船每二十四小時可由工廠裝運水泥一千二百噸商公司因廠址會經劃入軍事要塞區域上述設備業經呈請軍事委員會派員查勘核准跨越鐵路亦已商得京滬路局同意各在案掛線路經過攝山鎮者除山地一坵係商公司工廠與吳姓共業外餘均在商公司工廠範圍以內經過三覆鄉者約一千七百公尺埋設水泥柱木柱各十四根占地極微距離地面高度在一丈六尺以上全線皆屬曠野並不經過房屋於住居耕種毫無妨礙柱基及天空通過委託所在地之鄉鎮長暨地方士紳尚資議價收買柱基二丈見方者每根給價四十元一丈見方者每根給價三十元天空通過每田一坵給價二十元在業主等於意外收入全體業主共六十

二戶已成交者計五十七戶占全體戶數百分之九十二僅施正泉等五戶其長度占三霞鄉範圍內之綫路約百分之六每畝索價萬元及一萬八千元不等高價勒索無法洽商查綫路經過該五戶田地僅天空通過並無柱基於原來土地生產無損毫末地方士紳所協議價格若按畝計算每畝田價已六百元一千元八百元不等不但居全國之首考之國外恐亦不可多見如此高價倘持異議不啻阻礙工業進化有意刁難商公司對於此項綫路請專家規劃歷時期年與地方士紳協商地價往返磋磨亦閱半載機件已由德國裝輪部將運到其價值合華幣二十餘萬元遂以極少數地主之作梗未能施工建築坐使裝運利器不克使用實屬損失不貲迫不得已籲請

鈞部俯賜救濟咨請　江蘇省政府令飭江寧縣政府切實協助轉飭自治指導

員會同鄉鎮長通知施正泉等五戶照協議價格領價毋得阻撓倘藉端滋擾從嚴懲處事關利用最新機械發展海外貿易諒荷鈞部業予贊助理合連同圖樣備文呈請仰祈

鑒核施行謹呈

實業部

附圖 紙

江南水泥有限公司謹呈

董事長顏惠慶

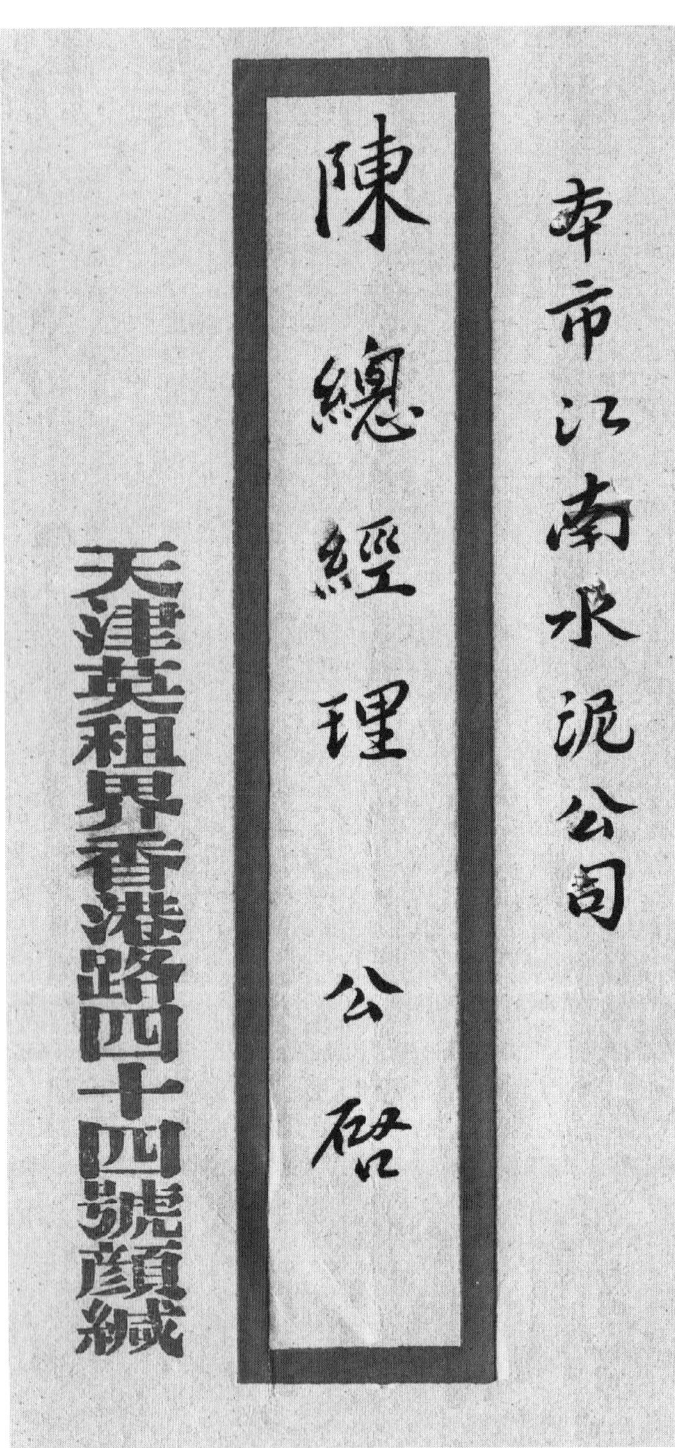
本市江南水泥公司
陳總經理　公啓
天津英租界香港路四十四號顔緘

駿人先生勛右頃辱

華翰敬悉一是承

囑咨請江蘇省政府轉飭協助江南水泥廠收買纜車掛線柱基及天空

通過一節俟文到之後自當飭司儘先辦理用副

大命特先奉復順頌

時祺

弟吳鼎昌拜啓

三月二十二日

實業部用箋

實業部爲江南水泥股份有限公司運輸沿綫建設挂綫柱基用地的批文（附工廠登記規則）（一九三七年四月三日）

檔號：1041-1-12

實業部批

江南水泥有限公司

事由	據呈為發展國外貿易建築掛線路以利運輸沿線柱基用地及天空通過因少數業主刁難無法進行祈鑒核俯賜救濟等情准予咨請轉飭勿事阻撓并仰遵照規則呈請登記由
附件	一份
擬辦	
决定辦法	
備考	覆文務請註明本部發文字號

批　字第　號

中華民國廿六年四月四日收到

收文　字第　號

實業部批

工字第19656號

江南水泥有限公司

二十六年三月二十日呈為發展國外貿易、建築掛線路以利運輸、沿線桩基用地及天空通過、因少數業主刁難、無法進行、仰祈鑒核、俯賜救濟由。

呈暨附圖均悉。事關便利運輸、發展國外貿易、且查所議之收買價格、亦尚公允、准予咨請江蘇省政府飭縣轉喻各少數業主、勿事阻撓、仰逕向當地縣政府呈請核辦、再查該公司之水泥工廠、尚未遵照工廠登記規則呈請登記有案、茲

檢發工廠登記規則一份，并仰遵照該規則第二條之規定辦理，可也。此批。附圖分别轉存

附檢發工廠登記規則一份

中華民國二十六年四月三日

部長吳鼎昌

監印馮理

校對張森

工廠登記規則

工廠登記規則

二十年十二月十八日部令公布
二十四年五月一日部令修正

第一條　凡中華民國境內之工廠平時僱用三十名以上之工人或用機械動力製造出品者均依本規則呈請登記

第二條　工廠登記於設立時向所在地縣市政府行之其在直隸行政院各市者向市社會局行之

第三條　工廠登記由工廠主體或經理人照甲乙兩種登記表各填三份備文呈請登記但在直隸行政院各市者各填二份

第四條　縣市政府或市社會局接收工廠登記呈請書表後應即按表逐項查明核准登記並呈報省主管廳轉呈或逕呈實業部備案

第五條　公司組織之工廠不論是否用工廠之名稱於公司登記外並爲工廠之登記

第六條　核准登記之工廠在各縣市者由縣市政府發給憑單在直隸行政院各市者由市社會局發給憑單

前項憑單由實業部製定式樣頒由登記官署照式印刷發給時得徵收憑單費國幣一元印花稅一角

第七條　工廠登記後其廠名廠址廠長及技師姓名製品種類及登記號數均於實業公報公布之

第八條　工廠登記後其登記表所載事項遇有變更時應聲敘原因呈請備案

第九條　工廠遷移時除呈報原登記官署外並應向遷移地之登記官署依本規則第二條之規定呈請登記設立分廠者亦同

第十條　工廠休業時應呈報原登記官署依次核轉實業部備案

第十一條　核准登記之工廠於每營業年度終結後兩個月内編製上年度廠務報告書依照實業部所定格式填具三份呈送所在地縣市政府依次核轉實業部備查其在直隸行政院各市者填具二份呈送市社會局核轉

第十二條　在本規則修正公布後凡未經登記各工廠應於六個月内呈請登記其逾期不登記者得依行政執行法第五條處罰並令補行登記新設立之工廠逾兩個月未呈請登記者亦同

第十三條　軍用及國營工廠之登記另定之

第十四條　本規則自公布之日施行

江南水泥廠采用灰石黏土招標承辦辦法及合同樣本（一九三七年五月二十二日）

檔號：1041-1-12

江南水泥廠採用灰石黏土招標承辦辦法

說明　本廠製造水泥須由本山採掘灰石及黏土其採掘灰石方法由本廠購製氣壓機再用鐵管皮管輸送氣壓至氣鑽俟石眼鑽至相當深度灌以火藥用藥線燃點其炸取之灰石裝入鐵斗車經輕便小型軌道推送至本廠碾石機器至採掘黏土方法均由人工用鐵鍬挖掘裝入鐵斗車經輕便小型軌道推送至本廠泥漿池茲將上項工作招標承辦所有各種條款開列如下

一、輕便小型軌道及道木道釘第一次鋪道所需者均由本廠供給交由承辦人按照工作情形自行鋪設鐵斗車亦由本廠借給使用

二、氣鑽機器由本廠購辦租與承辦人使用按使用架數每月酌收租金（每架每月五元）鑽桿及其修理費用由承辦人自理

三、挖土使用鐵鍬等項傢俱由承辦人自備但亦得出價向廠方支領

四、土石由本廠指定之山地開掘灰石運送至碾石機器其距離約三百公尺黏土運送至泥漿池其距離約五百公尺

五、開山應用硝礦由本廠代爲購辦承辦人按照硝每市斤叁角四分磺每市斤貳角四分向廠方備價領用其他配製火藥工作由承辦人自理

六、採掘灰石單位包價按本廠每月灌出之水泥桶數計算每半個月結算付款一次每桶水泥重量一百七十公斤其應需灰石成分約爲二百〇三公斤黏土成分約爲五十四公斤承辦人因工廠存貨所墊石料之成本得向工廠借支百分之八十

七、採運黏土及灰石最高標價規定按每桶水泥共計國幣七分超過規定最高標價者勿須投標

八、投標人對於本辦法以及所附之合同稿不明瞭處可至籌備處詢明並可由籌備處介紹至工廠實地察勘採石運土各地點

九、標單於五月三十日前封固連同投標人經歷送交南京新街口正洪街五十三號本公司並須繳付押標金壹千元開標後一星期內如數發還

十、公司對於標價最低者儘先考慮但無必須取用最低標價之義務

十一、得標之承辦人須覓妥實商號兩家爲擔保人並須經本廠查明認可其擔保商號之名稱及地址須於投標時聲明之

十二、茲訂於六月一日開標其得標人對本廠應立之承包契約另訂之

承包採運灰石黏土合同

立合同　江南水泥廠（甲方）　（乙方）今因乙方向甲方承包採運灰石及黏土製造水泥經雙方同意訂立條款於下

一、採運灰石及黏土單位包價按甲方灌出水泥每千桶　元　角　分每半個月結算付款一次但甲方所存熟料及水泥如積至一萬桶時乙方得向甲方借支所墊採運料款百分之八十

二、灰石由甲方指定之山區採掘輸送至碾石機器並將所運石料用車倒入該碾為止其黏土須輸送至泥漿池並倒入該池為止

三、輸送灰石黏土之小鐵軌及第一次鋪道用之道木道釘均由甲方借給其鋪設工作由乙方自理

四、輸送灰石黏土應用之鐵斗車由甲方借給但乙方須於借用時出具收據交給甲方並將車輛妥為保管如斗車使用年久破壞應將

破車交還甲方得借取新車其平時行車壓擴車輛修理費用及車軸用油均由乙方自理採土應用鐵鍬等項傢俱俱由乙方自理但亦得出價向甲方領用

五、採石應用氣鑽機器乙方向甲方租用每架每月應納租金五元於月底甲方付款時扣抵鑽桿及其修理費由乙方自理

六、每日採用灰石及黏土之數量須適合甲方製造上需用爲標準其所採灰石是否合用隨時須受甲方化驗室之檢查乙方須絶對服從甲方之指揮辦理開山放砲時間由甲方與當地軍警機關商定後乙方不得變更

七、乙方須陸續採存約供甲方一個月出貨之石料計約一萬二千噸至一萬八千噸黏土計約三千五百噸(至冬季須存二個月約七千噸)其因存料所墊之款百分之八十得向甲方出據借支如存料因

故動用不足時乙方應立即設法補足

八、採石應用硝磺由甲方代爲購辦乙方按照硝每市斤價叁角四分磺每市斤價貳角四分價領用其配製火藥工作由乙方自理

九、乙方須常駐工地約束工人保持秩序遵守甲方之規程對於地方居民物業不得有侵害擾亂行爲如發生出軌或生命危險情事統歸乙方負責理楚

十、甲方貼給乙方開荒山廢石費及鋪軌等費一千元此項貼費在乙方開始工作滿三個月後甲方認爲工作滿意時付給之本合同試辦期滿如不繼續簽訂時乙方應負責將一切借用工具用具交還甲方不得再提任何要求如遇缺少及損壞應按照市價賠償於付款內扣抵

十一、承辦人需用工房得由甲方在其自置地內指定地點由承辦人自

行建築工房該項工房之建築費於事前估定建築費經甲方核定後得由甲方按實在之費用借給七成之款按周息八厘計算合同期滿如不續訂時該項工房可由甲方作價收買但最高價格不得超過原建築費百分之五十

十二、乙方如不能履行上列條款時節由其保人完全負責辦理至甲方認爲滿意爲止倘甲方因此所受損失及乙方所過支銀錢亦俱歸其保人負賠償之責

十三、本合同暫定一年爲試辦期間期滿經雙方同意得繼續簽訂

附註一：第一條存料數量以甲方工程師之書面估計爲標準

附註二：每一石塊其任何方向之距離不得大於十八英寸

江南水泥股份有限公司爲訂購紙袋和鐵皮等物資請代爲收貨致啓新洋灰有限公司上海辦事處的函件

（一九三七年六月二十二日至十月九日）

檔　號：1041-1-26

江南水泥有限公司用牋

第　號　第　頁　全

逕啟者接十六日

偉寄津江字第三號函及附件均收悉茲奉託者敝公司前向史密芝公司訂購紙袋二十五萬個頃由麥加利銀行送來(一)史密芝運交該紙袋二十一萬三千七百七十五個之提單一紙(二)該貨保險單一紙(三)領事簽證貨單一紙(四)原發票三紙該價業由敝公司付清今將上開四件共六紙寄請

偉處代辦接洽提貨之事需費若干請墊付見示由敝處撥還另已通知首都敝廠籌備處至提貨運交敝廠辦法敝廠籌備處當逕與偉處接洽並希查洽爲荷此致

啟新洋灰有限公司上海辦事處

江南水泥有限公司啟

附(一)提單一紙　(二)保險單一紙

(三)領事簽證貨單一紙　(四)原發票三紙

中華民國二十六年六月廿二日

江南水泥有限公司用箋

第　號　第　頁（全）

敬啟者：敝公司向此間三井洋行訂購鐵皮貳百噸外帶足用鉚釘，本月十五日以後自日本起運，約可於月底以前到滬，訂明在船行碼頭交貨，貨價在津付給。除已函知敝棲霞工廠外，屆時當將提單等件寄請貴處代爲洽收，運交敝工廠，先祈台洽是荷。此致

啟新洋灰公司上海辦事處

江南水泥股份有限公司啟

中華民國二十六年七月十三日

江南水泥有限公司用箋

第　　號　第　　頁全

敬啟者茲寄上前向三井訂購鐵桶皮貳百噸之提單一紙發票一紙領事簽證貨單一紙保險單一紙共四紙該貨分裝四千三百十二捆每捆壹千張共計六〇、三六八張又卯釘柒袋計四二〇、〇〇〇枚

請

費神代爲提貨如京滬貨車可通即運交敝棲霞工廠爲荷此致

啟新洋灰有限公司上海辦事處

江南水泥有限公司啟

附　三井鐵皮提單一紙發票一紙領事簽證貨單一紙保險單一紙共肆紙

中華民國二十六年八月六日

全

敬啟者今日接

津處加急電開「禮和函江南掛錢貨到付半價連稅項約拾萬外滙提存有限斷無法辦賠與津禮和洽辦」等語查貨款原訂在津付給至該貨在本月十六日據該津行稱接掛錢機輪因滙未能卸已赴日等語容與該津行接洽辦理頃經拍復一電電底附上祈

督照再 敝 公司在津電報掛號係「江」字譯碼爲（三零六八）並希

台督爲荷此致

啟新洋灰有限公司上海辦事處

附電底一紙

江南水泥有限公司啟

六 八 廿一

江南水泥股份有限公司

上

敬啟者頃接廿五日

大電開「巧電悉提單未到到亦無法辦」敬悉查

尊電所云提單諒係指十九日　尊電所云之禮和掛棧貨提單（查最近託辦提單(1)係七月三十一日寄上之史密芝紙袋提單(2)係八月六日寄上之三井鐵桶皮提單此外無）查該掛棧機器在本月十六日據該津行稱因滬未能卸已赴日並未將提單交來業經　敝處在二十日電復

尊處另復於函中敘明現在郵程異常之慢該函諒未達此事完全在停頓之中（原訂交貨後在津付價現在當然談不到）故不再電告仍以函詳所

江南水泥股份有限公司

下

台督爲荷再八月十日津江字第六號大函示史密芝紙袋提存事已悉鐵皮何日提存何

處希　示及爲盼此致

啟新洋灰有限公司上海辦事處

江南水泥有限公司啟

六　八　廿六

江南水泥股份有限公司

江南水泥有限公司用箋

第　號第　頁

敬啟者茲據此間三井洋行來人聲稱該行所交江南之鐵桶皮二百公噸早已運抵上海存楊樹浦美昌貨棧內（在公共租界）頃接該上海三井支店電稱該地已無戰事請求我方持該提單前去查驗倘在可能範圍內若能提走更爲至盼又云該上海三井支店不能代爲查看者緣該項提單已交我方寄滬無該單據無法辦理各等語查該項提單係於八月六日由敝處附函寄請
尊處代爲洽提未知該件何日收到現據該洋行聲稱前情究竟能否提取（最好提存近處西人行棧如美昌妥當即轉存美昌亦可該項鐵皮貨價早已在津付訖矣）敝處不能懸揣統希
台的洽辦見覆爲荷（如此時提貨不便或不妥或即緩提）此致
啟新洋灰有限公司上海辦事處

江南水泥股份有限公司啟

中華民國二十六年九月三日

江南水泥有限公司用箋

第　號　第　頁

敬啟者接九月廿三日津江字第七號　大函敬悉

一、鐵皮二百噸提單等件事於九月廿二日拍電奉詢迄廿四日得　鈞處廿三所拍復電「提單多收到」茲承　示該貨正在危險地帶無法提取昨接汪經理仲雷函告江南存棧機件五箱在危險地帶已冒險取出云云此項鐵皮迄存偽何浦美昌貨棧內（在公共租界）究未知能否設法提取宜即妥存何處統請　卓籌示知爲荷

二、史密芝紙袋經實隆洋行運存香港事前經　敝處函請開灤過由香港回空煤船之便將港存紙袋裝回秦皇島已承其允許似應於事前知照實隆洋行俟香港開灤辦事處提取該件時互以電報關照即希

中華民國二十　年　月　日

江南水泥有限公司用箋

第　號　第　頁

台洽函知貴盛接洽爲禱此致

啟新洋灰公司上海辦事處

江南水泥有限公司啟

中華民國二十六年十月九日

啓新洋灰有限公司爲江南水泥廠工程建築用磚等與江南水泥股份有限公司往來信函（一九三七年七月八日至十日）

檔　號：1041-1-12

啓新洋灰有限公司書牋

第一頁

電報掛號 中文（啟）○七九六 英文 Cement

敬啟者今接唐山敝工廠函稱關於

貴公司定製之窰磚貳萬叁千貳百塊於七月三十日以前將半數運棲廠備用一節前據王代總技師囑若候輪運恐遲期誤用仍以交鐵路聯運爲宜業於本月五日先搭磁廠運小缸磚之車運去伍百壹拾塊日內索到聯運車輛當再續運又稱

貴公司向磁廠訂購小缸磚兩種計共壹萬陸千塊已於本月五日裝二十噸車由唐山聯運至棲霞山工廠惟此批小缸磚計合十四噸下餘六噸搭裝本廠代製之窰磚伍百壹拾塊各等語上項小缸磚窰磚價款及費用共計國幣

中華民國　年　月　日

電話 三一七四九 五一三○九 三三四六二

天津法租界海大道

啟新洋灰有限公司書牋

第二頁

捌百伍拾陸元壹角用特函達並附上帳單正副各一紙即希

詧照並請將該款如數撥下是荷此致

江南水泥公司

附帳單二紙

啟新洋灰有限公司書柬 啟

中華民國廿六年七月初九日收到

中華民國二十六年七月八日

電報掛號 中文（啟）〇七九六 英文 Cement

電話 三一七四九 三三〇 五一四 三三四六二 三一〇九

天津法租界海大道

江南水泥有限公司用箋

第　號　第　頁全

敬啟者接奉本日

大函承　示敝公司向　貴唐廠定製之窖磚二萬三千二百塊及向磁廠定購之小缸磚兩種共一萬六千塊業於本月五日用二十噸車裝小缸磚一萬六千塊又搭裝窖磚五百一十塊由唐山聯運棲霞山其餘窖磚日內續運上項小缸磚窖磚價款及費用共計國幣捌百伍拾陸元壹角附來正副帳單各一紙均照收悉該款國幣捌百伍拾陸元壹角已照開新華銀行支票一紙送請

收帳所有未運窖磚希即索車裝運爲荷此致

啟新洋灰有限公司總事務所

江南水泥有限公司啟

中華民國二十六年七月九日

啟新洋灰有限公司書牋

第 全 頁

電報掛號 中文（啟）〇七九六 英文 Cellieit

敬啟者接奉本月九日

大函承

將運交小缸磚窯磚價款及費用共計國幣捌百伍拾陸元壹角照開新華銀行支票一紙交下並

囑將未運窯磚索車裝運等因敬悉上項支票亦已收到除將收據開奉外至未運窯磚亦經函囑敝

唐廠逕索聯運車輛妥爲裝交除俟得復當即轉達外相應函復即希

查照是荷此致

江南水泥有限公司

啟新洋灰有限公司書柬 啟

中華民國二十六年七月十一日

電話 三三三 三一一 四三七 六〇四 二九九

中華民國 廿六年七月拾貳日收到

天津法租界大海道

江南水泥有限公司與湖北應城石膏股份有限公司簽訂購買石膏合同（一九三七年五月二十六日）

檔號：1041-1-9

立合同人 江南水泥股份有限公司（以下簡稱買主） 應城石膏公司（以下簡稱賣主） 今因買賣合同事
雙方議定各條件於后

一、品名 湖北應城產之乙丙膏

二、數量 弍千英噸（即每噸弍千弍百肆拾磅）

三、交貨日期 本合同所訂石膏分兩期交清第一期於民國廿六年六月份
交壹千英噸第二期同年八月交壹千英噸倘賣主不能照期
交貨賣主須於三個月前通知買主買主得向他處訂購
全部惟買主因此所受之價格損失應由賣主負責賠
償但如天災事變賣主之貨不能運交時不在此限又買
主如因非常事故停工或出品減少應先期一個月通知賣主

對於本合同所訂之石膏數量酌量減之如賣主未接通知而石膏已運在途買主於貨到時不收其損失應歸買主負責再賣主遇因水腳關係及裝載利便起見得下期應交之貨預先裝交時買主不得拒收

四 交貨地点

在董莊口或歐家營船邊過磅交貨所有出艙起卸以及過磅駁船等費概歸買主認付但貨運到時除風雨冰雪不能工作或循例休假日外應隨到隨收不得藉故延宕惟賣主須於貨船在浦口起行時立將船名噸位及預約航程日期專函通知買主俾得轉知工廠準備起卸

五 税繳

賣主應納一切税捐及付清水腳保險報關等費如貨船

到達交貨地點所有拆閘及閘費到蕩船驗貨等費

概歸買主自理

六、價格 每英噸價規定以國幣拾玖元計算，不折不扣

七、付款 每批貨物交到驗收後結算，以現款如數付清

八、品質 賣主保証所交之乙丙膏其成分以純石膏百分之九十五

為標準，如不及此數，買主得另議價格

九、附則 本合同式繕作兩份，經雙方簽字蓋章後即發生

效力，各執一份存據

中華民國廿六年五月廿六日

買主

賣主

二六、八、二六

立合同人江南水泥股份有限公司（以下簡稱買主）
應城石膏股份有限公司（以下簡稱賣主）今因買賣石膏
事雙方議定各條件如後
一、品名　湖北應城產之乙丙膏
二、數量　貳千公噸（即每噸二二〇四、六二二英常磅）
三、交貨日期　本合同所訂石膏分兩期交清第一期於民國廿六年
十二月交壹千公噸第二期於民國廿七年元月交壹千公
噸倘賣主不能照期交貨賣主須於三個月前通知買
主買主得向他處訂購惟買主因此所受之價格損失
應由賣主負責賠償但如天災事變賣主之貨不能運
交時不在此限又買主如因非常事故停工或出品減少應

先期一個月通知賣方對於本合同所訂之石膏數量
酌減之如賣方未接通知或雖接此通知而石膏已運
在途買方於貨到時不收其損失應歸買方負責
再賣方遇因水腳關係及裝載利便起見得下期應
交之貨預先裝交時買方不得拒收

四、交貨地點

在董莊以或政家營船边過磅交貨所有出艙起卸以及
過磅駁船等費概歸買方認負但貨運到時除風雨
冰雪不能工作或循例休假日外應隨到隨收不得藉故延宕
惟賣方須於貨船在滸口起行時立將船名噸位及預約
航程日期專函通知買方俾得轉知工廠準備起卸

五、税款　賣主應納一切稅捐及付清水脚保險報關等費至貨船到達交貨地点所有報關及關員到躉船驗貨等费概歸買主自理

六、價格　每公噸價規定國幣弍拾壹元五角計算不折不扣

七、付款　每批貨物交到驗收後结算以現款如數付清如遇提前裝交之貨買主亦應於驗收時照付現金

八、品質　賣主保証所交之乙丙膏其成分以純石膏百分之九十五爲標準如不及此數買主得另議價格

九、附則　本合同一式繕作兩份經雙方簽字蓋章後即生效力各執一份存據

中華民國廿六年八月廿七日

買主

賣主 應城石膏股份有限公司

經理 郭培生（印章）

二六，八，二六。

肆

募集資金

江南水泥股份有限公司津南信稿第二册（建廠工程經費、銀行匯款、押關稅款、工廠建設等）

（一九三六年十二月十七日至一九三七年九月八日）

檔　號：1041-1-27

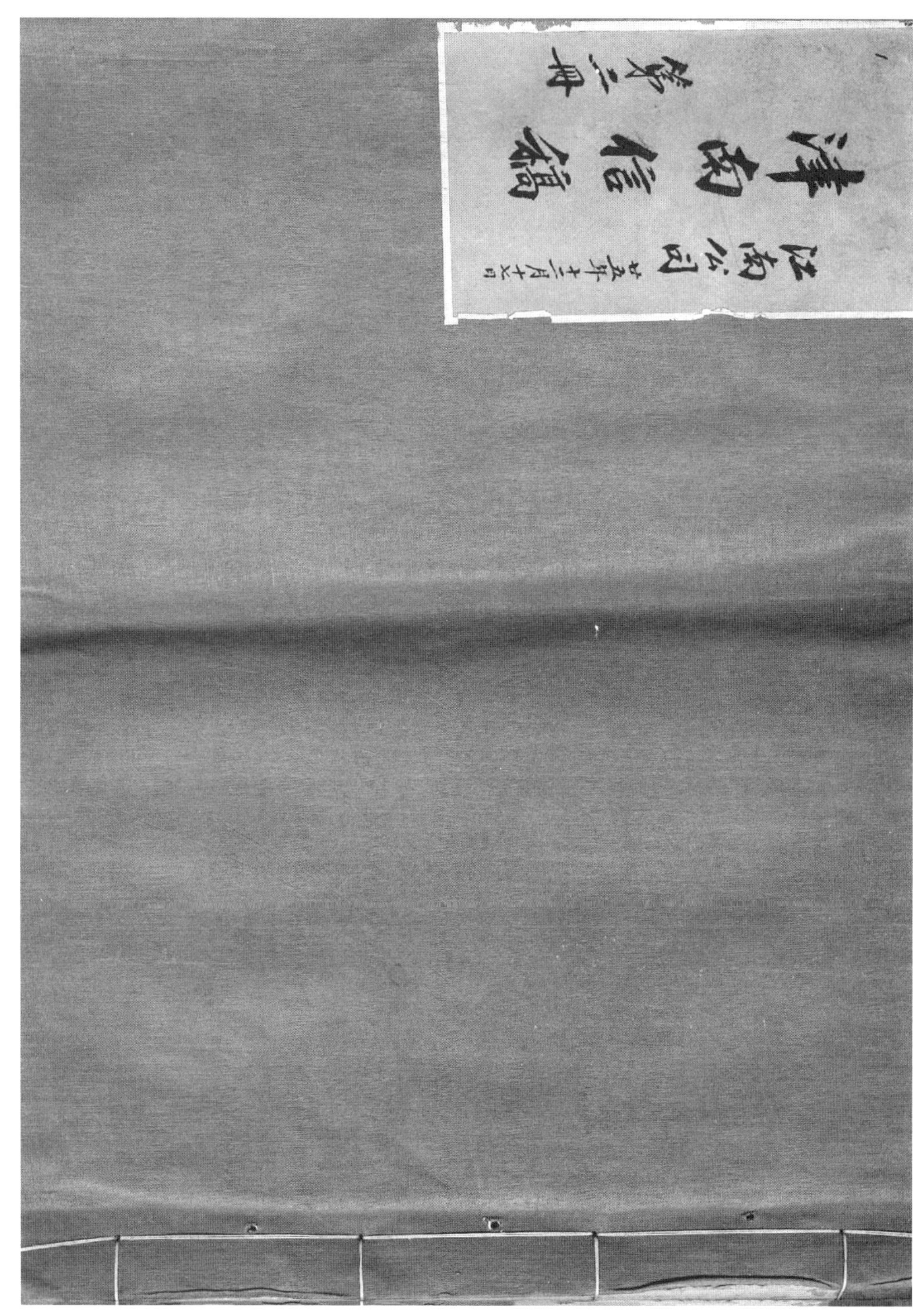

津南字第七十二号

敬啓者 前天津函諒達

去覽 今日交國華銀行電匯交

貴廠国幣五万七千五百元 又請電

請給收 此款連同礎新字第貴廠轉撥之

之三萬五千零〻五元 共为九万二千五百零

五元 數〻

貴廠十二月份全部預算九萬二千五

百七十六元之 計差尾數廿一元之 請核決

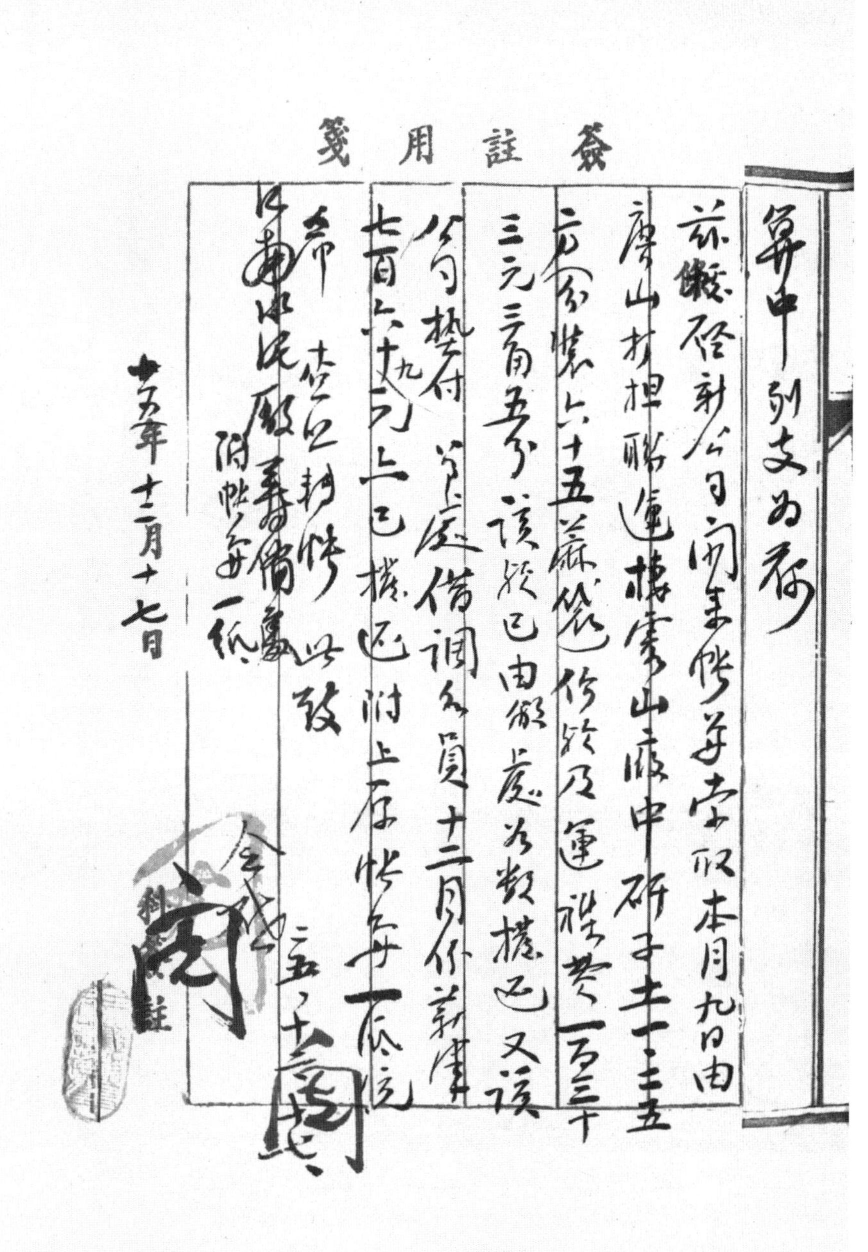

津南字第七十三号

逕啓者今接到

尊處來寄十月份會計報冊一冊又由農場

會計報冊一冊及建廠工程處十月份收支日報

表試驗表差額試驗表材料日報表建

築工具日報表各一份該另有函寄示

在逢矣

一、茲附去致首都電廠函一件附帳單

一紙由京取貳拾萬之借款及保證金一万

六千元到期利息共國幣一萬零八百
元，該款收到請存公處，俟撥充下月
份用款可也。
二、茲附寄發曾葉毅董事鑒察送夫馬費函
各一件，該款共一千八百元，准廿日交天津
國華銀行滙上，請將函款照送，並
將簽回收據寄下為荷。再，
董事長已回津，所有該送之月支夫馬
費，應自二十六年一月份起由敝處備款

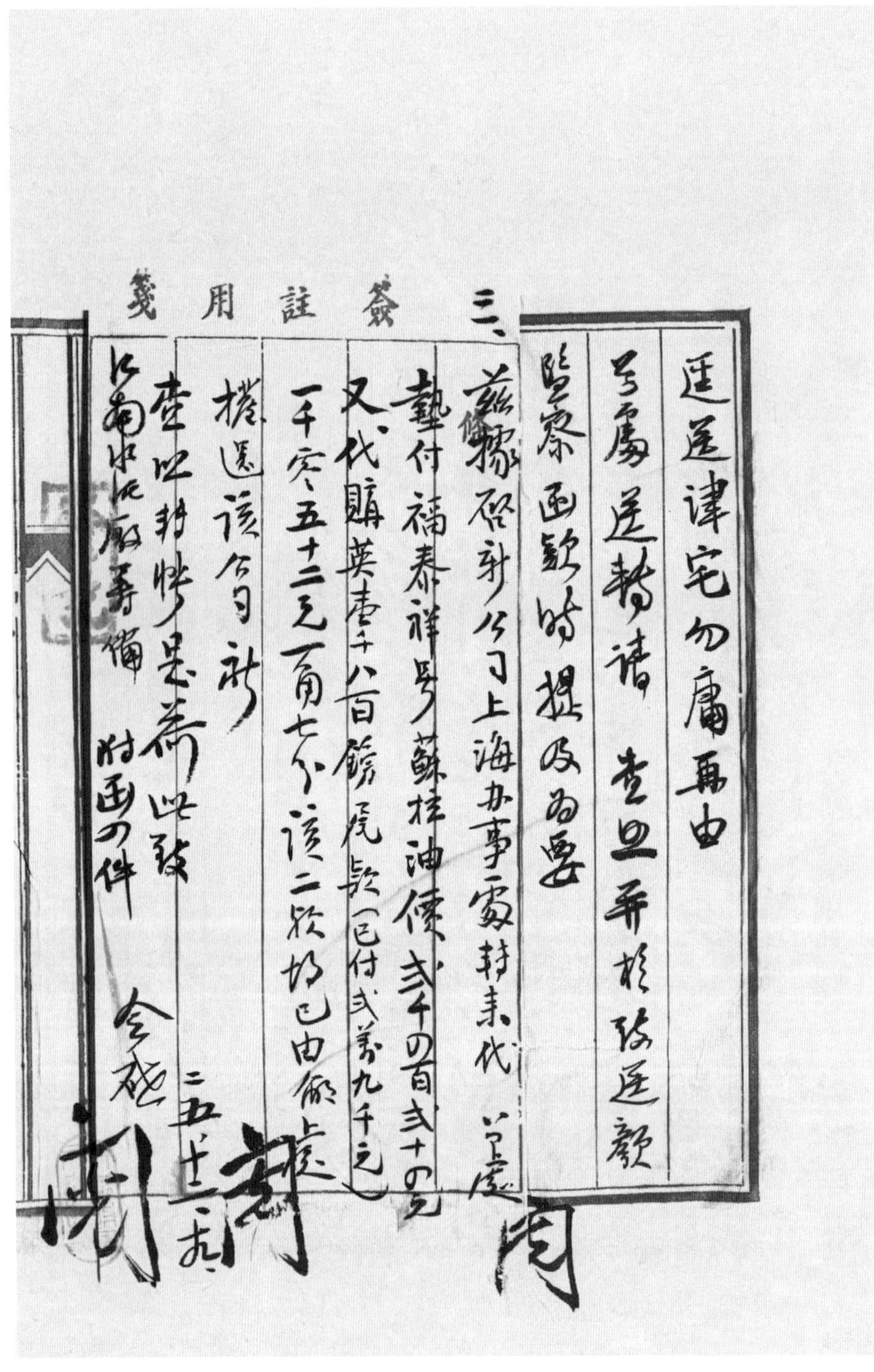

三、簽註用箋

茲據啓新公司上海辦事處函稱，代墊付福泰祥號蘇桂油價式千四百式十四元，又代購英壹千八百鎊尾款（已付式萬九千元）一千零五十二元一角七分，該二款均已由廠匯寄，查照辦理等語，查此數並非逕匯津宅，仍屬再由寄屬匯轉請
鑒察，函致啓新上海處，逕匯總處為要。

檢還該公司函，

查照轉知是荷，此致

江南水泥廠籌備

附函四件

二五、十二、廿九

津南字第七十四号

敬啟者接準南字第一〇三号

台函暨附件均收悉

一、承示十七日由國華匯交

尊處之款五萬七千五百元已於當日下午

函到時若尾款無幾當於決標中時實

支之數列報又承

示前以譚臣兄過益書城器到二千曾付押

關稅款四萬四千元現已續續補繳關稅三萬餘

元收回一万三千餘元一節均呈

閱 所有收回餘款一万三千餘元應暫存

華廠與取回晉都電廠息金一併劃存備

撥下月份用款可也 希 查照為要

二、承示江中造洋灰墩事須稍緩從洽

已悉 關於著手購租用地亟盼

從速進行兼之亦為要

三、附來十二月份上半月工程進行近狀表

兩紙 十一、十二兩月職員薪俸表各二紙又同人錄

兩件均呈 閱備存

四、蔡宅代收之件〈紙〉已備存

五、查備繳處代為撥還啓新之款而

該處迄未收帳者計有（一）十〈卅〉千不拉運京

打担費二十一元六角八分（曾由津南四十號函奉達）

（二）向啓新借調各員本年九月份薪俸七百

三十七元（曾由津南五十四號函奉達）　　祈

查照補收繳帳是荷　此致

簽註用箋

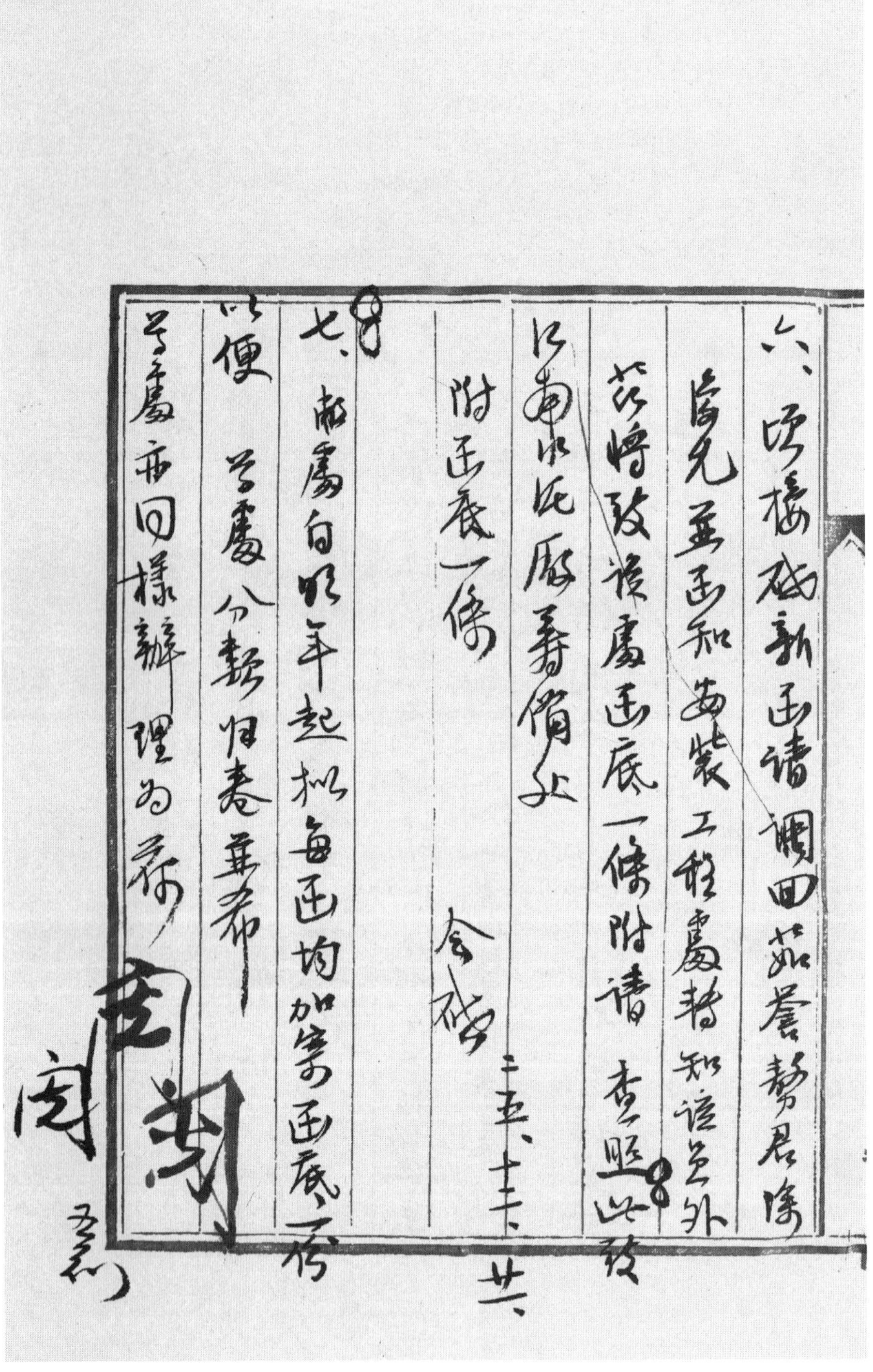

六、頃接砂新函請 調田茹馨督君蔭良兄並函知安裝工程處轉知該員外

茲將致該處函底一係附請 查照此致

江南水泥廠籌備處

附函底一係

令砂

二五、十、十六

共

七、敝處自明年起擬每函均加寄函底一份以便 貴處分轉歸卷並希

貴處亦同樣辦理為荷

閱

津南字第七十五号

啟者：前訂購啓新磁廠之六角小缸磚，原擬由唐山整車聯運至棲霞廠内，刻以該磁廠因現時長途商貨聯運恐遭阻誤，來商辭洽。如弊處需用尚緩，自應照擬以候時局稍定再裝車聯運；載由經勝如需用在即，祇可裝輪轉運。希見示，以便商定為盼。此致

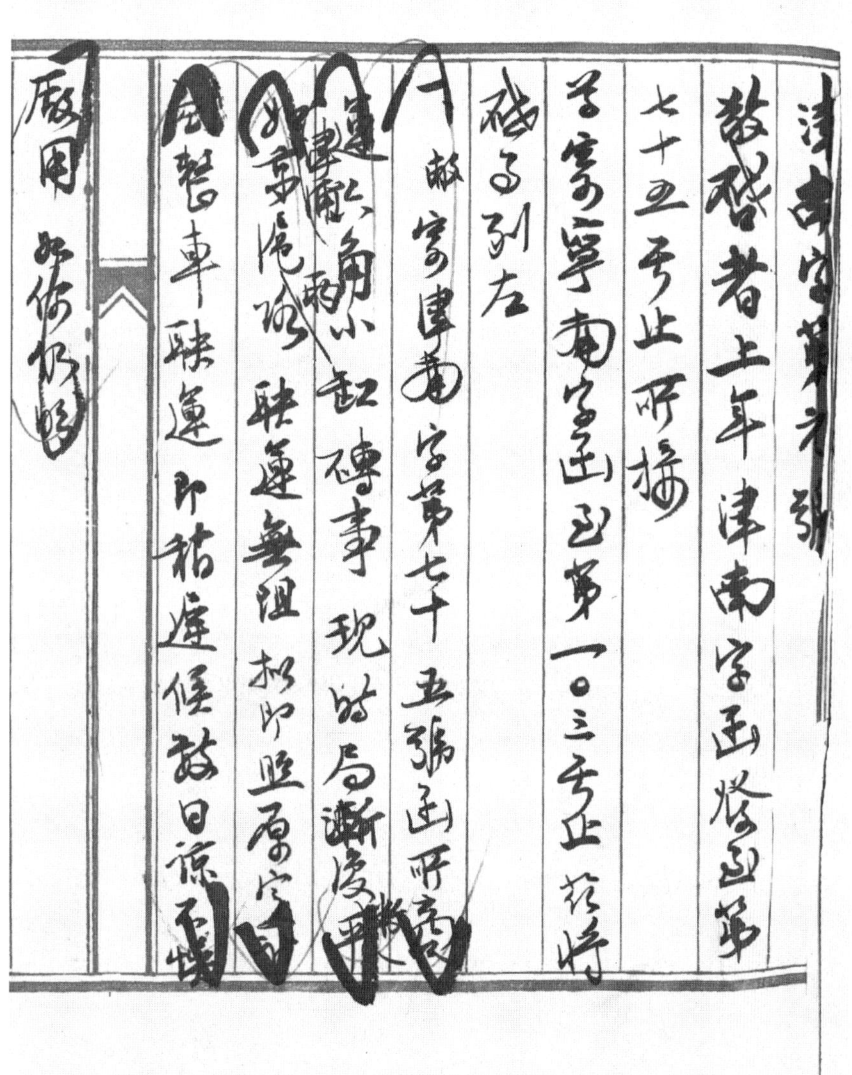

津南字第[illegible]號

敬啟者：上年津南字函發函第七十五号止，所接貴字第南字函第一〇三号止，茲將缺号列左。

敝字津南字第七十五號函所商運津廠六角小缸磚事，現時局漸復平，如京滬路聯運無阻，擬即照原定辦法由鐵車聯運，即請從速準備，俾該日諒不誤廠用，如何候照。

一　又昨電詢江邊最高水位以何者為準

今據洋文後電意以廿十公尺米達為

準　該處業經 Bradel 通知擬請即遵[illegible]矣

（旁注：該處業已進行電復 Bradel）

~~再購租用地事[illegible]進行為要~~

二　又

發註用箋

蕪礦啓新上海办事處轉來史密芝廠

運來机器配件進口稅關帑一千七百廿九元

倉角駁力四十八元裝車及由滬運棲霞山

廠火車費七十四元七角八分共計一千八百五十

二元三角八分該款已由滬處照數撥還照

付寄帳祈查收並轉帳

三四、

字第二十五號

截至□年底止，以上各處共計取用馬夫若干，

於分取夫日期、數量、交付地點、付款日期

及於款，開列詳單寄下是荷

簽註

本年一月份各處經費發薪單

照即編製為荷

茲新調田茹蕃君所遣職務，

派陳育麟君接替，月支薪貳百伍

十元，自任事日起支。除通告安裝工程

組外，並希查照此致

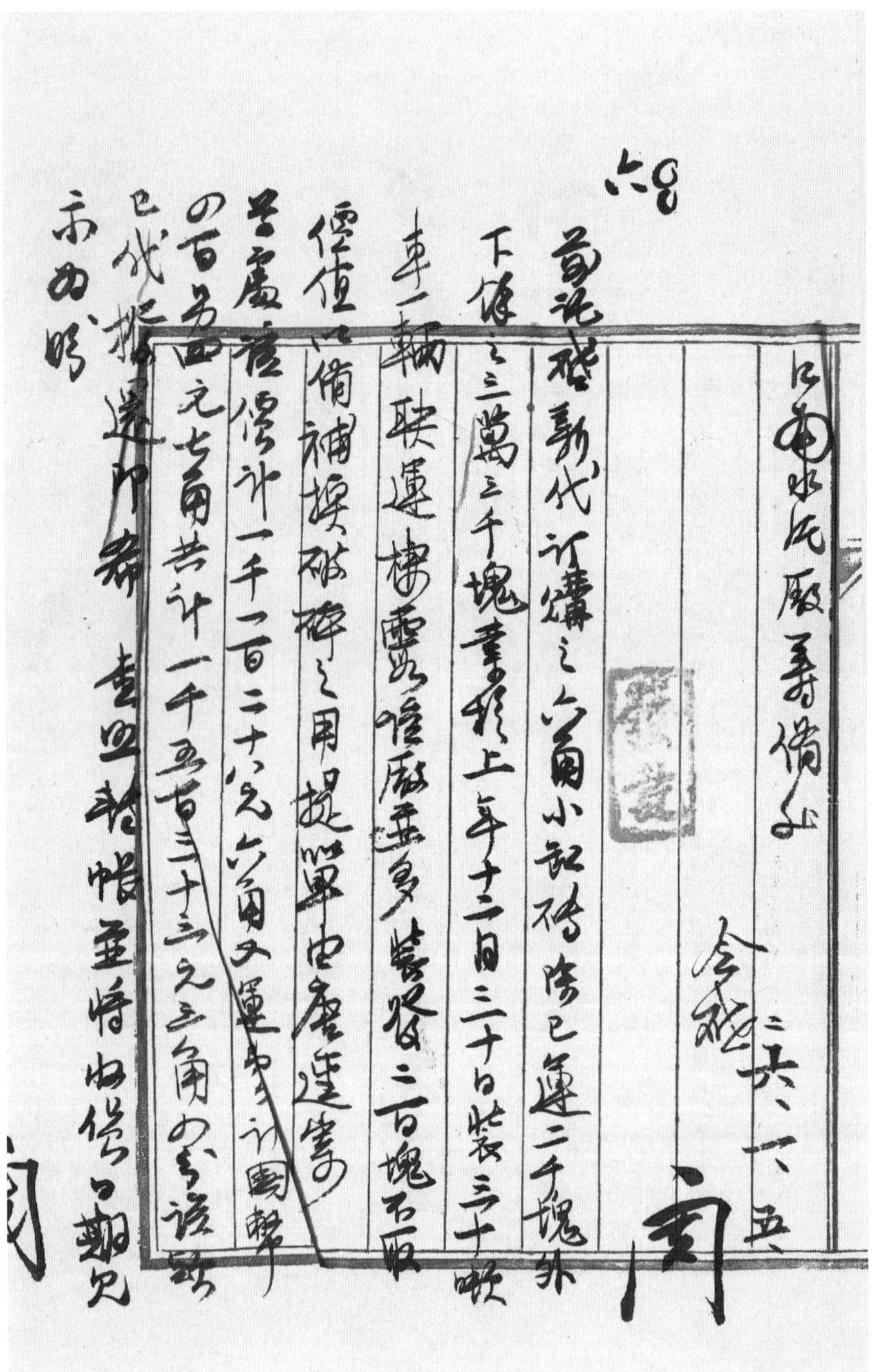

江南水泥廠籌備處

二六、一、五

六〇

前託代購之六角小缸磚，除已運二千塊外，下餘之三萬三千塊業於上年十二月二十日裝三十噸車一輛駛運棲霞唯廠，並多裝二百塊，不取價值，以備補換破碎之用。提單由唐送來，該處應價計一千二百二十六元六角，又運費計國幣三百零六元七角，共計一千五百三十三元三角，如數請已代把運印，希查照轉帳，並將收條回覆示知為盼。

津南字第二號

敬啟者：前接函諭，遂奉覽。比接寧南字第一號來函暨附件均收悉。

一、承寄來閩樣撕紙兩碼頭租罐地備具節略，已呈閱，此節略為有應行增改之處，容核後另紙奉上。

二、附來留華董事簽字上年夫馬費收據之紙，已收存。

三、承寄到十年十二月份會計月報，由晨攜

月報暨建廠收支月報表試標表各一份
試標表建築材料月報表工具月報表
各一份已收核
四、茲寄拿卷呈第六年之之函示以准南煤
礦局售煤合同已於去年十二月四日簽妥
送局用印一節，迄今已逾一月
即祈向該將檢存之正式合同一份原來
爲盼。
五、蘇據啓新轉來在滬接待史宗芝運來記帳收
款國幣七百五十七元九角三分，合國幣一千七百二十九

五、

簽註用箋

西明

茲據啟新解來在滬[illegible]付史宗芝運來記件從
欲閱金七百五十七元九角三分合國幣一千七百二十九
元六角運廠火車費小工裝力駁力共一百二十二元七角
八分又作庫机模件小鉄砂石[illegible]塊價一千二百二十八元
[illegible]運[illegible]山[illegible]元廿角[illegible]
以上共計國幣三千[illegible]百[illegible]十[illegible]元[illegible]角[illegible]分已由啟
應如數撥還照付　可也　并照付此致

江南水泥廠籌備處　月

合併簽註　二六、一、八

閱

津甫字第三号

按准右揭寧甫字第二号

大函承示 華商及建廠工程需要用一切經費

預算需款共十萬零四千四百零九元附

編預算表二份除閩稅項下收回一万三千九

百七十四元又收電廠息金壹万零八百元兩

共二万四千七百七十肆元已儲存備撥外

尚需七万九千六百三十五元應如何籌墊

商承批照撥除今日又交國華銀行電

退回閩稅及電廠利息二万四千清款已撥用外

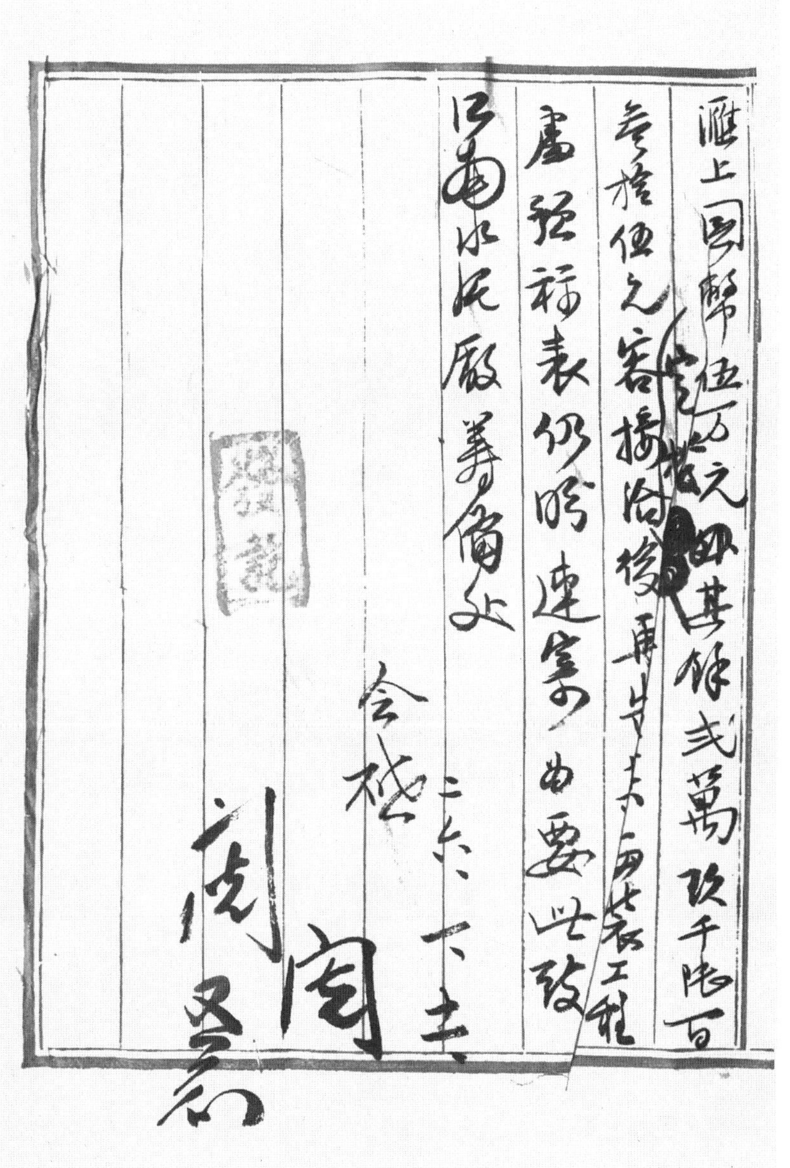

滙上國幣伍萬元，其餘弍萬玖千陸百叁拾伍元容接洽後再告去函告工程處熙福表仍盼速寄為要。此致

江南水泥廠籌備處

合樵 二六、十、十三

陶

劉啓

津南字第四號

逕啟者前奉函諒達

台覽

一、[illegible]敝廠墊付 貴處借調各員本年一月份薪水車力薪津七百六十九元該款業由敝處如數撥還照付 另帳附上清單一紙祈 查照轉帳

二、茲請 尊處將二十五年份各同人每月

已支之薪水數目開單寄下，并請自
本年一月份起，務於月報冊内附列一
詳細之支薪單爲荷。
三、茲據啓新上海办事處持来垫付鉄器二
十五件進口驗関費、下力等费用國幣弍
十八元四角五分，該款已由敝處如數撥還，
照付　另帳補
查照轉帳是荷。

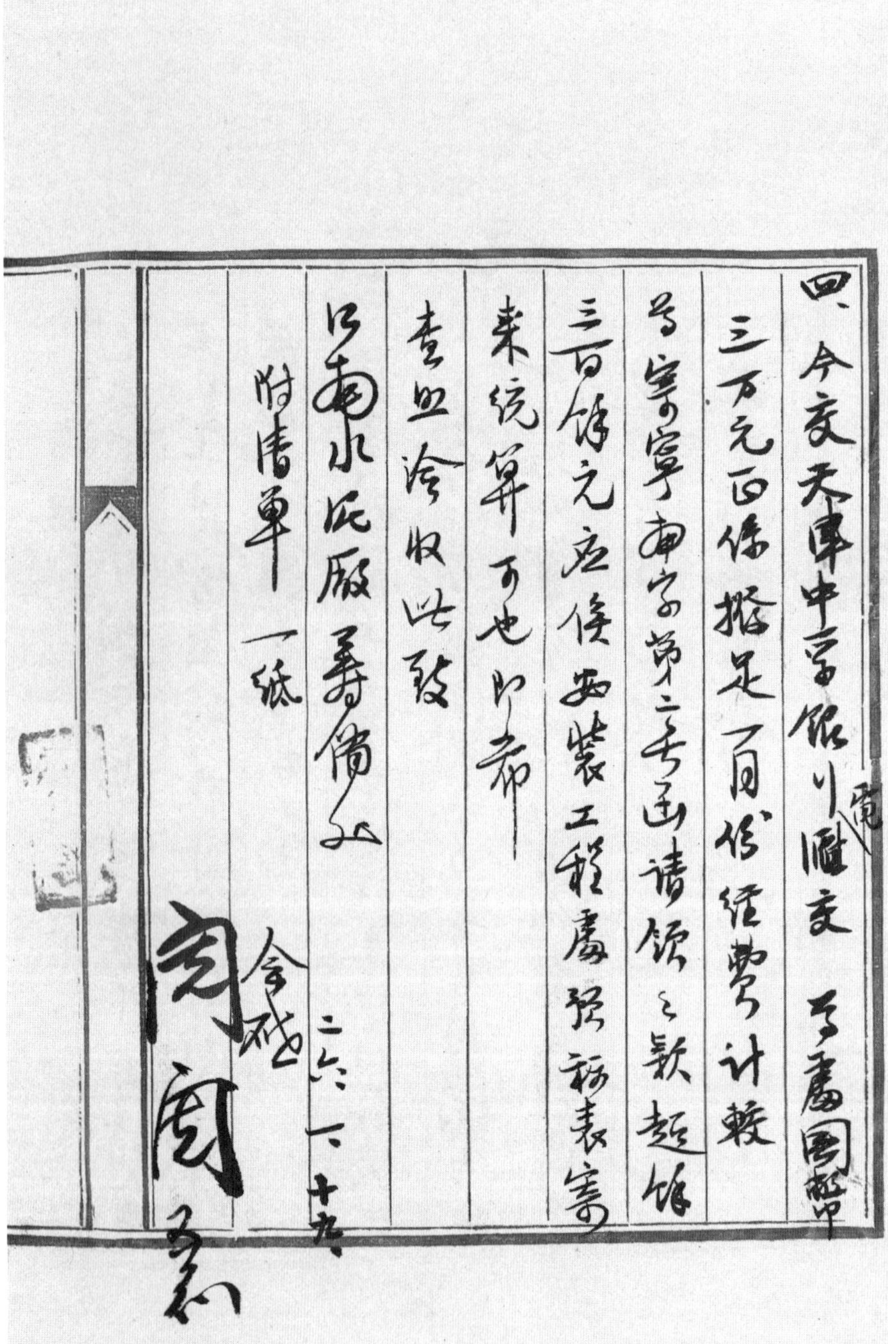
四、令交天津中孚銀行電匯交李處長[illegible]
三萬元正，係撥足一月份經費，計較
前案寧字第二號函請領之款，超出
三百餘元，應俟安裝工程處預算表寄
來統算可也，即希
查照洽收，此致
江南水泥廠籌備處
附清單一紙
令戌
二六、一、十九

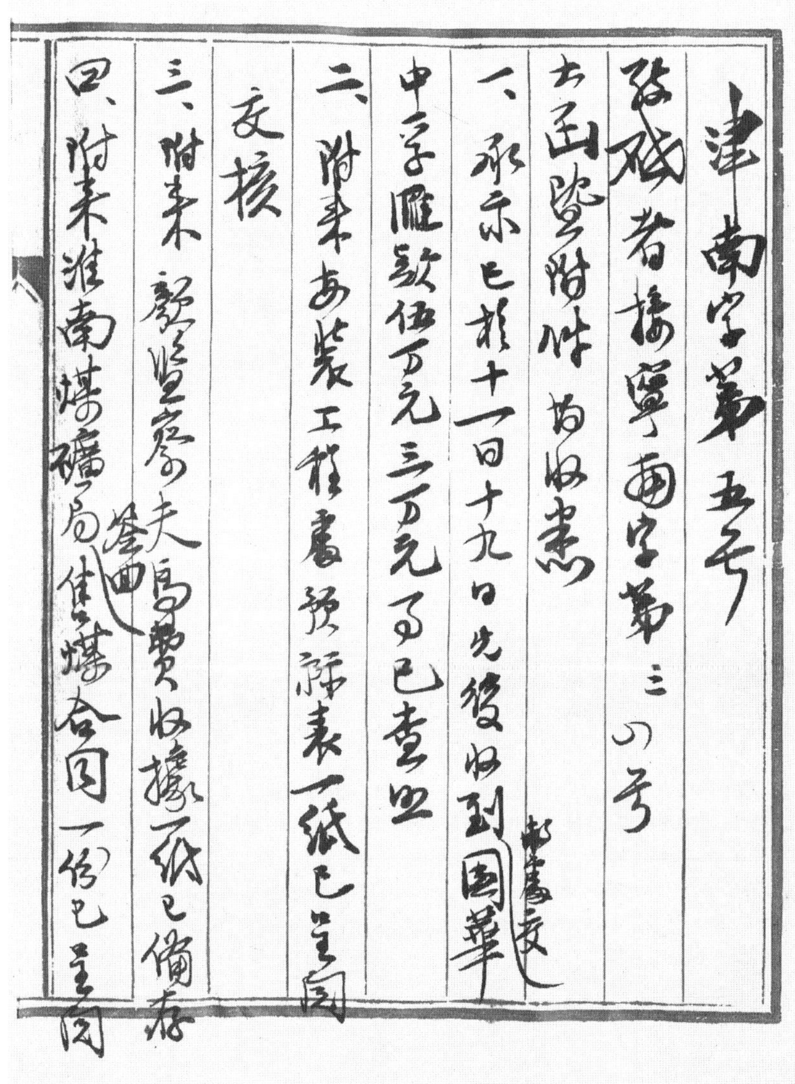

津南字第五号

逕啓者接奉函字第三八号

大函暨附件均收悉

一、承示已於十一月十九日先後收到國華（郵局交）

中孚匯款伍万元、三万元兩筆已查收

二、附來安裝工程書預算表一紙已呈閱

交核

三、附來郵運處夫馬費收據一紙已備存

四、附來淮南煤礦局簽回供煤合同一份已呈閱

備存

五、附來截至卅三年底止共販售所數量

及付款日期款額詳單已存備

六、據示由唐駐滬速為購小缸磚樣於五日至

兹收到了已查照

七、附來建廠工程上年十二月份下半個

月暨本年一月份上半個月工程進行近狀

各一份已呈閱備存

八、附來掛線及江中造水泥墩子節略并承

示洽辦情形已查照

九、附來向於我貿易洽及國內產銷水泥情形載於上海新申兩報前月下一份已備存

十、承示蒙監察代本廠對於借款期存款共國幣柒千元於二十日完全支還擬本月廿日到期時本息一併收存敝户内備撥等已查照（該款項已收回仍存見示）

十一、附來二十五年份本廠同人每月已支薪

水数目单 一纸已备存

十二、前奉

董谕二十五年份 另发同人酬劳按

（依照十一年）明谕数（？）给二个月（三档半）依旧历年自前

照发等因，该款计共叁仟陆佰玖拾元

（附上由单一纸）拟于下星期一照上发希 查照

十三、上条十一月廿九日装三兴船由塘运京散装

窑砖101,520块又烟卤砖110,540块，该项价款及

税力运费并格（？）另行开来帐单

共合国币三千一百六十五元零二分，该款已

由敝处照数拨还以付 另帐 附上原帐

单二纸，计 壹（？）份 此致

江南水泥厂

附单据三纸

又（？）酬劳单一纸

会计科签注 二六、一、卅

签注用笺

周

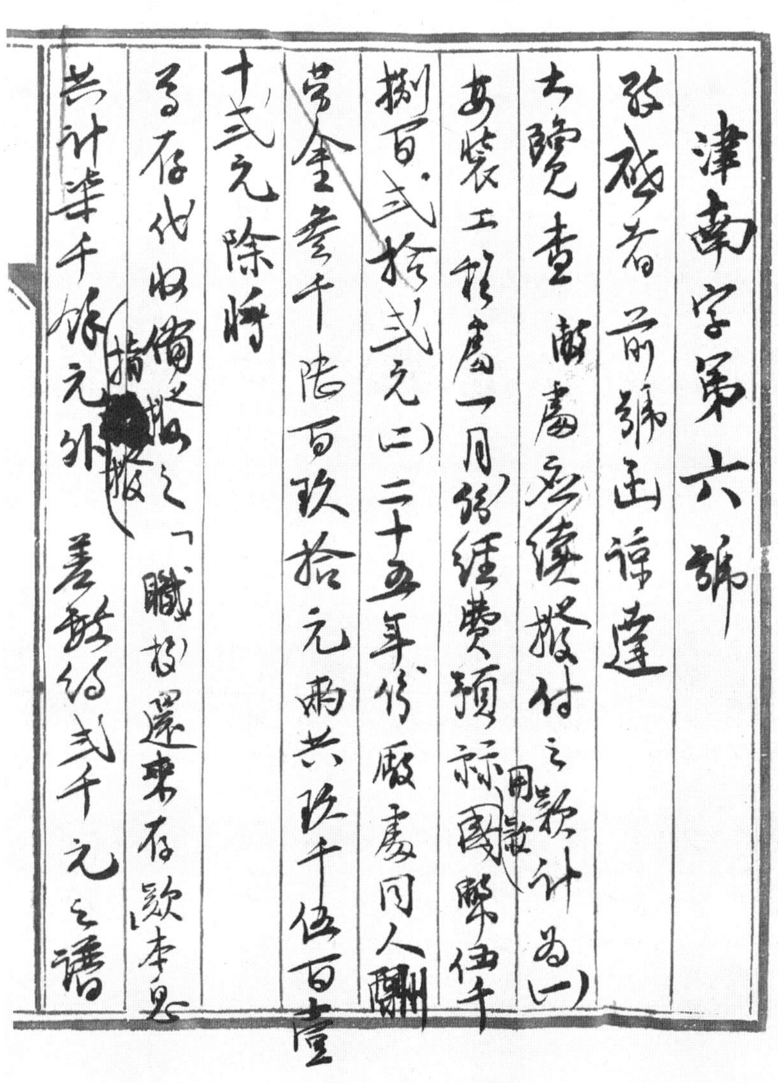
津南字第六號

敬啟者 前號函諒達

大鑒 查 尊處應繳撥付之款計爲(一)安裝工程處一月份經費預計用款國幣伍千捌百弍拾弍元(二)二十五年份廠處同人酬勞金叁千陸百玖拾元兩共玖千伍百壹十弍元除將

尊存代收備撥之「職校」還來存款本息指撥共計柒千餘元外 差數約弍千元之譜

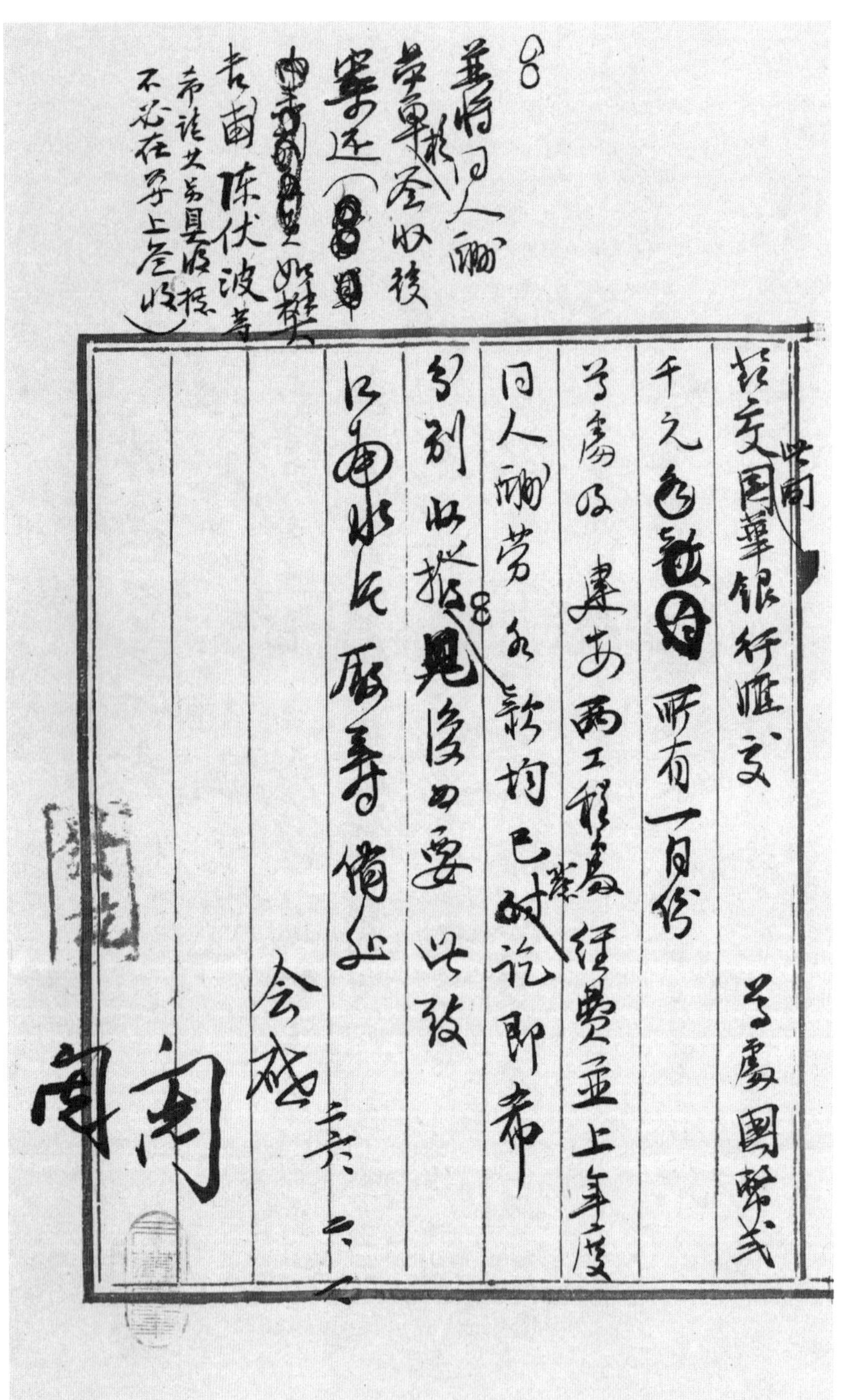
逕交國華銀行滙交
　　　　　　貴處國幣弍
千元（貳拾）所有一百份
貴處及建安兩工程處經費並上年度
同人酬勞金款均已付訖即希
分別收據見復為要此致
江南水泥廠籌備處
　　　　　會啟　卅六、六、八

〇兼預算表二紙
尊處所編簽字並
將原件寄回請補
簽□字寄還為荷

津南字第七號

敬啟者接奉南字第五号
大函附二月份需款預算表二紙均收悉
一、承 示 表本董於一月卅日午後五時
許平安遞寄 飛滬事敬悉
二、尊處二月份需款預算表二紙計開第一
次建廠工程共需款拾肆萬玖千零
參拾肆元已呈 閱奉
諭照為撥等因今日交天津中孚匯

國華銀行 ……電匯國幣伍萬元頃
經電達諒荷
除收下餘四萬九千伍元應俟
工程處預算表寄到再行撥解又
建廠工程處二月份預算表內洋灰一款
四万陸千一百二十五元
一次發在三月份付出
查照為荷此致
江南水泥廠籌備處
二六 二十 申

附寄回預算表二紙

再建廠工程處編製預算表應注意（一）應將
上月用款結束後餘數明白載列於上（二）「各項工程」款同
應按備註欄詳晰說明或另析記載之（三）材料如鋼鐵
洋灰洋松黃沙等應記明單位價值用途以便
會存籌備查是為至要

津貴字第八号

敬啓者 接奉 函字第六七号

大函已悉

一、承示 尊處交中孚國華兩銀行分電

匯五萬元共叁拾万元已於四日經

敝處收到矣已查照

二、承示 尊處交國華銀行匯上弍千元之款

已於三日經

敝處收到矣已查照

三、承編具二十五年十二月份會計月報暨
農場月報各一冊已收到呈閱
四、關於第七号第二條所示另郵寄事九
件容收到再告
五、敬寄上（一）本公司与京滬總局簽訂抵押借款
合同一式四份請送簽後寄回一份
備存（二）延聘朱啓超君為法律顧問合同
一份已簽章請轉交 此致
江南水泥廠本部

二六、二、八

附 与總局簽訂抵押合同一式四份
与律師簽訂聘請顧問合同一份

閱 閱 文茹

一、

簽註用箋

津南字第九號

敬啟者前錫函請達

大鑒

自本年份起 敝處逐月向 貴處往來

撥匯款項擬於次月初將上月份收付

各款開列清單寄奉 核對以免轉

帳付或有遺漏之處並附上一月份清单

一紙祈 核存

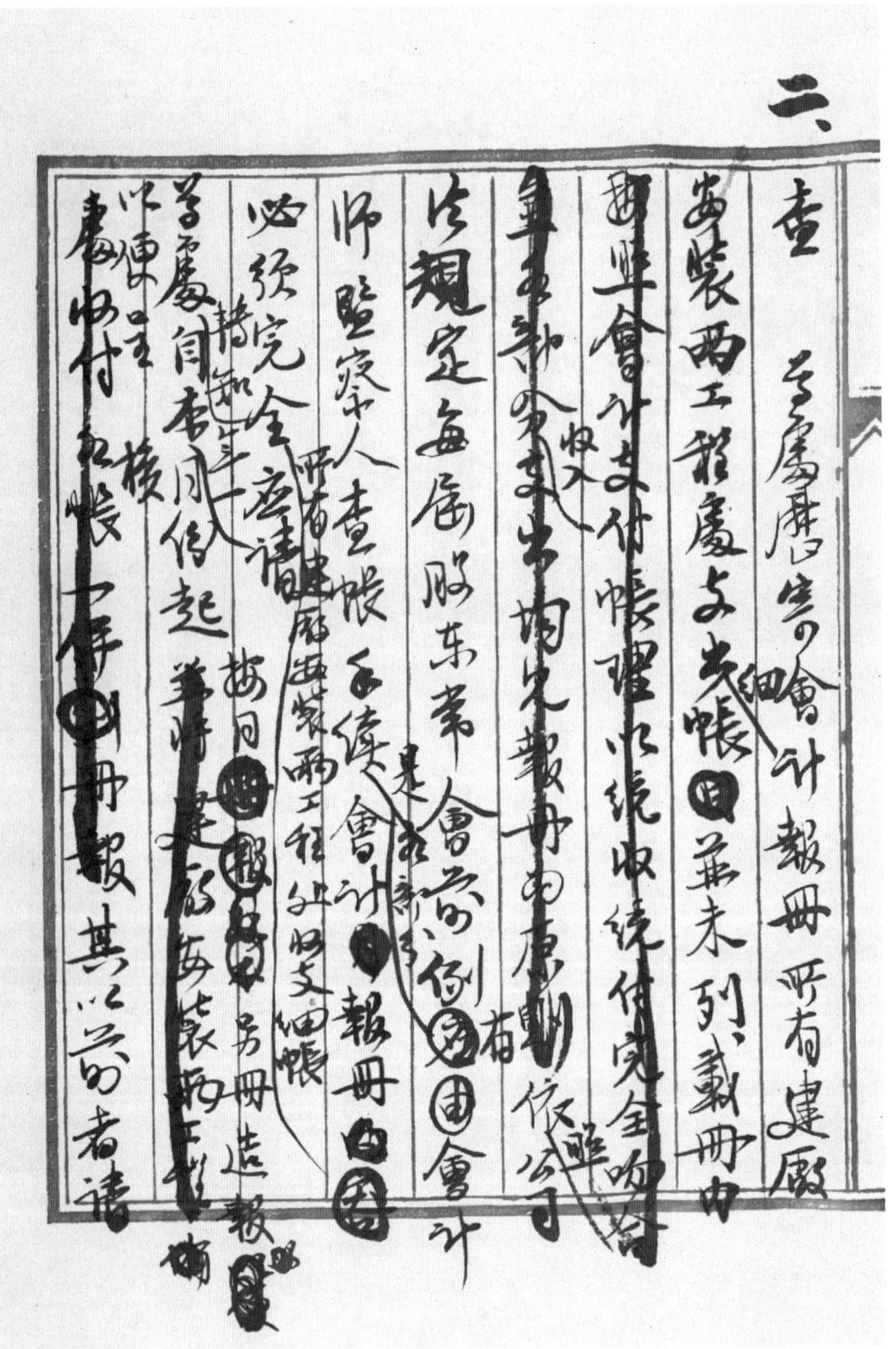

二、

查

本廠歷年之會計報冊所有建廠

安裝兩工程處之細帳目並未列載冊中

辦理會計收支付帳理收統收統付完全吻合

且本新[illegible]收支出均列報冊內依照公司

之規定每屆股東常會[illegible]

師監察人查帳手續會計報冊

必須完全[illegible]請

等各處自本月份起

以便[illegible]核

處收付帳冊報 其以前者請

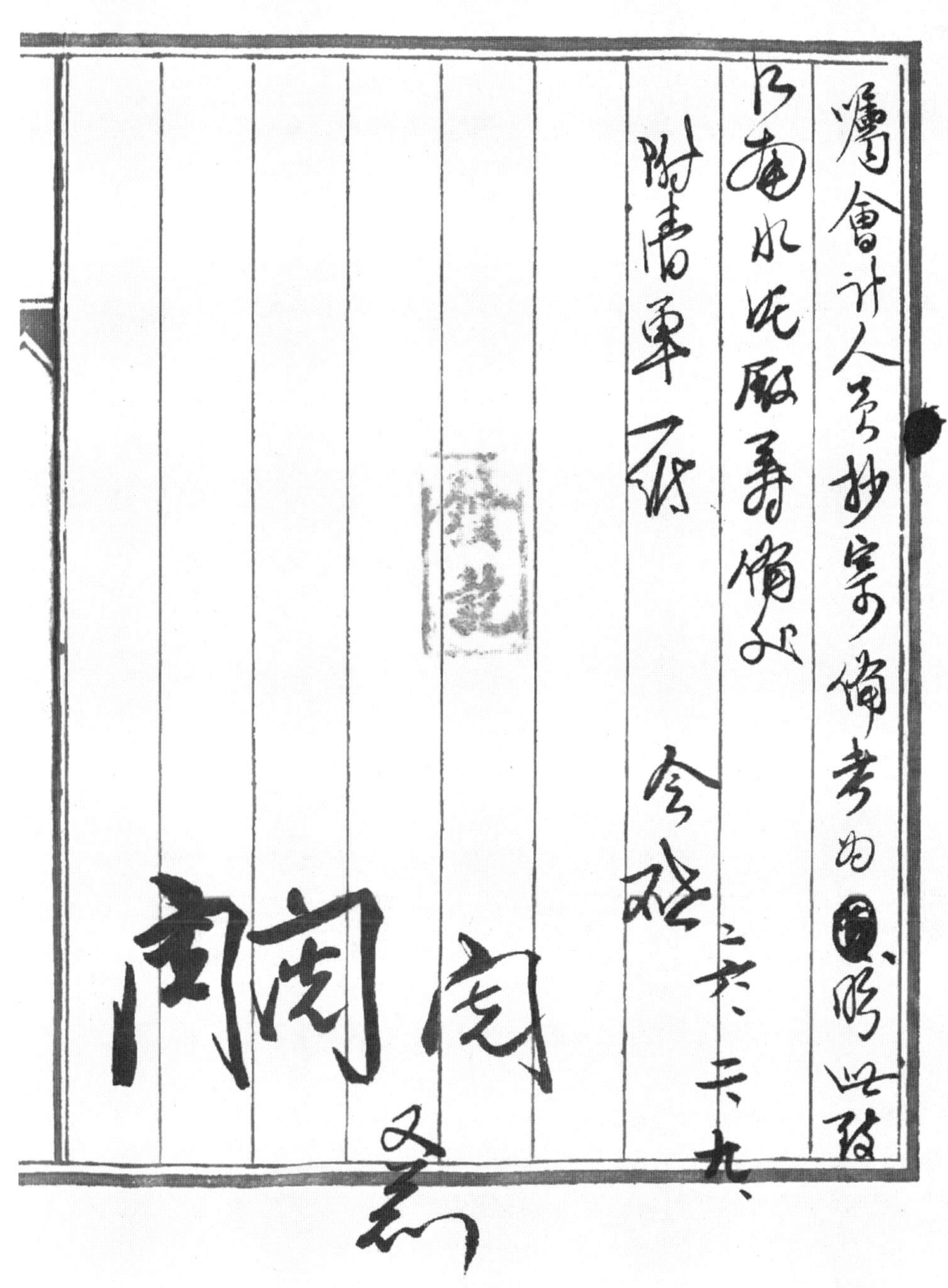

囑會計人員抄寫備考為要、此致

江南水泥廠籌備處

附清單一份

令啟 二六、二、九

津南字第十號

敬啓者 接寧南字第八号

大函暨附件均收悉

一、承示排綫礦地多分連商洽暨再

勘所示各情形附來抄函文據及收據

各節均經呈閱

二、啓新唐廠代付 貴處借調各員二月份

薪水四百六十元又車力費百七十元兩共六百三十

元請徑由敝處如數撥還新

查照轉帳是荷

三、本年津南二号函所称啓新上海办事處墊付史密芝机件税力等一千八百五十二元三角八分，查与函津南元号函所称均係属一事，祈查照冲回是荷。

簽註用箋

四、兹據此间禅臣洋行洋文来函並附帐单细单各一纸，海關進口税繳納證三纸，索取該行墊付馬達、電線等進口税暨關費等共計國幣七百八十九元六角九分，查上次該行運來大批馬達等件所有關稅概係本處繳納，未知該行此次索取之款數目

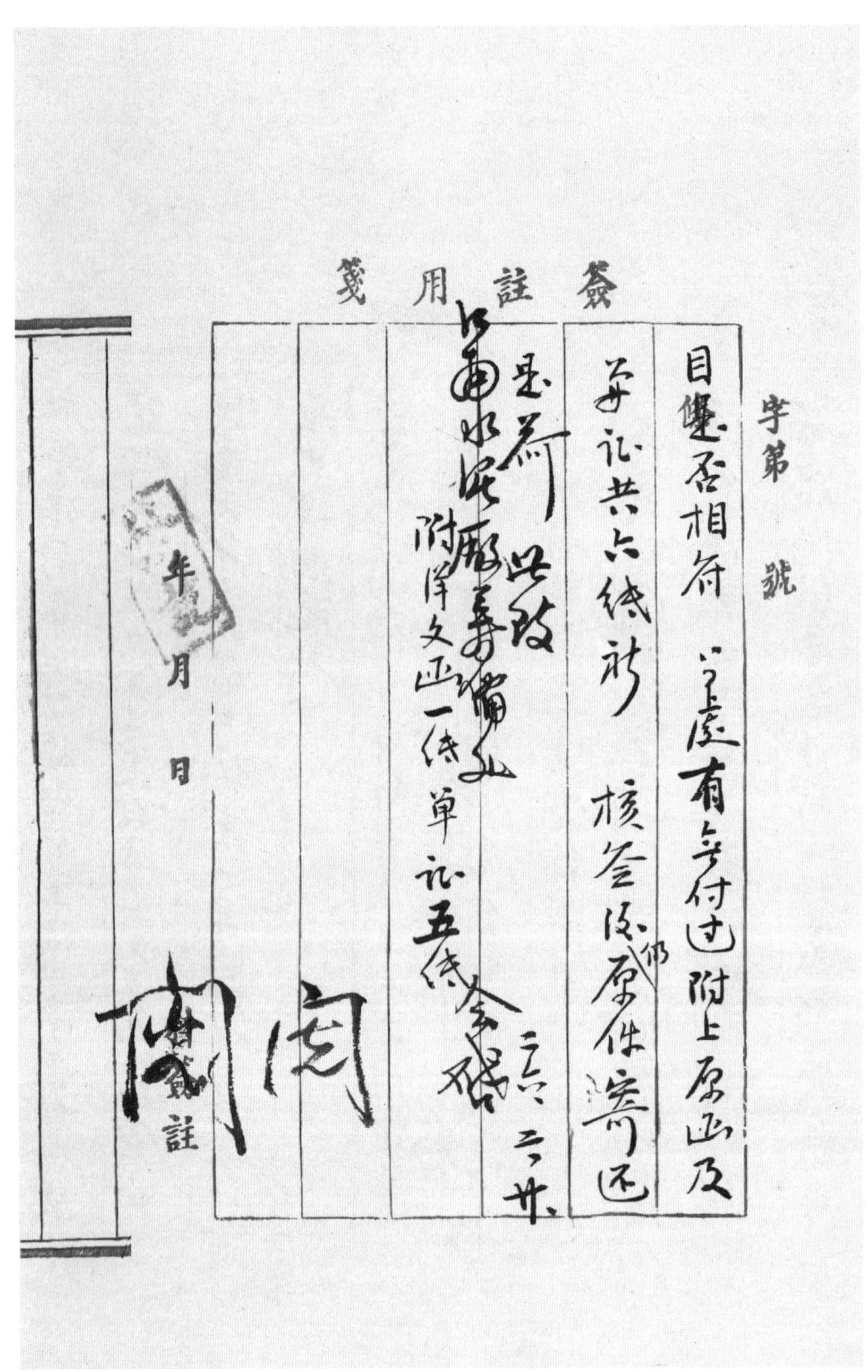

簽註用箋

字第　號

目録是否相符　　處有無付迅附上原函及

單計共六紙于　　核簽後仍原件寄還

是荷　此致

江南水泥廠籌備處

附洋文函一件　單計五紙

全張　二六　二廿

年　月　日

簽註

津南字第十一号

函稱前接寧南字第九号

去函暨附件均收悉

一、承寄還　貴處發記上年度同人酬

勞單一紙，收據三紙，已備存。

二、寄來補寄之　建廠工程處暨

貴處二月份薪表各一紙，已備存。並承

示查照敝函各点，均敬悉。

三、承　示將　建廠工程處會計徐君華

呂　惟二月份薪表、工程處預算仍未寄下，本處將依限匯編寄呈明

曲辰調處任助理會計兼助理文書李
有壬良生君對於會計學驗俱優，擬派
該先進廠工作，幫同會計，月支津貼六
十元，請轉呈節等
常董批准等因，除另給王君通知
書已逕寄交并備憑函一件交王君
憑任事外，茲將該憑函印底附上一份，請
備查洽為荷。此致
江南水泥廠籌備處

二六、三、二

附憑函印底一份

周

四

簽註用箋

茲核此間礼和洋行開來帳單索取修
机房用机件進口稅国金壹千六百四十二元二角
五分按二二七七五元合國幣三千七百四十元零二角三分
又進口稅單用印花费國幣一元五角以上共
計三千七百四十一元七角三分該款已照付記帳
查照轉帳

年　月　日　科簽註

周

津南字第十二號

逕啓者：接奉南字第十號大函暨附件均悉。

一、承示建廠工程處同人因各項工程趕速進行，事務繁劇，每於辦公時間外照常工作，殊爲辛勤，擬自本月份起按工作情形分別酌給加點津貼，以資鼓勵，共計每月約一百五十元，可否之處祈轉呈核奪示遵等由。

批准津貼 即希 查照爲荷

二、承示建廠工程以因開夜工原有監工不敷分配 除已延蔡永興君爲監工月支津貼二十五元 於上月廿五日到職外 加添派監工一人月支津貼四十元事已呈 閲

三、承 示建築江中碼頭需添聘副工程師一人 業由川驗歐家營主持人選 正物色 事已呈 閲

四、附來建造江中碼頭呈 縣府文稿并承示預籌疏浚各情形均呈 閲

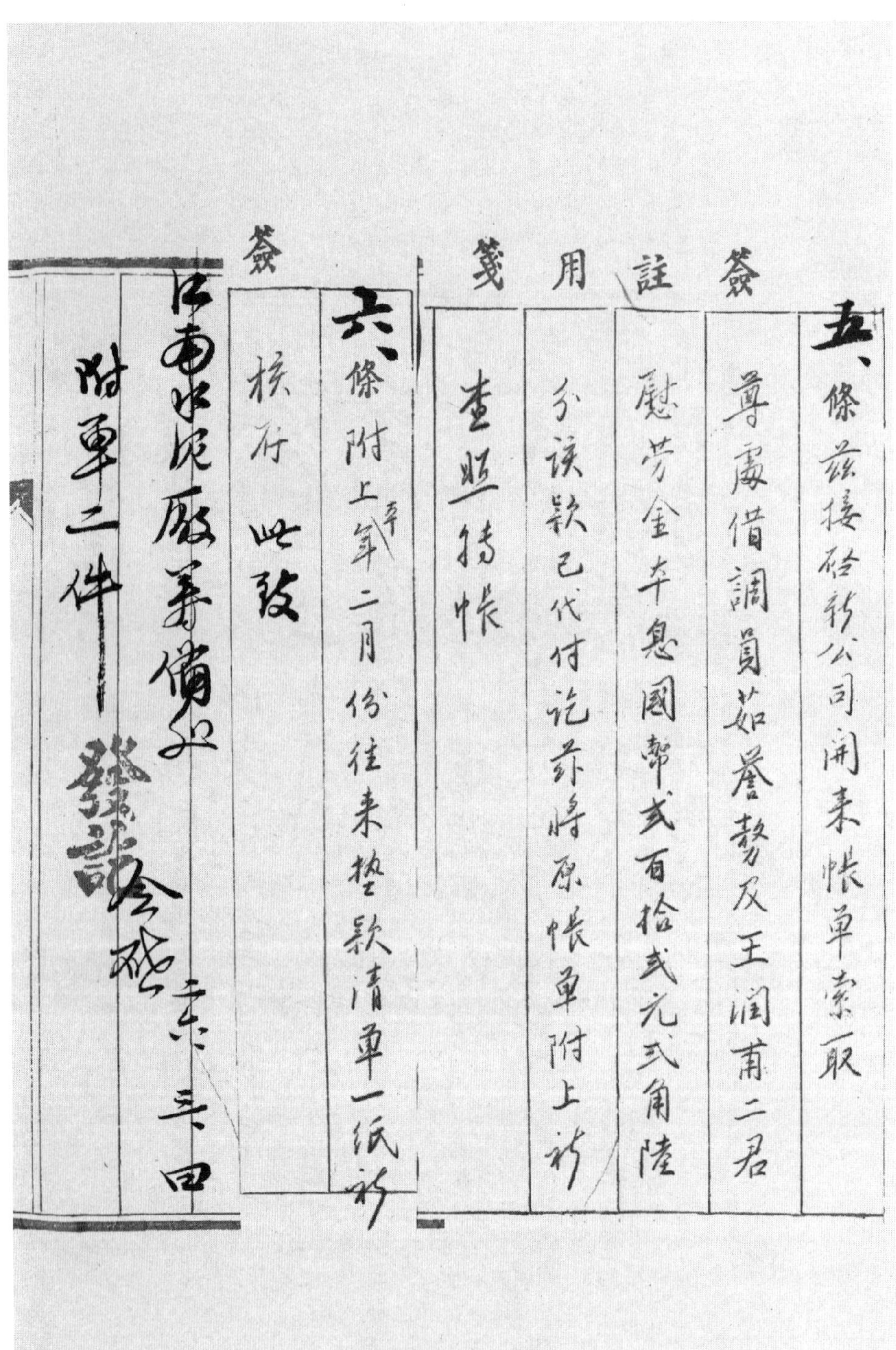

五、條兹接啓新公司開來帳單索取
尊處借調員茹蓉蓀及王潤甫二君
慰勞金本息國幣貳百拾貳元貳角陸
分該款已代付訖茲將原帳單附上祈
查照轉帳

六、條附上年二月份往來墊款清單一紙祈
核存 此致
江南水泥廠籌備處
附單二件
啓新公司 三 四

津南字第十三号

敬啟者 接寧南字第十一号

大函暨附件均收悉

一、補來安裝工程二月份預算表一紙 并承示 計

需款伍千三（疑為七字）百三十二元該款業已

照給支付局已查照表經呈 閱交檔存

二、承示二月份領款截至二月一日止除應呈

銀行存款不計外存數不足兩萬元一節已

查照

三、據示 貴處以建安兩工程處三月份預算共需費十六萬一千二百六十九元九角二分請先電匯七万元以應急需餘款請分期撥發各節已呈 閱畢 諭先電匯八万元今日交中孚國華兩銀行分匯交 貴處國幣四万元共款八万元請查（已經電達）洽收至其餘之款應分期撥發容後續達

四、奉 諭派副陳燿元安裝工程處主任

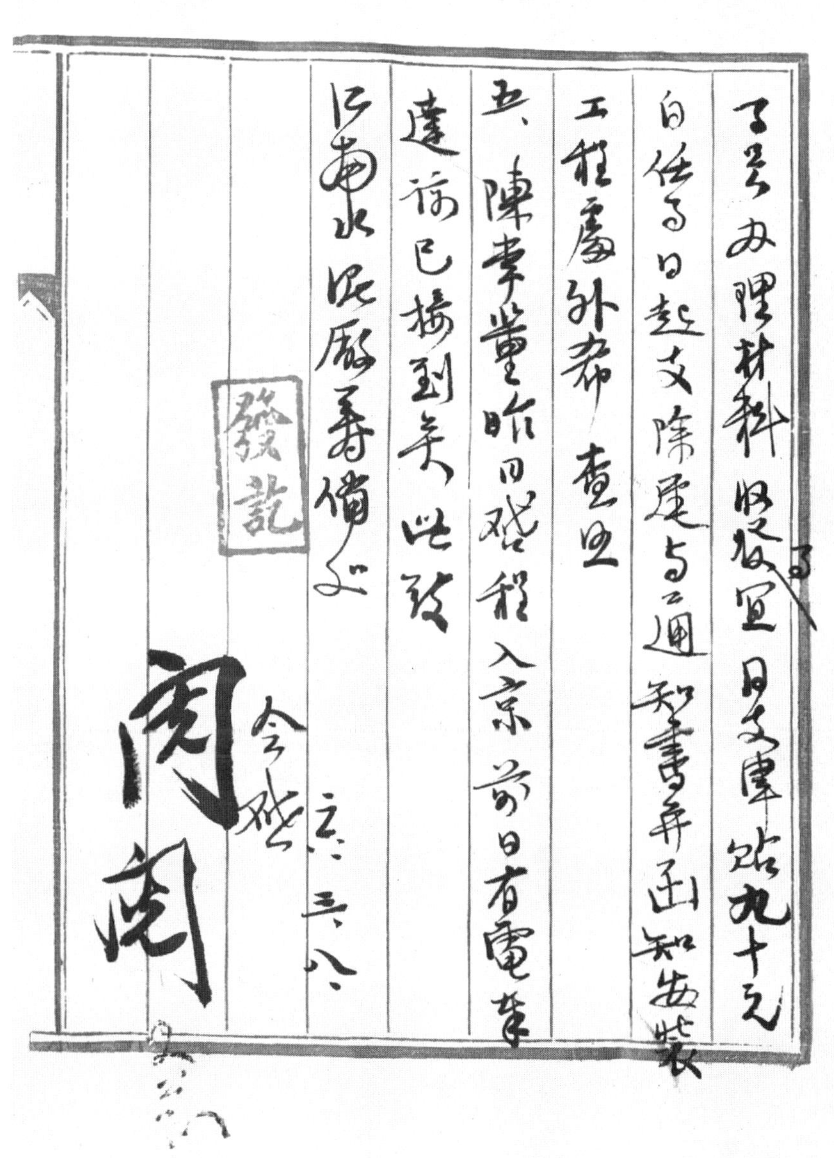

下去辦理材料收發事宜，月支津貼九十元，
自任事之日起支。除逕函通知普壽並函知安裝
工程處外，希查照。
五、陳季豐昨日啟程入京，前日有電筆
達，諒已接到矣。此致
江南水泥廠籌備處

發訖

閱
閱
今發 六、二八

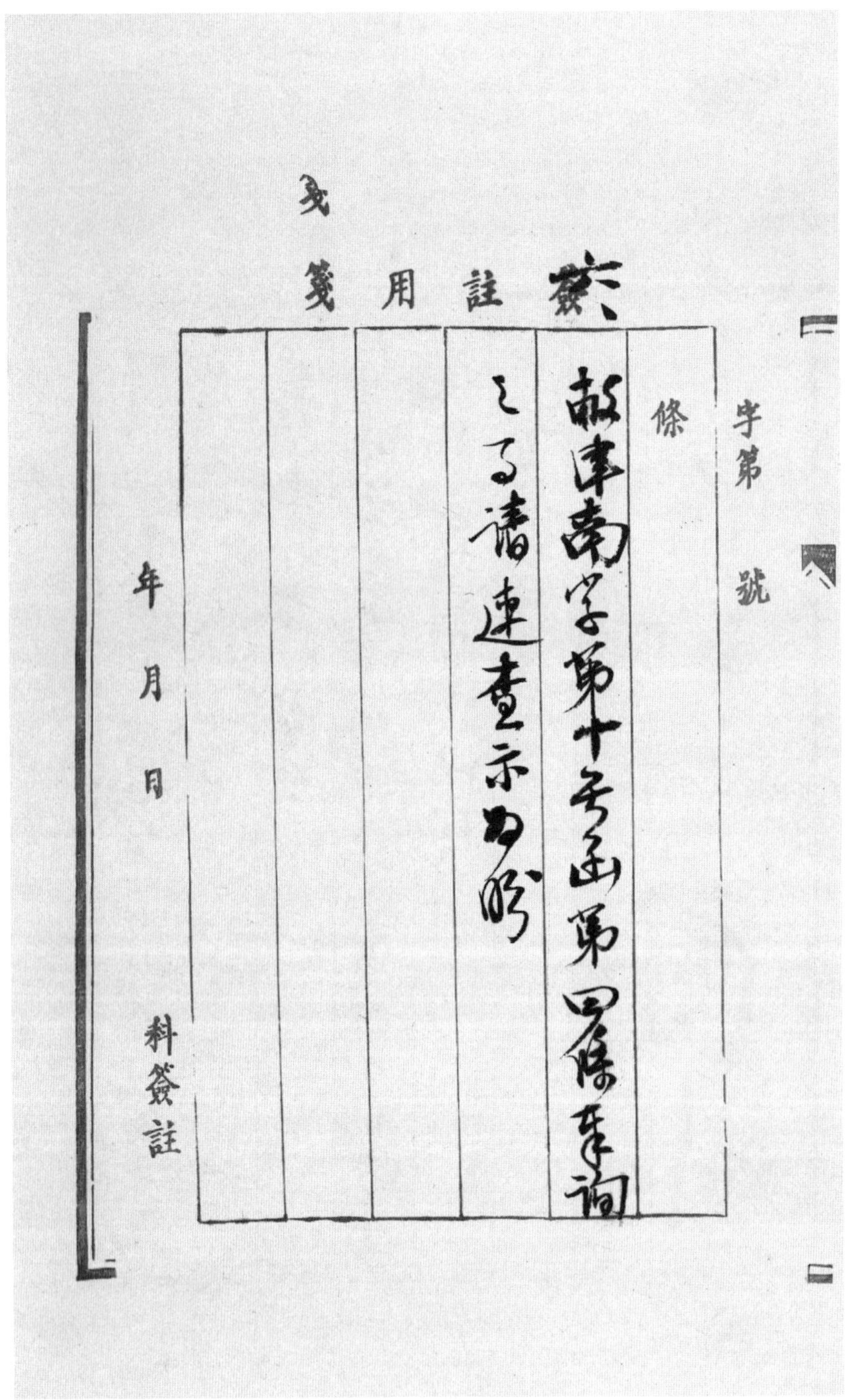

簽注用箋

字第　號

條

敝津南字第十號函第四條奉詢之處請速查示為盼

科簽註

年　月　日

津南字第十四號

接准 者 楊字南字第十二至十五號

來函暨附件均收悉

一、承示本月八日 敝廠送國華中學賬上

之款八萬元已於九日如數收到了 查照

二、承答復 敝第十五號附上之褲臣帳單等件六張

并承 示帳單內有兩次驗關費共三十

二元系由褲臣負擔其餘關稅國幣柒百

五十七元六角九分照付一切即希照為辦理

三、稟示樣對郵寄二月份墊款清單未列入，故五金、機煙囪磚、窯磚價格及費用共洋幣三千一百六十五元零三分，一併查該款係一月份付出，已列入一月份往來墊款單內，祈查照為荷。

四、稟寄備調礎新人並每月薪水車力單據，將二、三兩月份另一紙寄請察存。

五、稟補寄建廠工程處二月份預估表一張二紙，已備存。

六、承示 陳常董已於八日安抵首都，致悉。

七、承寄公司與京滬路局所訂排線合約，由張局簽畢，又我方備存之一份已收到妥存。

八、承示 建廠工程處會計王良生君已於本月九日到廠任事，已妥照，並請定於十日接替。

九、承寄來一月份下半個月工程進行近狀一份，已呈 閱存。

十、謹寄上公司呈 實業部文一件又函一件（為排除續購地皮），請照遞送為盼。此致

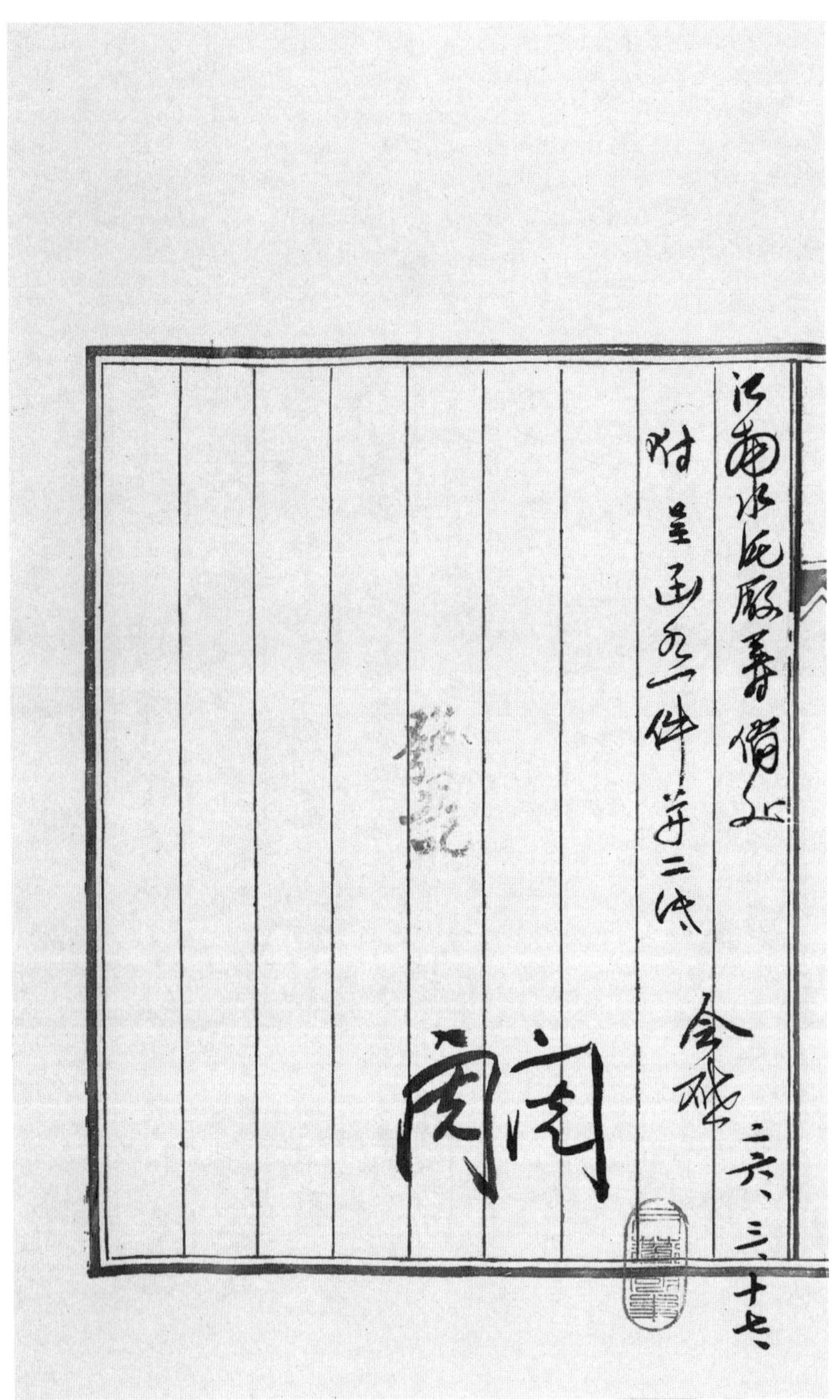
江南水泥廠籌備處
附呈函底一件并二紙

津南字第十五号

敬啟者接奉南字第十六號

台函暨附件均收悉

一、承示十九日由處交國華中學兩行電滙

國幣八萬元已於當日收到矣乞查照

二、承示建廠工程處監工應功榮因事辭

職所遺職務以留任工程處監工員朱劍南

接充月支津膳七十元朱君已於十六日到工任

事矣並聞

三、承示關於拆卸鈞公司事務呈實業部文及另函一件，已另備詳圖三紙別遞去矣。示以呈文內「並不經過房屋」改為「無庸拆除房屋」者，照更正。至呈文所附詳圖，貴處諒有副本，請抄送轉呈寄一份備存為荷。附寄吳部長復函一件回。承示本月廿日寄奉工程造單四十六號至四十三號又二張，計十四張，及廿五年十一月份未寄工程計祘表三紙，又工程進行日報三紙，又廿六年一月份會計月報，諮函處長協

五、簽註用箋

月報各一冊均已到呈 核交存

關於禪臣洋行索取在滬墊付機件進口稅及由滬運京火車費〔收訖〕驗關費廿二元事承 公註驗關費應由該行擔負關稅等款數相符應照付一節該款計國幣柒佰五十七元六角九分已照付訖附上該行文東之洋文細單一紙祈 登收轉帳

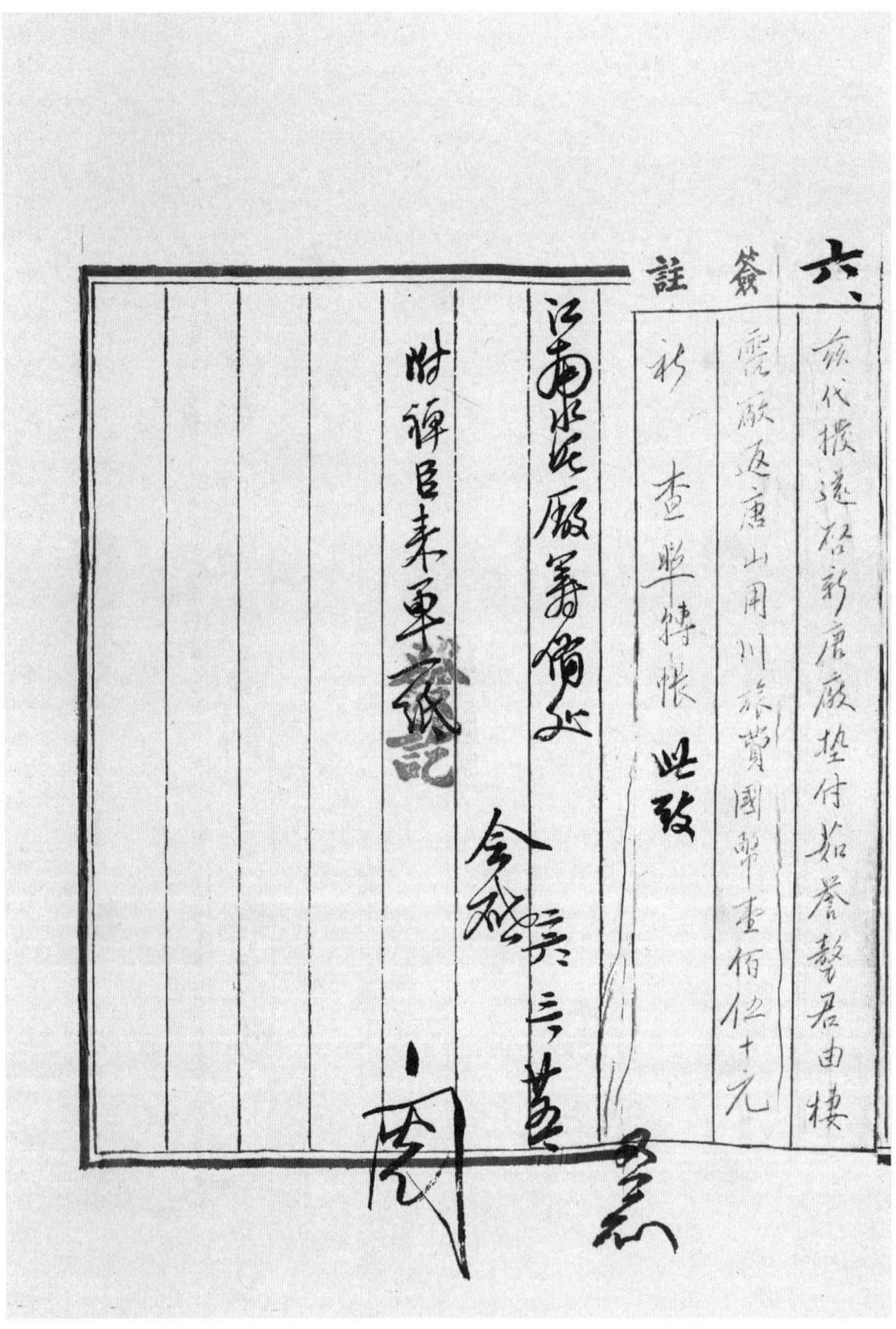

六、

發註

該代撥還啓新唐廠墊付茹譽馨君由樓

電廠返唐山用川旅費國幣壹佰伍十元

祈 查照轉帳 此致

江南水泥廠籌備處

附領且來單壹紙

滬[illegible]字第[illegible]號

敬啓者接寧南字第十七號

大函暨附件均收悉

一、承 示建廠工程處勞力堤工兼築江中

碼頭有需聘副工程師一人計劃江中碼頭

因排綫路天寶通道向鼓南未完全決解未

能興工但近因周副工程師因公跌碎膝

骨卧病中央醫院在一兩個月內恐難恢

復原狀照常工作目前各項工程急需加緊

進行似不得不僱用副工程師一人茲延鄒
青輪君充任月支津貼二百五十元鄒君已於
廿六日到工程處服務附履歷一紙已呈
閱奉
陳董批 該副工程師因公跌傷住院治
療所有醫藥等費枕由本司支付以示
體恤並該處同等因即希 查照鄒
副工程師履歷一紙已備存
二、三月廿六日函暨附件已呈閱存檔此致
江南水泥廠籌備處

發訖

會滬二六〇二

津南字第十七號

敬啓者：接奉南字第十八、十九號

大函暨附件均收悉。

一、承寄來三屆四月份經過表四紙，共

需款捌萬陸千三百零六元，並承

示三月份經費餘存約計萬元，此次表列

新興和、久泰祥、泰各號之款急需支付

照印歷之報告節，均經閱悉。

業照撥，昨日交中字電匯伍萬元，吉經

電達諒荷洽收甚依計差二萬七千九
之譜客核續撥
二、承示案 案書節十字第一九六五六號
批文一件附工廠登記規則一份均收悉查登
記規則 第二條維有之工廠程設立時向所
在地縣市政府行之 已之核定但第三條規
定之縣甲乙兩種登記表各填三份備
文呈請登記 已中之甲乙兩種登記表則
非本廠營業範圍無從填報應候 鈞署文催

辦理登記時，再行給辦。

三、承奚來商閱存局第三三七一號令，並註冊證一紙，已函安存，並案上呈該文一件請轉遞。

四、承示棲山鎮建築鎮公所請指基地，及請補助該鎮小學經費及境內造橋捐款，我方提出交換條件五條，業經商妥。各項公益捐款連同此繳龍王□塚遷墳費共計三千元，分節已口呈閱。

部經（卅日）向實業部書面聲明取銷該團體請

五、承示一日晚間工具房後面泥水匠工房大略係
此失慎延燒蘆棚工具房及保安隊跟
記宿舍至十二時方將餘燼完全撲滅
損失約共二千餘元一部分係料尚可應
用起火原因尚未查明嗣當加緊防範
為荷印已呈閱
六、茲寄上本公司召集股東臨時會通告
稿一式二紙請登首都著名報紙次要地
位至開會前四日為止仍將所登報檢寄
首尾各三日備存為盼此致
江南水泥廠
七、茲附上本年三月份往來
整數清單
一紙乞核存

津南字第十八号

敬啓者 接準南字第二十号

大函 聆悉

一、承于六日 敝處交中孚匯上國幣五

万元已如數收到另已查照

二、承示 練習生話紀之吳智新於上年

七八月間先後到廠每月支津膳十五元廿

工作均甚努力擬自本月份起每人加津貼

五元請 呈 核事準

附 呈文一件

照譯一稿式二份（一份備核對）

墊款據單一紙

今後……定

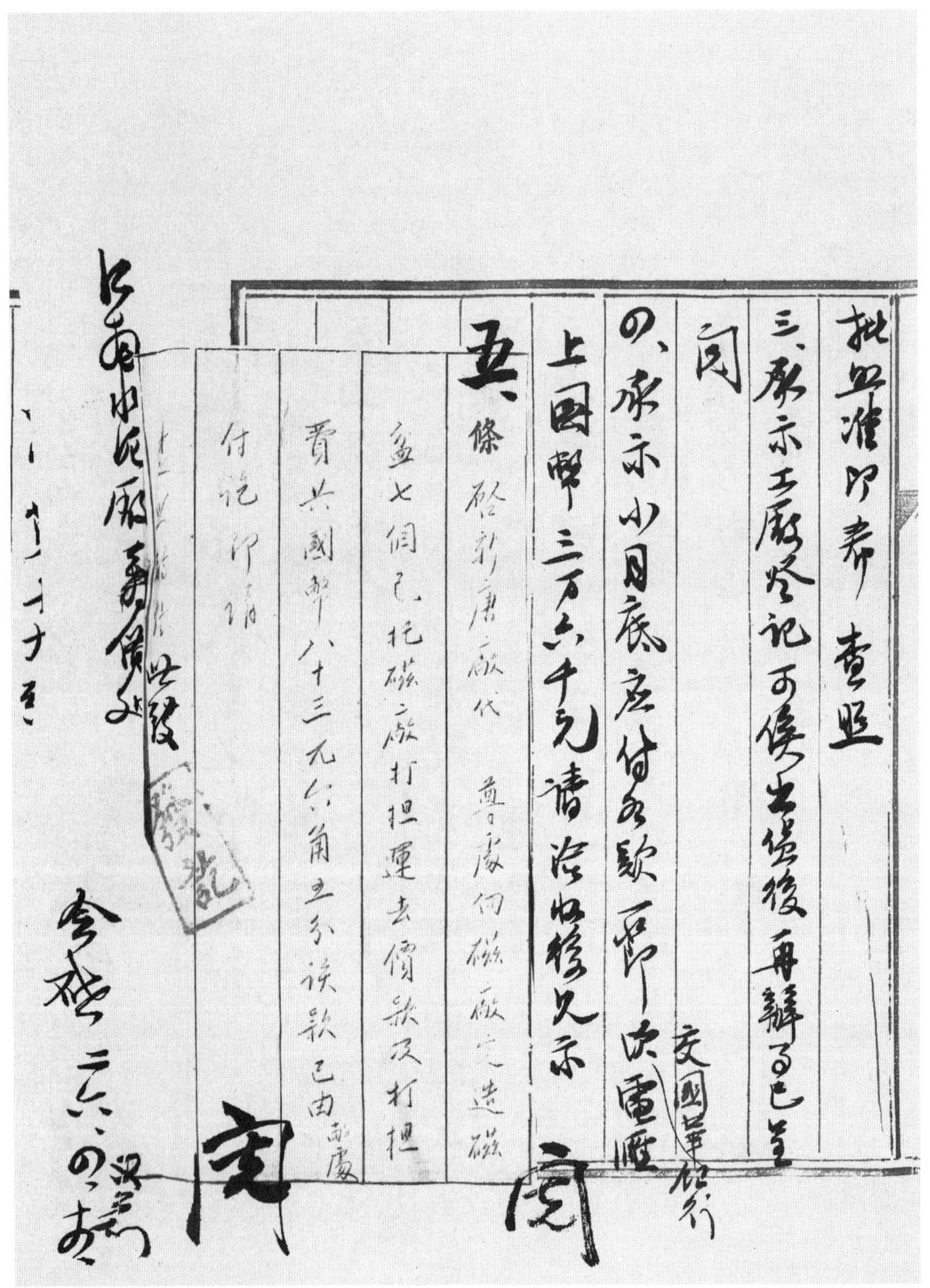
批如准印 查照
三、來示工廠登記可俟出貨後再辦為是並
同
四、來示小月底應付各款可即決電匯
上國幣三萬六千元請滄(?)收轉交示
覆
五、條啓新唐廠代 尊廠開磁廠之造磁
盆七個已托磁之廠打坦運去價款及打坦
費共國幣八十三元六角五分該款已由 敝廠
付訖即請

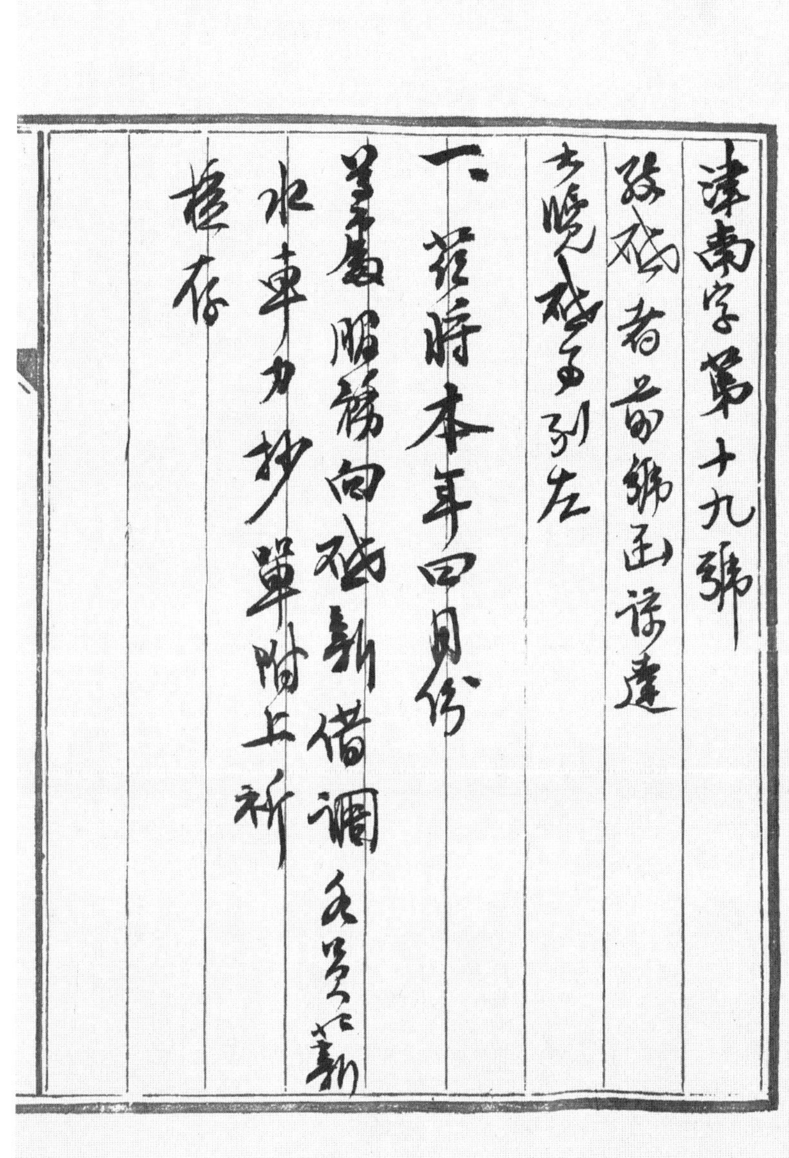

津南字第十九號

逕啟者前號函諒達

台覽啟事列左

一、茲將本年四月份

貴處服務向啟新借調各員工薪

水車力抄單附上祈

查存

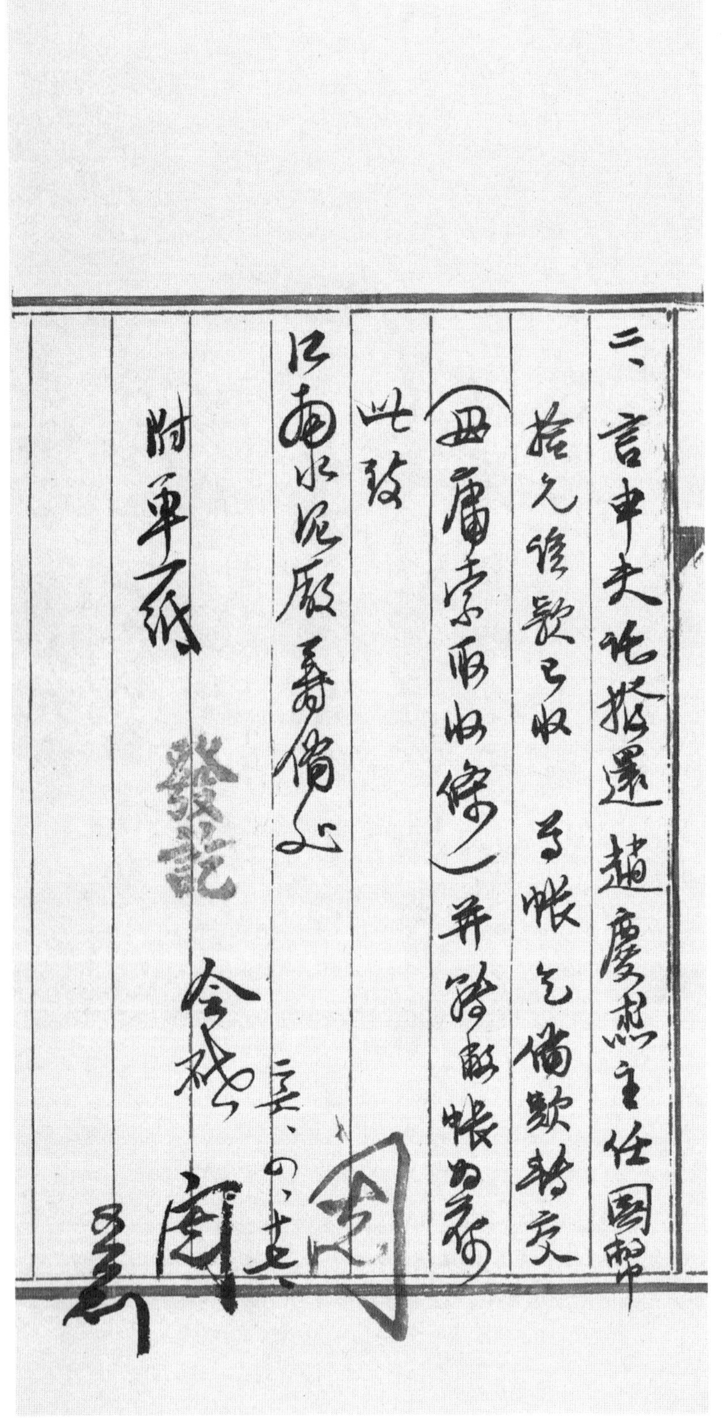
二、言申夫兆撥還趙慶燕主任圖幣捨元僑款已收 乎帳乞備款移交(由唐宗周收領)并請郵帳為荷
此致
江南水泥廠籌備處
附單一紙
發訖
令祝 三六、四、七
顏 周

津南字第二十號

敬啟者 接寧南字第廿一、廿二號

來函均收悉

一、關於 來函所請將 子橋助理會計兼

助理文書徐以箴曲辰 君改支月薪五十元

事乃十九 本奉

董批可 請寄上致徐君通知書一件又

聘底一份希 分別存轉為要

二、承示 廠中長途電話經 廠屬長 商

洽由我公司借給電桿四十根值計國幣一百八十
四元交電話局敷設已於本月十六日正式
通話一節已蒙詧閱
三承示本月十八日夜間第五廂公室被竊
撬損保險箱鋸蓋竊去國幣四百廿
二元之角三分內有副廠長存款一部份計款洋二百
元事未遠失共化文據已報警查緝擬另購
保險箱並派人在辦仍宜任需以資防範
此次被竊之款可否在購料撥還以嫌慎

江南水泥廠檔案

項下（約共三百二十九元上下）開支抵銷不足之數再在雜支內出帳之處請呈核各節奉

董批准予開支俟陸續至可開返便宜者再查照

四、第廿一至廿五號四（月）至廿二日止合計日報陸曲長均月報共二冊又三月份收支日報表各件均由到呈閱察核

五、承示要點密人今後莫佩秋君塘江

南號票交来國幣伍百陸十元託匯5

陳季董已收兩帳一比印　請鑒照交

陳季董兼祈查照

簽註用

丑條磚新廠墊付史密士公司来機件進

口税關金一百十五元二角九分　按照[illegible]元合

國幣貳佰陸拾叁元零玖分該款兩處

已代遠記帳　查照轉帳

簽註用箋

又條陪新修机廠代尊慶訂做錳鋼垫板及桂力模子等價款及包裝工料運費等共計國幣捌佰拾柒元陸角玖分又化驗慶絕子運至趙慶盛主任灰块樣兩蔴袋（灰块蔴袋不計價）裝運費國幣叁元の角弍分以上兩項共國幣八百二十一元一角一分

[illegible] 年 月 日 [illegible]帳科簽註

六寶上來函敬悉 業蒙照允今人函知一併請

台轉為盼此致

江南水泥廠籌備處

附函二件 支票存根一紙

今啟 二六 四

津南字第十一號

發註

一、條經新滬處代 尊處購存上海浙江興業銀行備付安裝技師之薪水用 英金四百鎊 行市一二又二分之一 合國幣

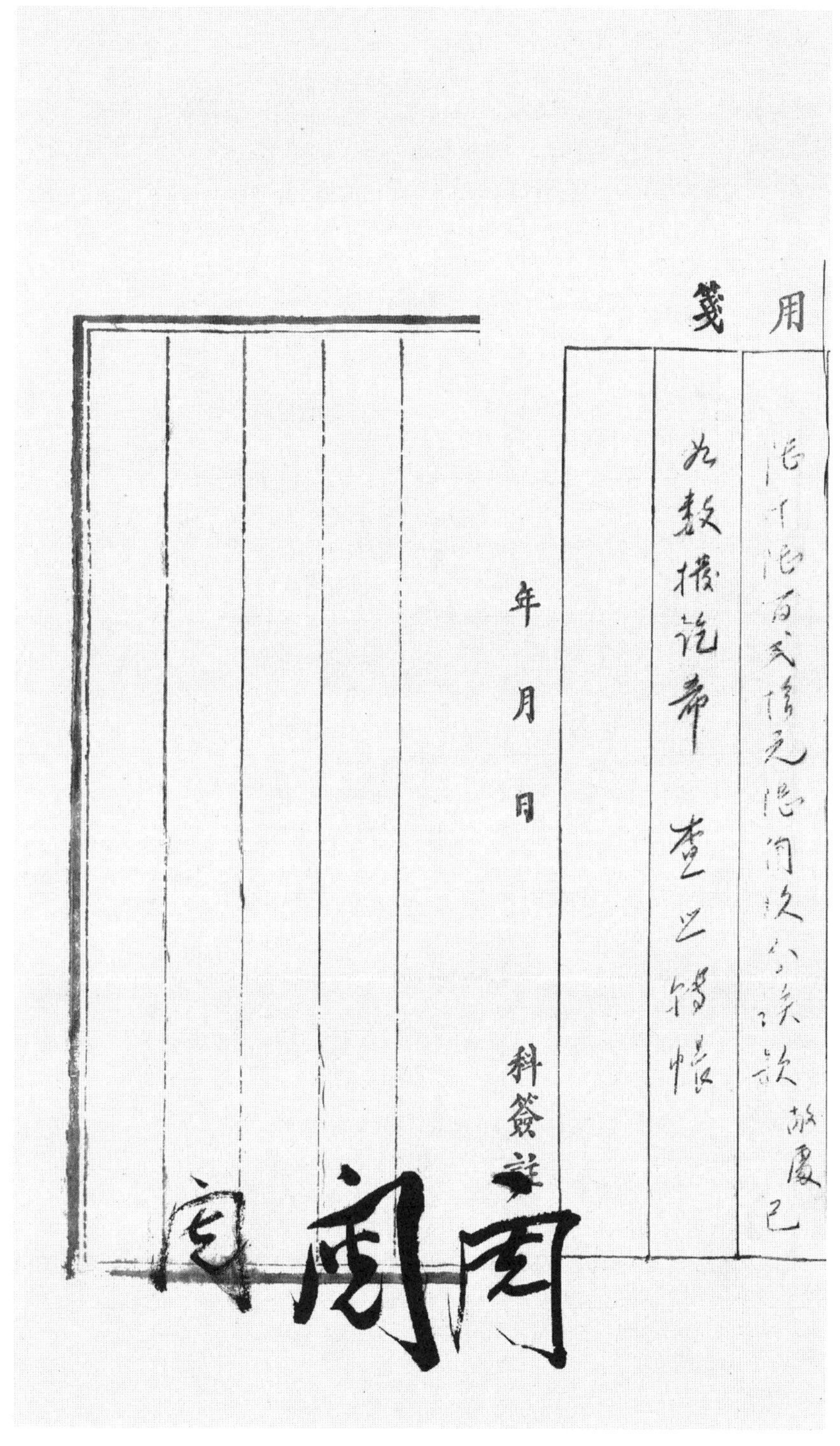

用箋

[illegible]

如數撥訖希 查照備帳

年 月 日 科簽註

津南字第廿一号

敬悉審核寧南字第二十三号

去函附　并處及建廠工程處五月份

預算表兩紙均經呈　閱

一、承　示需款甚亟請先電匯一部份等

情奉　批先撥付五萬元昨由國華

電匯上伍万元諒蒙　詧收餘款俟續

撥時再達

二、茲寄上本公司發行債票公告稿一式

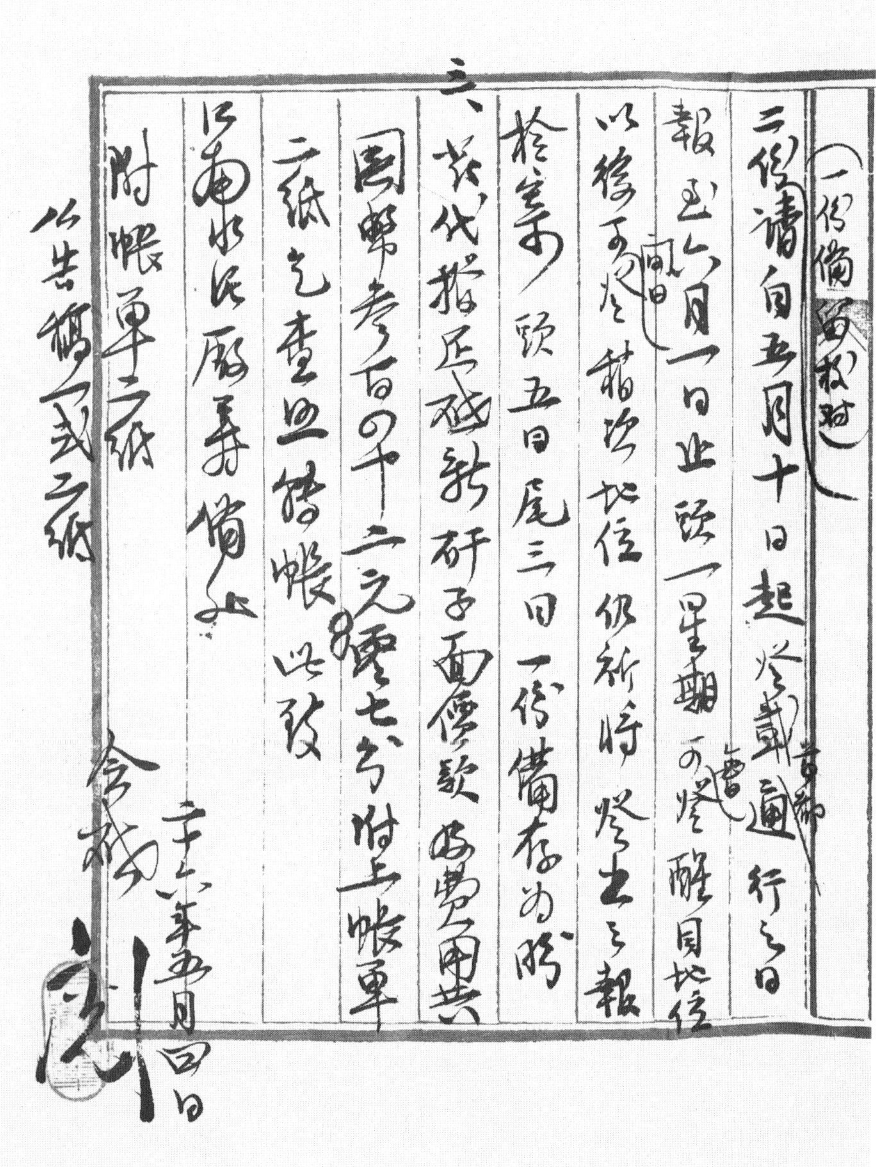

一份備留核對

二、仍請自五月十日起以貳週行之，自

報至六月一日止。頭一星期一份登醒目地位，

以後可登稍次地位，仍祈將登出之報

檢寄。頭五日、尾三日一份備存為盼。

三、茲代擬泥新研子西便欵内費用共

國幣叁百四十二元零七分，附上帳單

二紙，乞查照轉帳為荷。此致

江南水泥廠籌備處

附帳單二紙

公告稿式二紙

二十六年五月四日

四、本公司委託天津新華信託儲蓄銀行經理募集債票議約中第六條規定公司將棲霞山工廠全部現有（指完立正式合同時）一切動產及不動產共值國幣三百萬元（詳確數目俟完立正式合同時核算）作為本公司債之擔保品設定第一抵押權及並載冊列詳細目錄連同廠基廠房等平面藍圖及保險單交由銀行執存其地契存在南京中國銀行及本公司會同保存公司

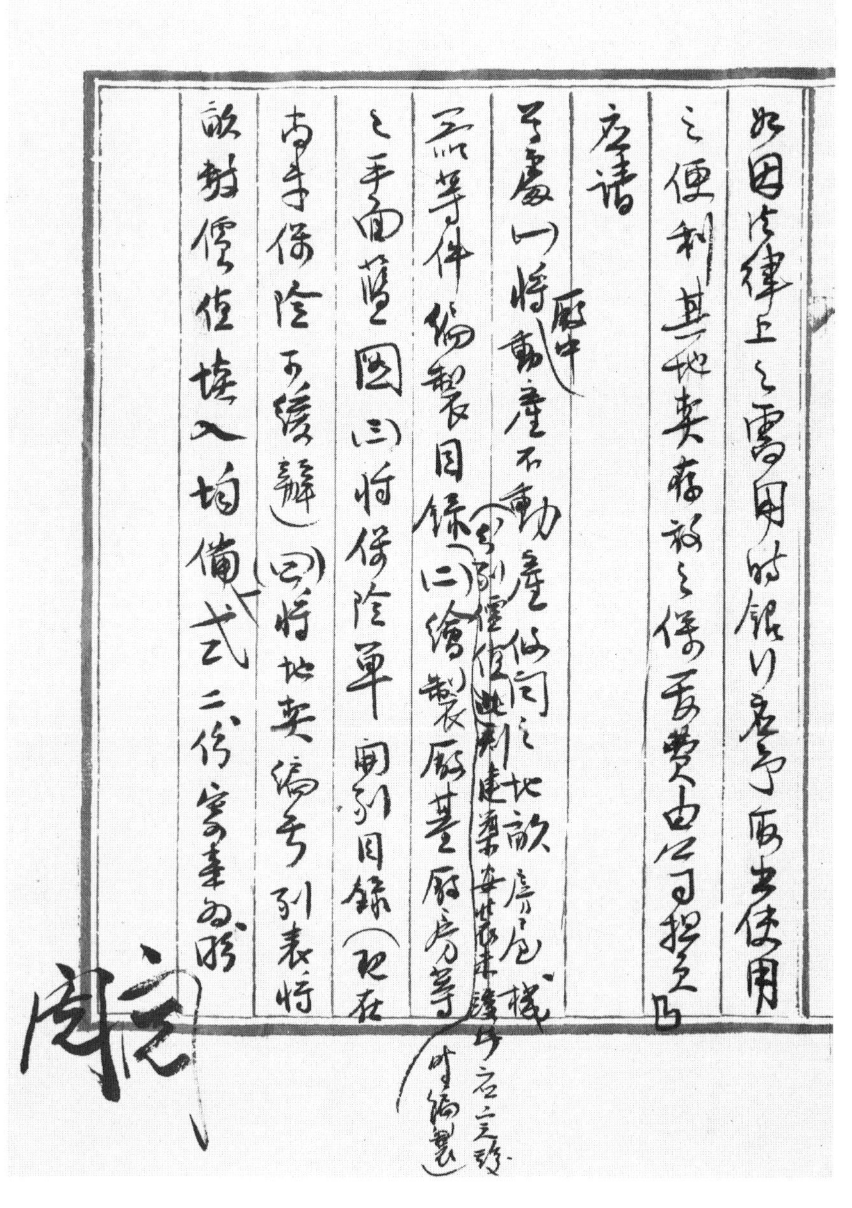

如因法律上之需用時，銀行盡可予廠出使用之便利。其他要務訴之[illegible]，費由公司擔之。

應請

予處：（一）將廠中動產不動產（附同之地畝、房屋、機器等件）編製目錄；（二）繪製廠基、廠房等之平面藍圖；（三）將保險單開列目錄（現在南華保險公司續辦）；（四）將地契編號列表，將該契價值填入，均備式二份寄奉為盼。

周[illegible]

津南字第廿二号

謹啟者：接寧南字第二十五号

大函敬悉

一、承示三日撥出交國華匯上之[illegible]五

月份一部分經費五萬元已於當日接到[illegible]

附來安裝工程處三月份報銷表[illegible]

另承示機款會屬催撥，所欠款（十萬元）連同安

裝工程處經費即需款弍万八千玖百元

多均蒙 閱悉 批准撥發，款於日內

卽應上請查照

二、廣慶長寧來請自今日起俟三天後停一紙已呈

閱備存

三、茲送上本公司照行公司債之公告稿一式二份（一份敷寄送之稿，照每張字一份留備核對此稿請以一份送交所登之報社請其照此稿修改者排正已登出者勿庸補正

又寄上本公司換發股票公告稿一式二份請以一份送登首都通行之日報自本月

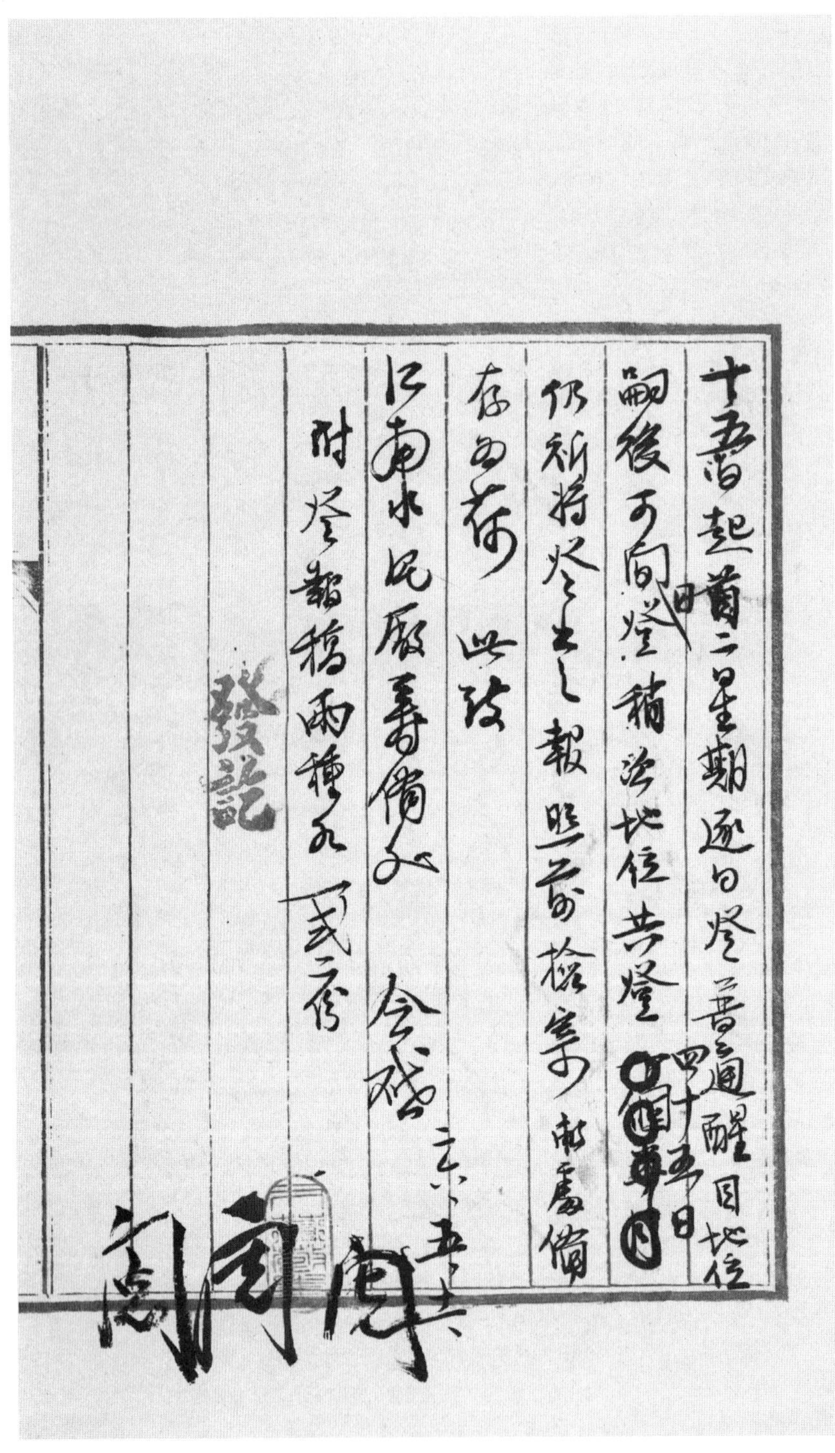

十五晉起首二星期逐日登二晉通醒目地位
刊後再向登補登地位并登四十五日
仍祈將登出之報照前檢寄　敝廠備
存爲荷　此致
江南水泥廠籌備處　會啟　六.五.廿六
附登報稿兩種又　式二份

發記

津南字第二十三号

敬啓者　接奉南字第二十二、二十七号

來函暨附件均收悉

一、承示十二日收到南廠交國華電匯六万

五千元，已登照

二、承示發還公司信廣告費（及接洽加費）共國幣一百四十

四元，並抄正公司信廣告稿，均經收悉

三、承示收到宋王兩君股款共一千二百四十

四元，已收入南帳，又已登照

四、附來實業部商業司函一件，為登記執照補繳印花一元及容，辦就後函寄請轉遞。

五、附來建廠工程四月份下半月工程進行近狀一份，已呈閱。

六、附來地畝清冊二份及建廠房各種建築平面圖二份，已呈閱。

七、啟新與新華銀行合訂經營業務公司借合同，經編製。本公司財產目錄除地畝已詳清冊，擬為標值數外有案可稽外，所有建廠

安裝兩工程之已發未發工料總價格

呈請

先生處迅將已發之部開單詳示未發之部亦請總額計開單見示以憑編目待開股東會時 懇速辦發早日賜下為荷

八、公司上年四月八日付與先生桂案墊款請單一紙希檢存

九、敝廠代先生購用洋紅磚二千五百塊每千價九十七元共計國幣弍百四十二元伍角

〇又由津運棲霞山運費合共國幣貳百伍十〤元〇角〤分以上二款共計國幣〇百九十〢元九角〤分 兩為已代付訖希 轉帳為荷

十

啟新修機廠代 尊處定製小灰磨一具（價款及包裝運費廿）計國幣陸百叁拾柒元貳角壹分該款 敝處已數付訖希 轉帳為荷

費已於本月十四日由鐵路聯運至棲霞山工廠 亦有

簽註用

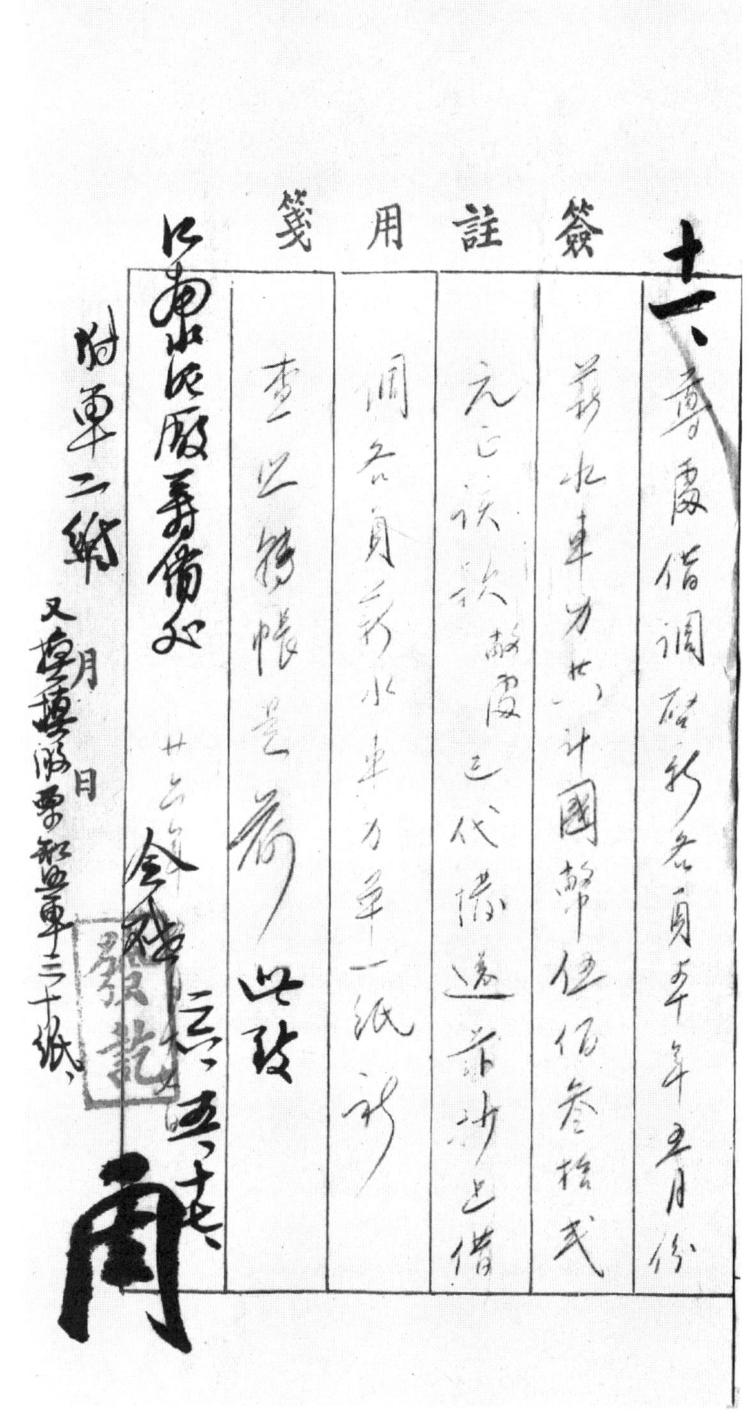

十六

簽註用箋

貴處借調礦務各員本年五月份薪水車力共計國幣伍佰叁拾式元已按數敝處已代墊送並將上借調各員薪水車力單一紙祈查照轉帳是荷 此致

江南水泥廠籌備處

廿六年 金陵 啟 五月二十七

周

附單二紙

又填填收票銀車三十紙、

月 日

發訖

津南字第廿四號

致啓者　接準南字第廿七號

大函，以暨附件均收悉

一、附來工廠附設小學校舍建築圖及說明書均

經[illegible]呈閱

本董均主張此項建築應力求樸實經

濟，將來連圍墻操場全部建築費應以

不超過七千元為度。又學費收入辦法

擬改為高級每學期每人學費八元，低級

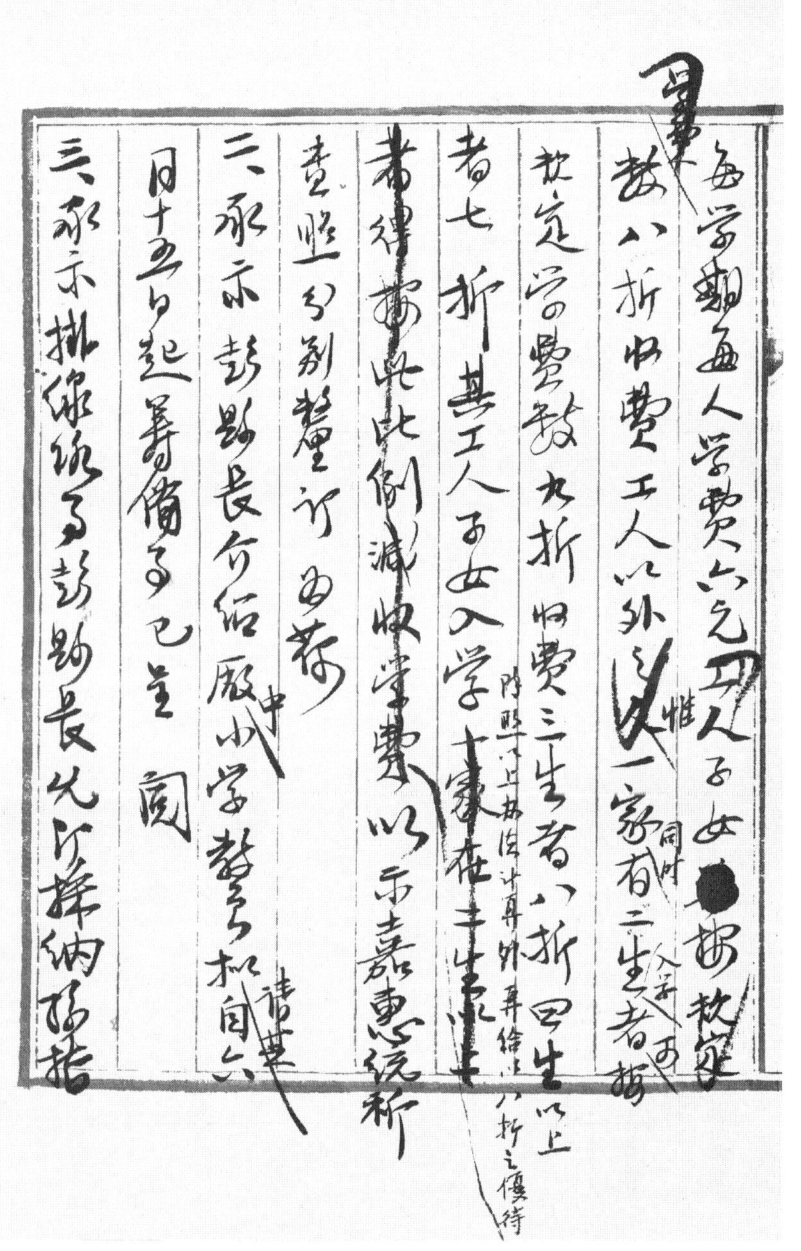

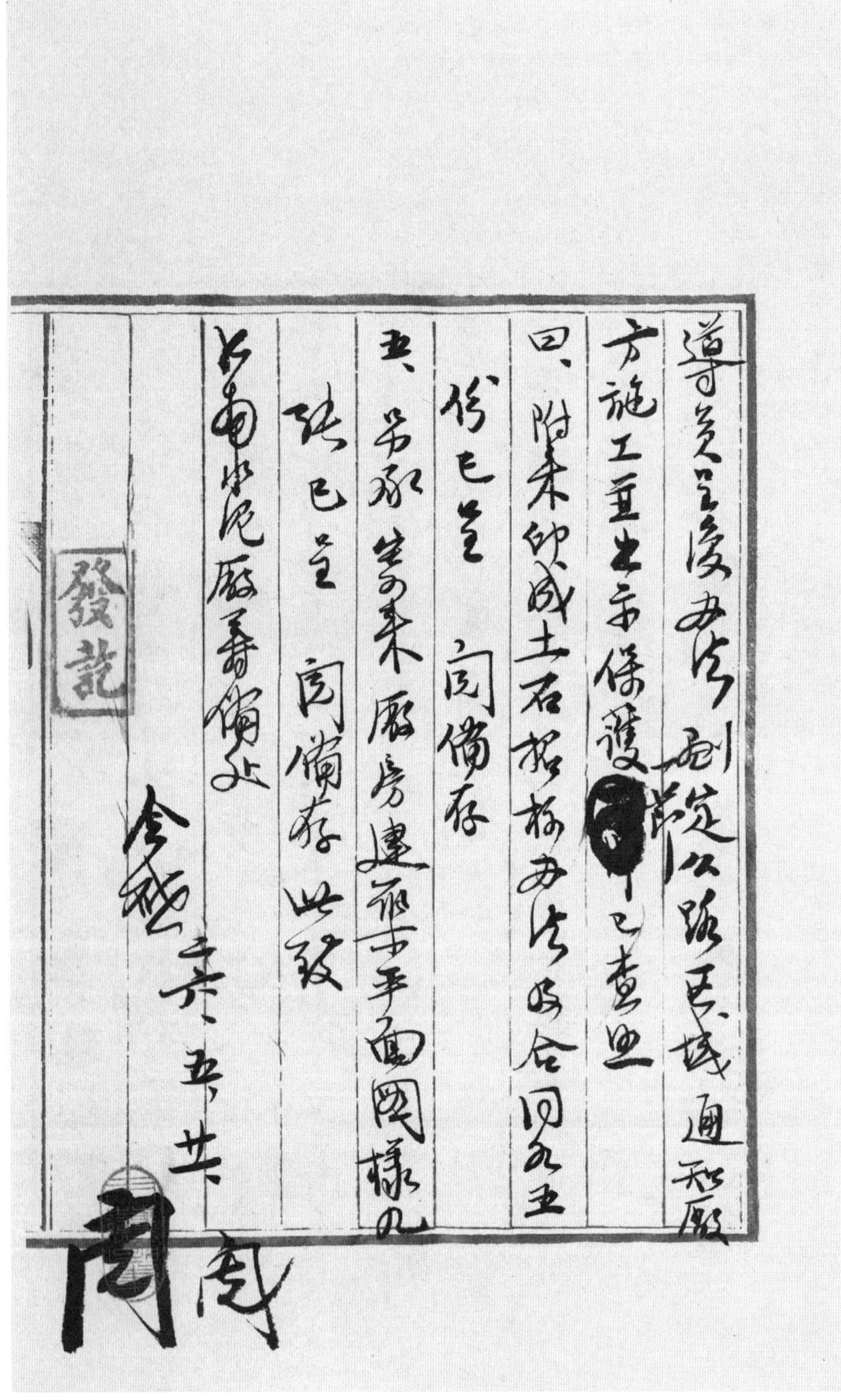

遵照呈復各節　劃定公路區域通知廠
方施工並出示保護[illegible]節　已查照
回、附來鈔錄土石挖掘各節照合同第五
份已呈　閱備存
五、另承寄來廠房建築平面圖樣九
張已呈　閱備存　此致
江南水泥廠籌備處

全紹　二六、五、廿六

周

周

發記

津南字第廿五號

敬啓者

一、關於本會委託天津新華信託儲蓄銀行經理募集公司債訂立合同第六條規定之據業於敝處津南字第廿三函第四條備達。茲據該行本日來函，對於雙方共同保管契已委託該京行代為點收（函見敝附件第二函），除由敝處復允照辦外（照抄附件），備函此請貴處代表本公司與南京新華銀行接洽按照合同辦理會同保管手續（附公司合同謄本一份，辦畢仍請寄回），並將辦理日期及經過見示為盼。又前公司第二十七函附來之地畝清冊及廠房地盤圖（其餘公司地畝四本同），已附入正式合同，並希查照為荷。（請再檢查公司存件）

二、本年四月廿三日本公司股東臨時會議決增加資本五十萬元，已委託潘序倫會計師代理辦理增資登記），並於本年發行公司債一百八十一万元是項借款準於六月一日全數收足（按票面九折發行九折實收）依法應於收足後五日內呈報主管官廳登記茲已備就呈京市社會局請予轉呈實業部登記文一件計附件中有廣田會計師證明（已請立信會計師潘序倫簽證）律師〔依照已依法登報公告〕應請彭望向趙朱鑑同律師簽證之證明書各一件 一係請會計師簽證明書簽回 所將各件彙齊 寄請

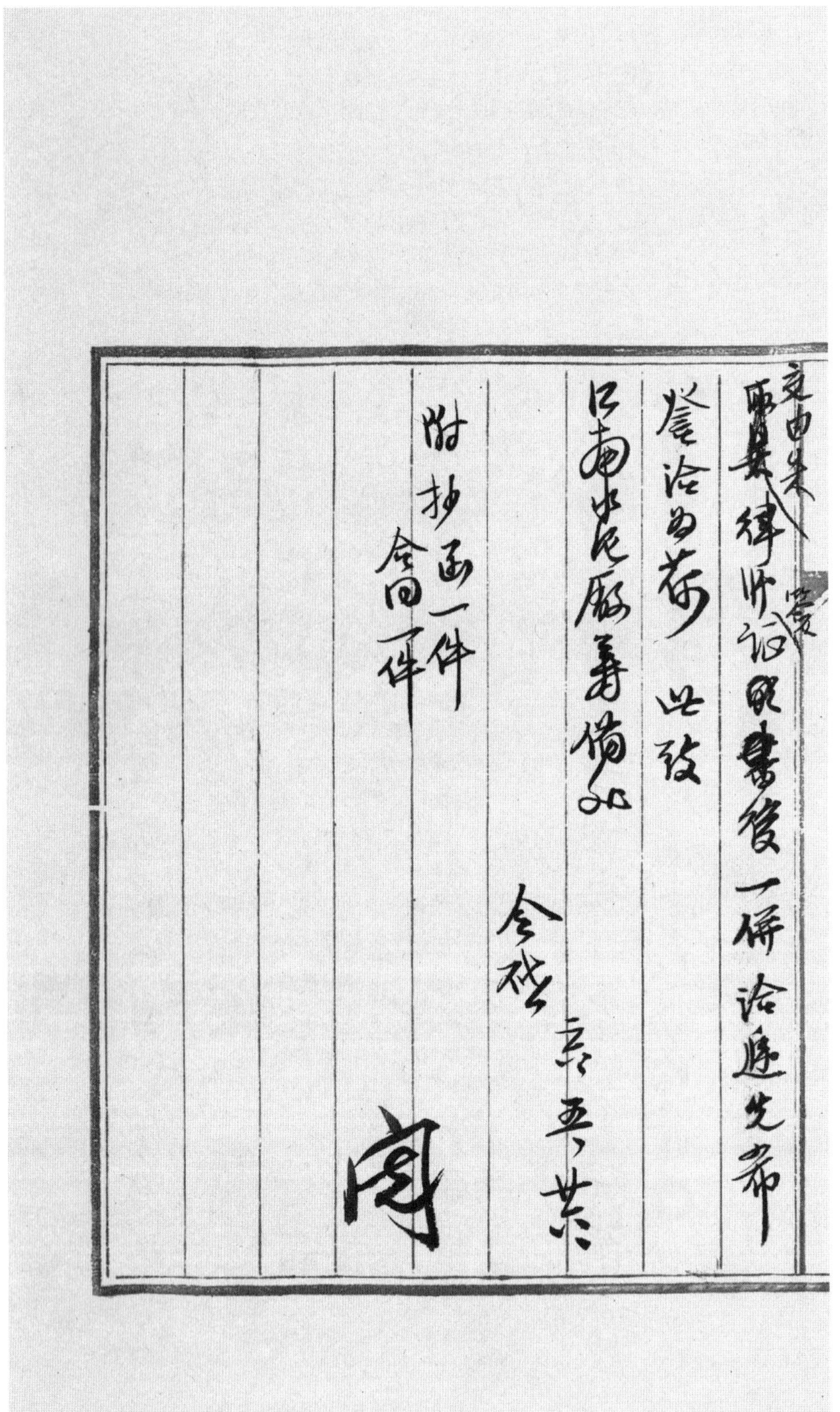

文由來
函覆，伊將所詢各處，擬略具一件，函送先希
查洽為荷　此致
江南水泥廠籌備處
附抄函一件
合同一件
令成　真　五，廿六
周

津南字第二十六号

逕啓者　前聯函請　達
大覽　茲將奉達之事分列於左
一、茲寄上本公司呈南京市社會局文（內敘
行公司債一百八十萬元依法呈請登記事）
一件　附件共　件　其證明款已繳
足之證明書由代辦之天津新華信託儲
蓄銀行簽證　另有律師證明已依法登
報公告之證明書一件　請交　朱律師簽

證據連同附剪呈報二件一併夾送總公司（十月廿日送）

鑒洽辦理爲荷

二、磁新唐廠代運 前述提運斗全套

約裝十五箱計重[illegible]磅每磅估價一角

共計價款[illegible]另加毛裝及修理工料[illegible]

運上車費[illegible]以上合計國幣貳千零伍拾

壹元叁角肆分 該款 敝處已代付訖

附上原帳單一紙 祈 查收轉帳

三、茲由磁新[illegible]廠開來上年[illegible]付[illegible]

王人雲瑞林等三人由唐山至京川資每名
收拾又安家費每名二十元合計國幣壹
百叁拾伍元正請照數撥付已代還訖附上原
帳單一紙 希 查收轉帳
四、禮和洋行補交棲霞廠化學儀器現
已到津已告該行自運南京由該京行向
貴處撥給此項補交器皿應使禮和在
廠中交貨由京至廠之一切費用由賣方
担任請 查照〔並轉廠核照〕為荷此致

〇〇
卅七年十月廿三日擬
奉第六十八號函附
上之電力設備合同
正本如 貴處此
時不需用請寄
還敝處為盼

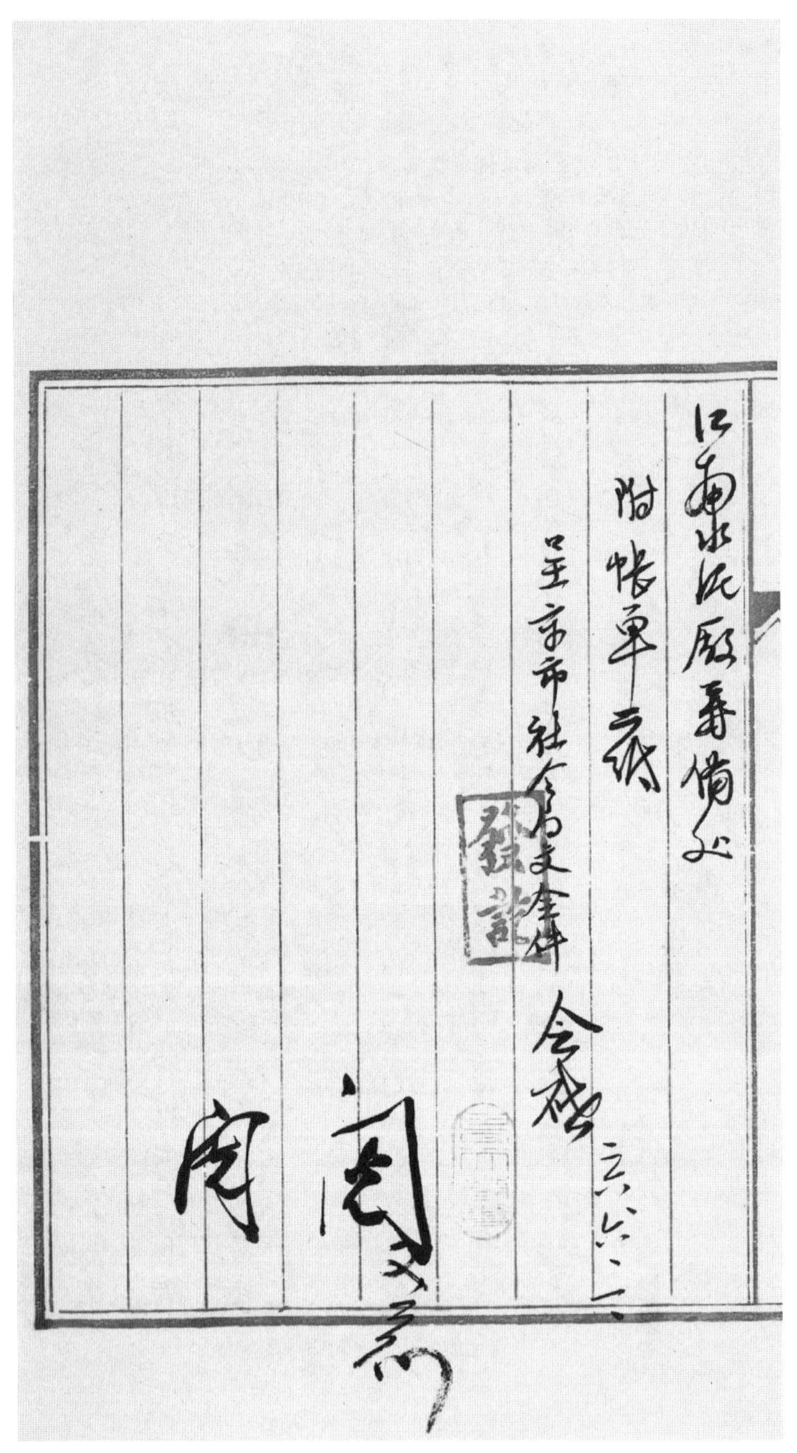

江南水泥廠籌備處

附帳單二張

呈京市社會局文全件

會稿

二六、六、一

津南字第廿七号

致函者 接寧南字第廿八号

大函暨附件均收悉

一、承示與新華京行接洽共同保管地

契事，頃據該津行商議，茲另擬辦法如下

由分處與新華京行共同出面向上海銀

行租用保險箱（二）印鑑由雙方會簽（三）鑰

匙存我方（四）另立專備帳簿記載某年月日

取出某件若干及某日交還原件存入並

二

經手人姓名等之用，核與

大函所擬大致相同，即希察洽辦理。復

又告附來北廠清冊及廠房地基藍圖

華字樣合同騰本各一份均無存

二、附來四月份合計日報冊[illegible]根

四、承詢上年十二月九號由新廠運交耐

火磚土（即耐火泥或稱研子土）六千五百袋價撥板運費若

干一節，查此項研子土價及駁運費已

有詳細帳單附去年廠之收據每本第

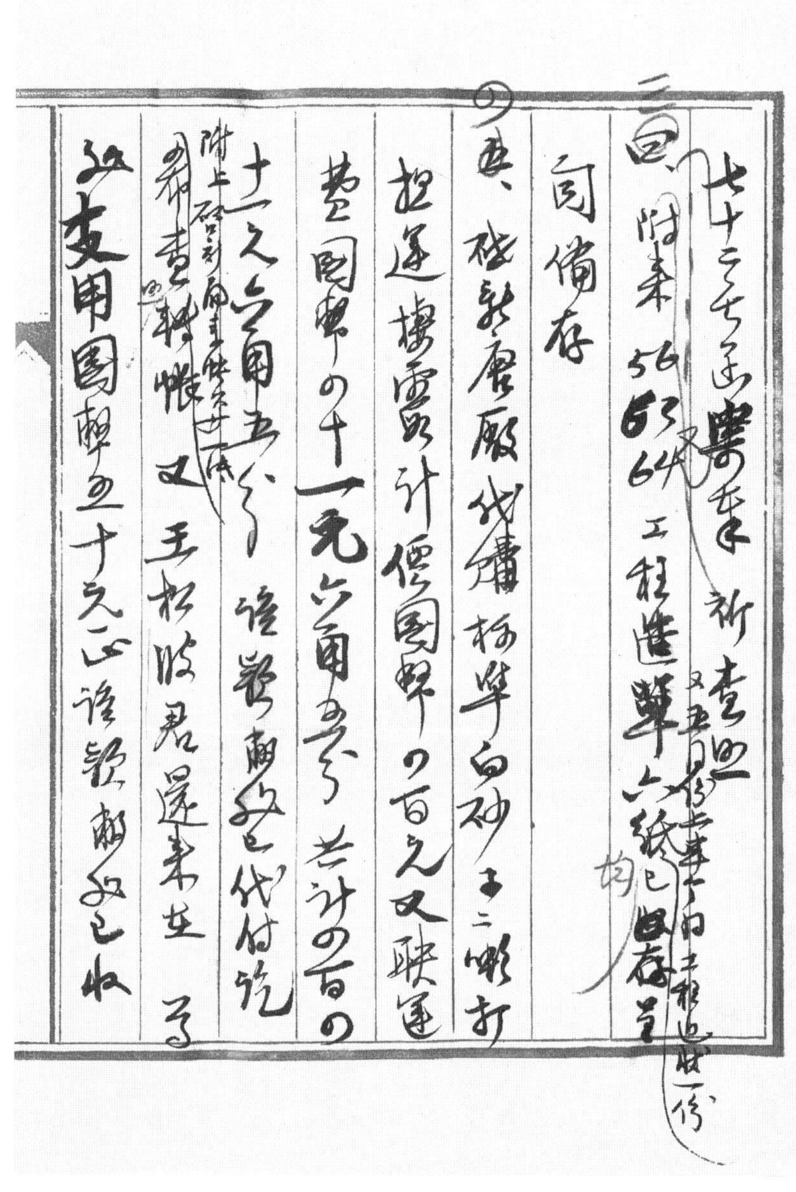

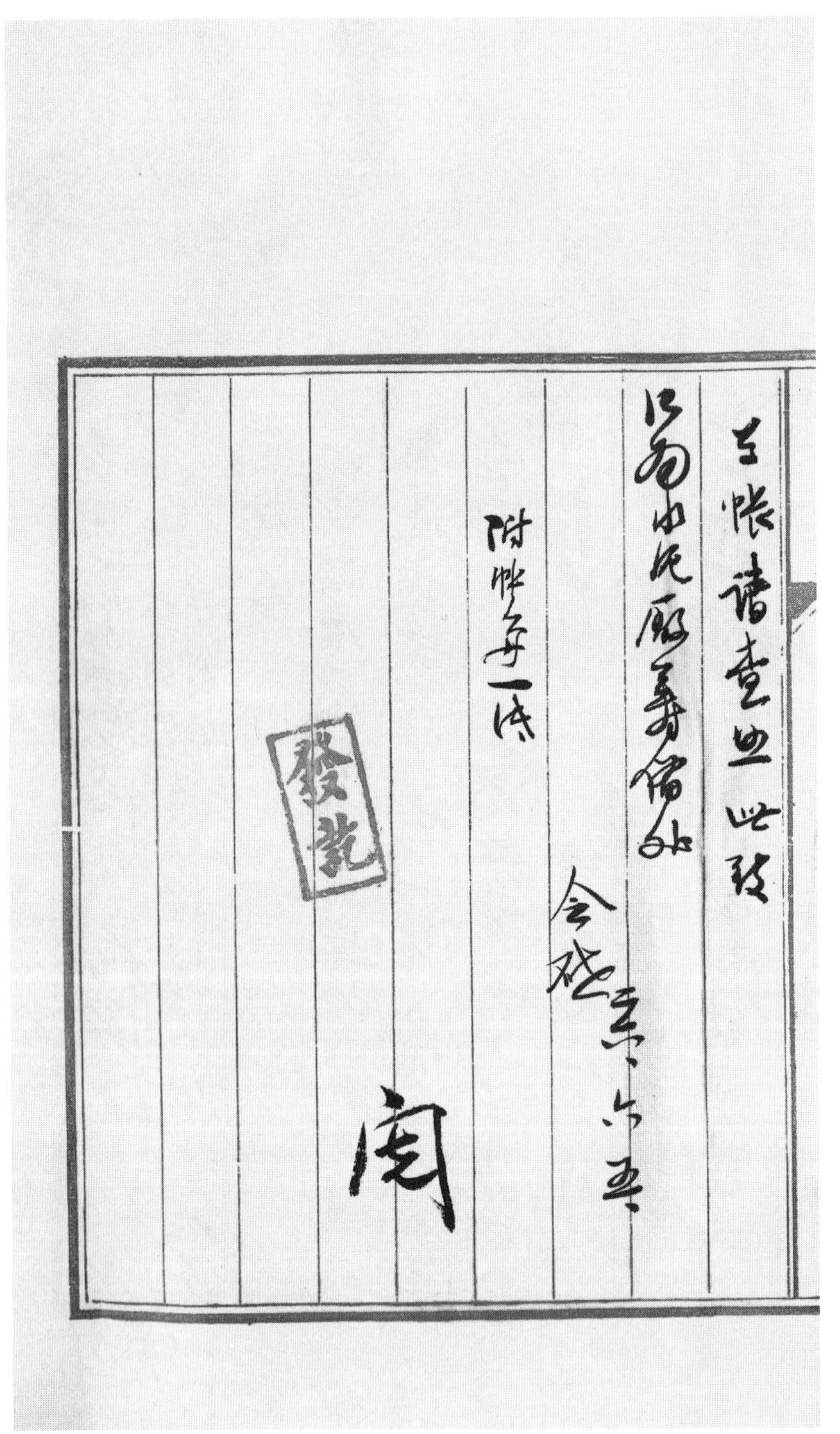
呈帳請查照此致
江南水泥廠籌備處
附帳單一張
發訖

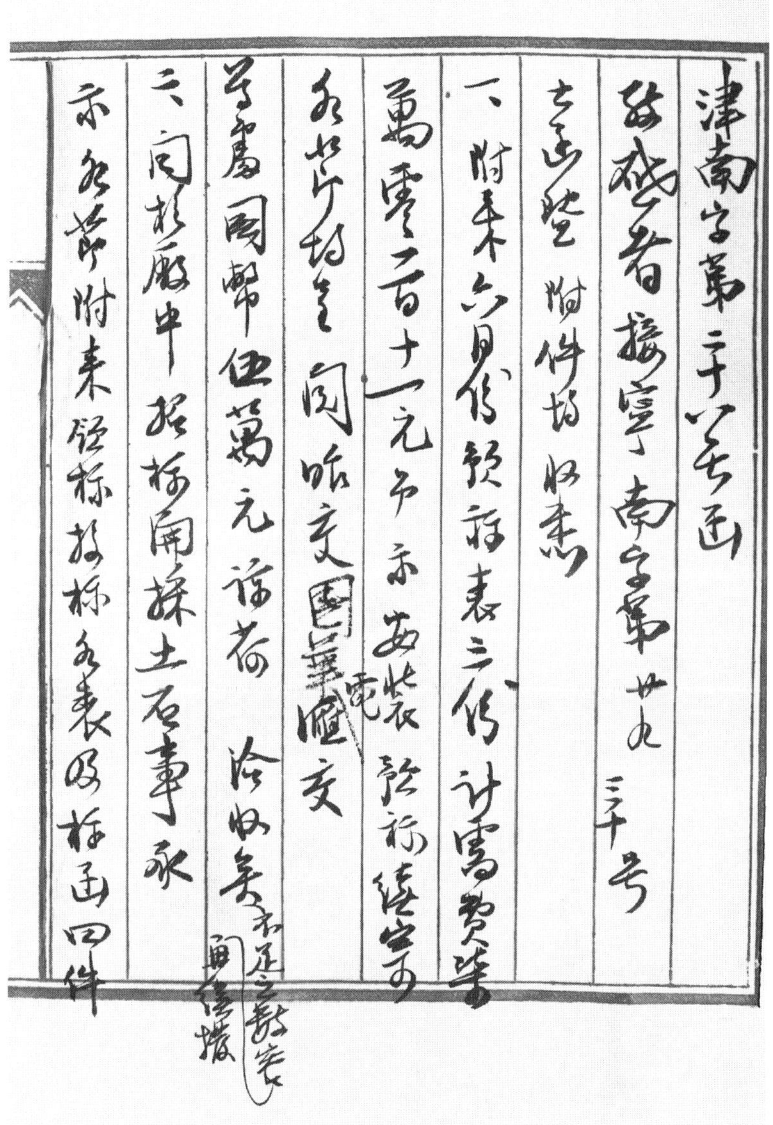

津南字第二十八号函

敬啓者 接寧字南字第廿九、三十号

大函暨附件均收悉

一、附来六月份預算表二份計需費洋

萬零二百十一元五角 示安裝電話線等費

各節均悉 關由交國華匯交

并爲國幣伍萬元諒荷 洽收矣（未足之數容再陳撥）

二、關於廠中招標開採土石事承

示各節附来投標揭標各表及標函四件

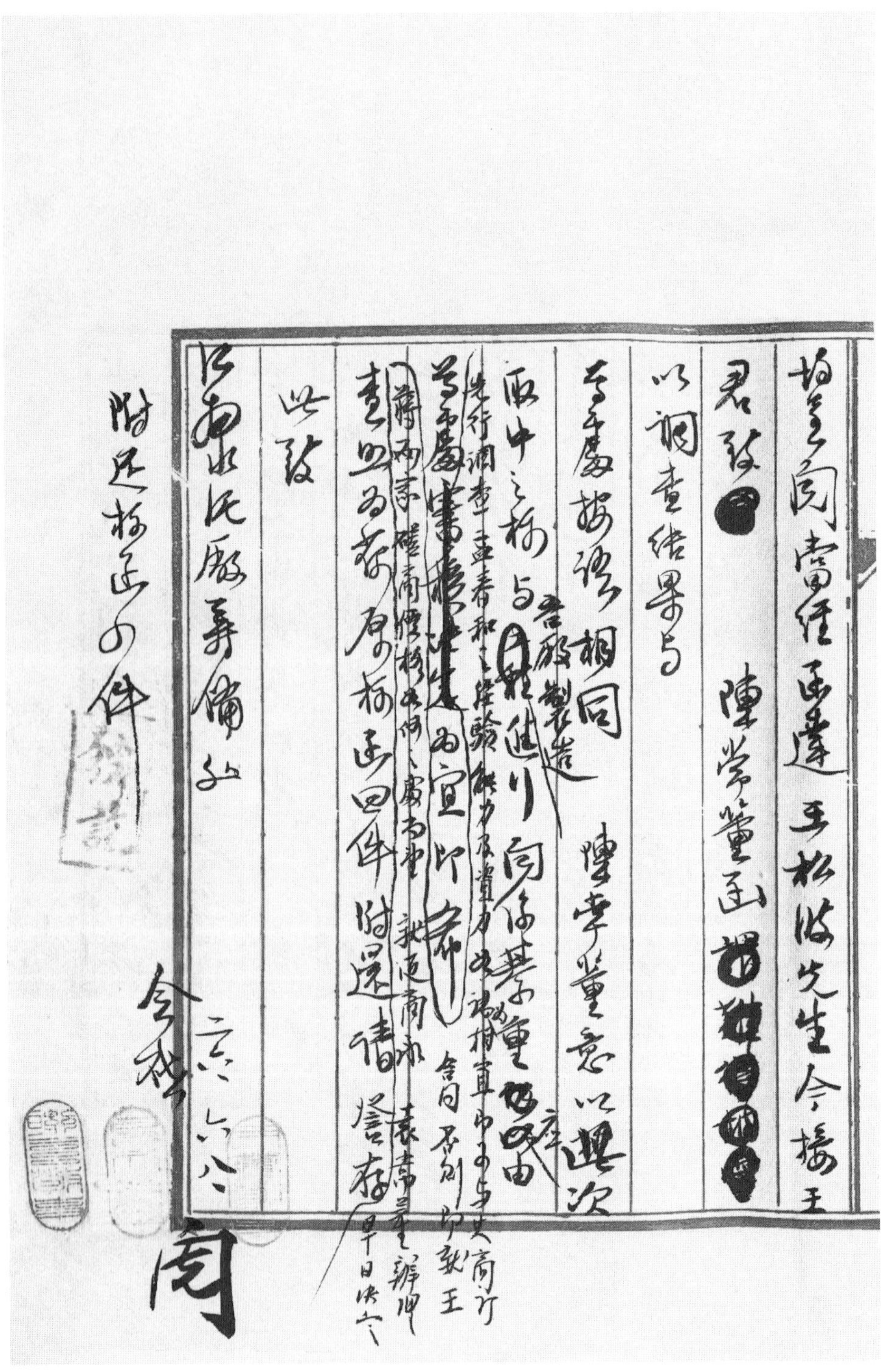

均已閱，當經函達王松洲先生，今據王

君函，陳常董函

以調查結果與

本廠擬議相同。陳常董意以選次

廠中之料與吾廠製造自能進行，向係某董由

為宜，即希

查照為荷。原料樣送回四件，附還，請察存。

此致

江南水泥廠籌備處

二六、六、八

附送料樣四件

今核

周

津南字第二十九号

敬啓者 接寧南字第三十一至三十二号

去函暨附件均收悉

一、承示本月七日交國華電滙之五萬元已核（批已洽據交付存款每月）

查照收到（又）并寄來西北榮工程处六月份預

算表一紙 承●

示工程照加緊 有總定料款計久泰同意

源華銅鐵料共約二萬元請追加預算

各節均予同意 等 批照撥 𠕇安中字電

匯伍萬捌千元，併補送六月份經費三萬八千，連同追加之經臨款兩萬元，共合五万八千元之數，請洽收并復為荷。

二、承示擬於預概請撥數外，另請撥給預備費兩萬元，存放往來利息較高銀行（國華中孚均可）整之，以備臨時撥用一節，亦經呈閱，奉飭籌撥。該款擬將本月底首都電廠到期利息一萬餘元湊撥足數。先布，察洽。

三、來示寄售呈文詢明各項并寄四五件
均收悉茲備就呈文二份暨節報附件
一份請
譽收洽遞為禱
四、承寄上年十月廿二日敝第七字
之廿附寄上課長電另設備合同五本份
已收存
五、茲附上本年五月份上
半月藝款清單一紙祈核存此致

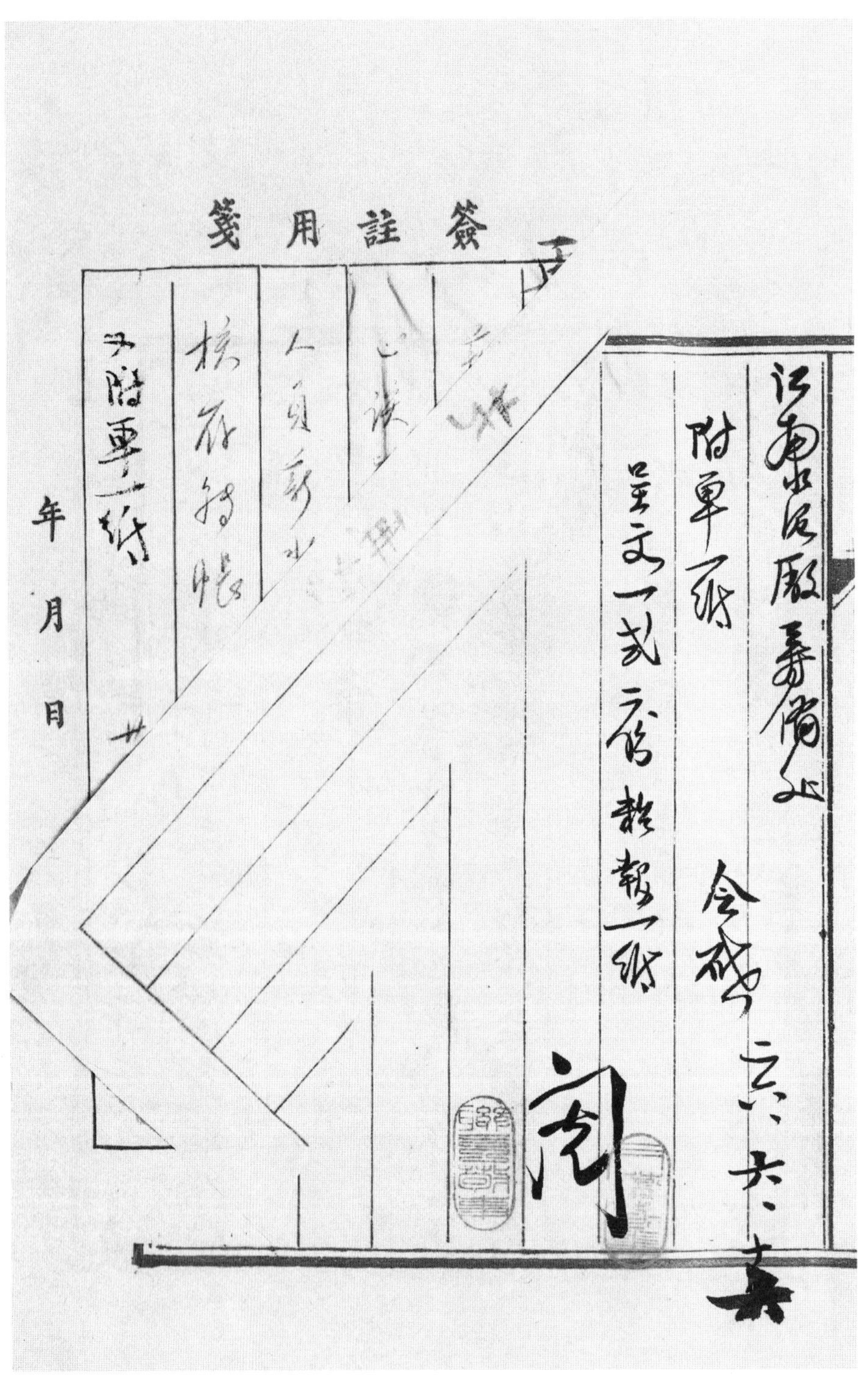
江南水泥厰籌備处
附单一纸
呈文一式二份 報告一紙
令飭 六 卅七
閱

簽注用箋
人員薪水
核存待帳
又附单一纸
年 月 日

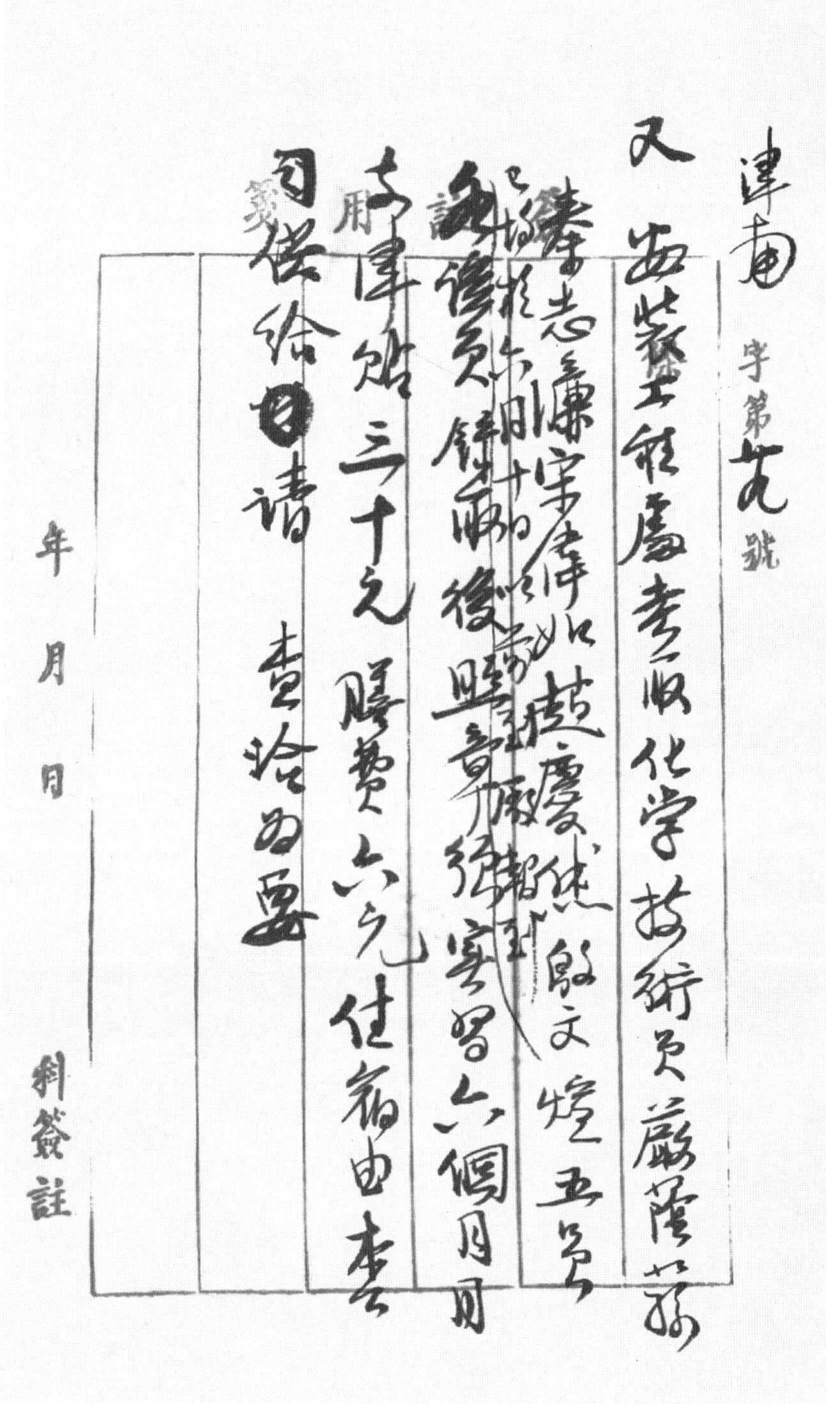

津電　字第九號

又安裝工程處考取化學技術員嚴隆蓀、秦志濂、宋律如、趙慶、殷文燦五員，已於本月十四日抵廠，該員等錄取後照章前往實習六個月，每人每月津貼三十元，膳費六元，仍由本公司借給，請查核為要。

年　月　日

發註

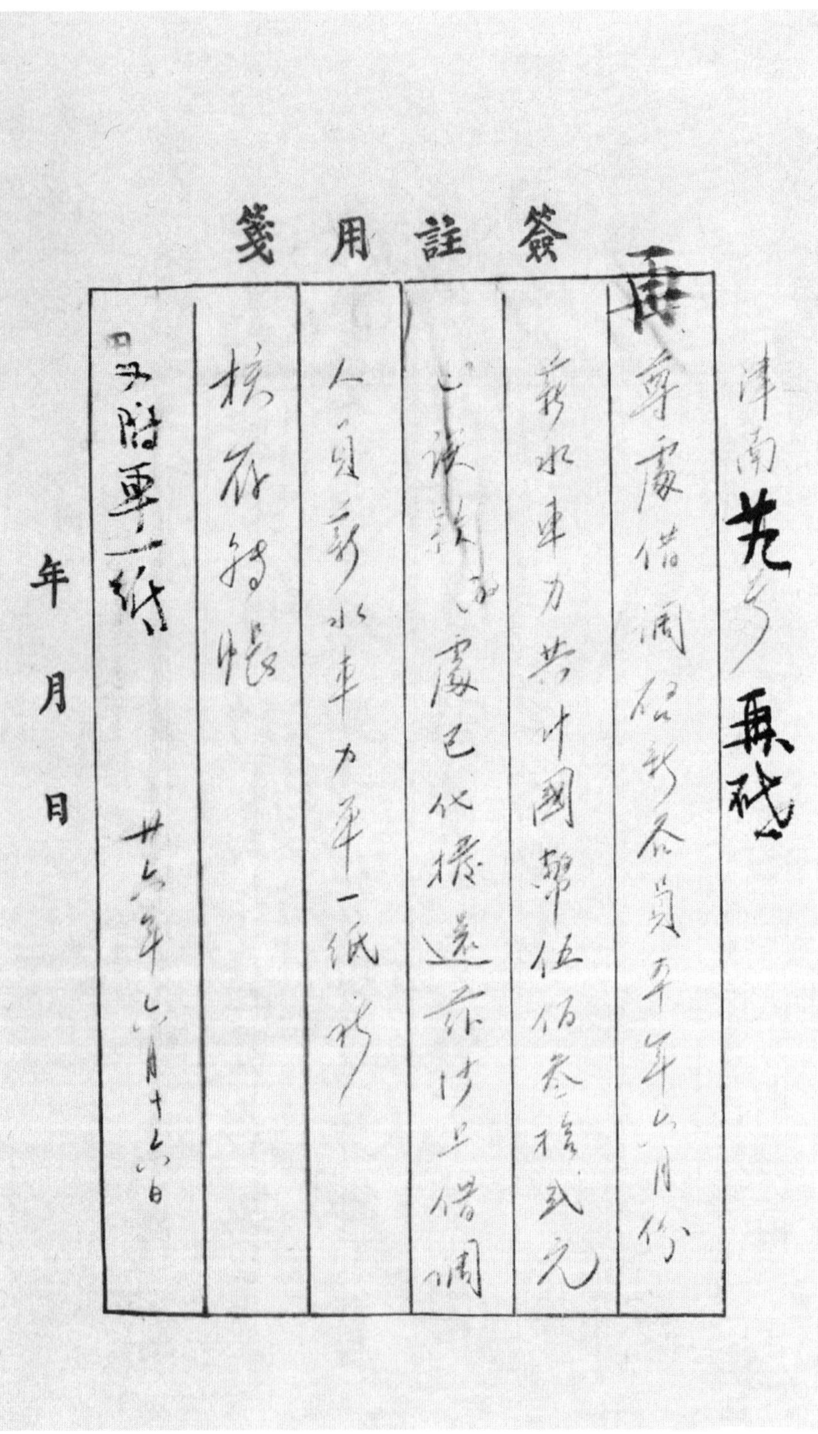

簽註用箋

津南先生再啟

尊處借調任新各員本年六月份
薪水車力共計國幣伍佰叁拾貳元
已該款由敝處代撥還亦請出具借調
人員薪水車力單一紙俾
核存轉帳

另附單一紙

廿六年七月十六日

年　月　日

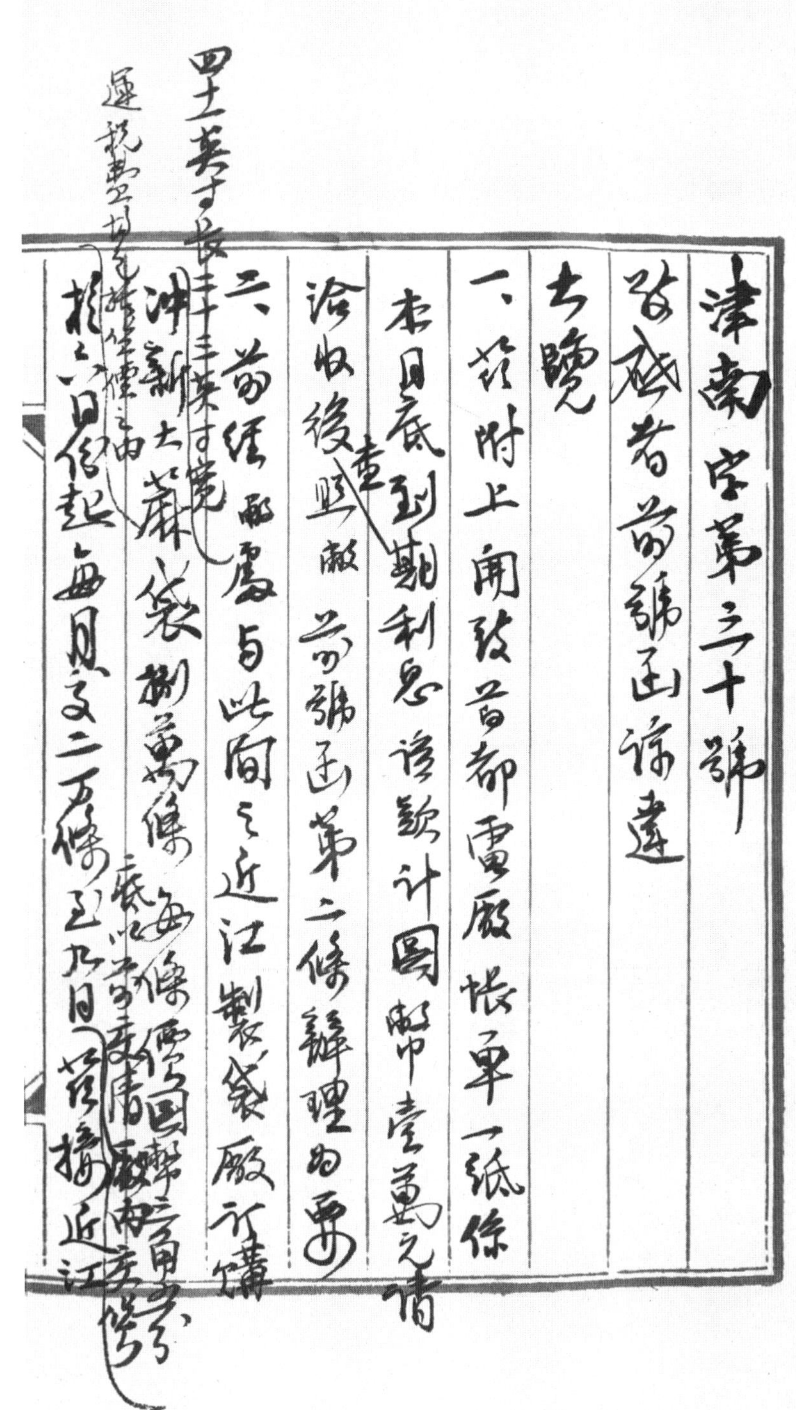
津南字第三十號

敬啟者前號函諒達

去覽

一、茲附上開灤普都電廠帳單一紙係

本月底到期利息證款計國幣壹萬元之請

諒收後照數 前號函第二條辦理為要

二、前經函屬與此間之近江製袋廠訂購

四十英寸長三十三英寸寬

洋新大蔴袋捌萬條每條價國幣三角五分 [illegible]

[illegible]

於六月份起每月交二萬條至九月 茲據近江 [illegible]

製袋廠本月廿一日函稱敝廠供給貴公司之沖紙去牌袋八万條因水脚迭漲不已特提早裝運現已定妥船載準於本月下旬在津裝運四万條（約七月上旬可運到棲霞山）又七月上旬在津裝運四万條（約七月中旬可運到棲霞山）謹先奉達等語並據該廠声稱該貨提單由該廠所派押貨人連同貨單一併帶交棲霞廠（因上海總轉裝輪船所以船名未能預達）

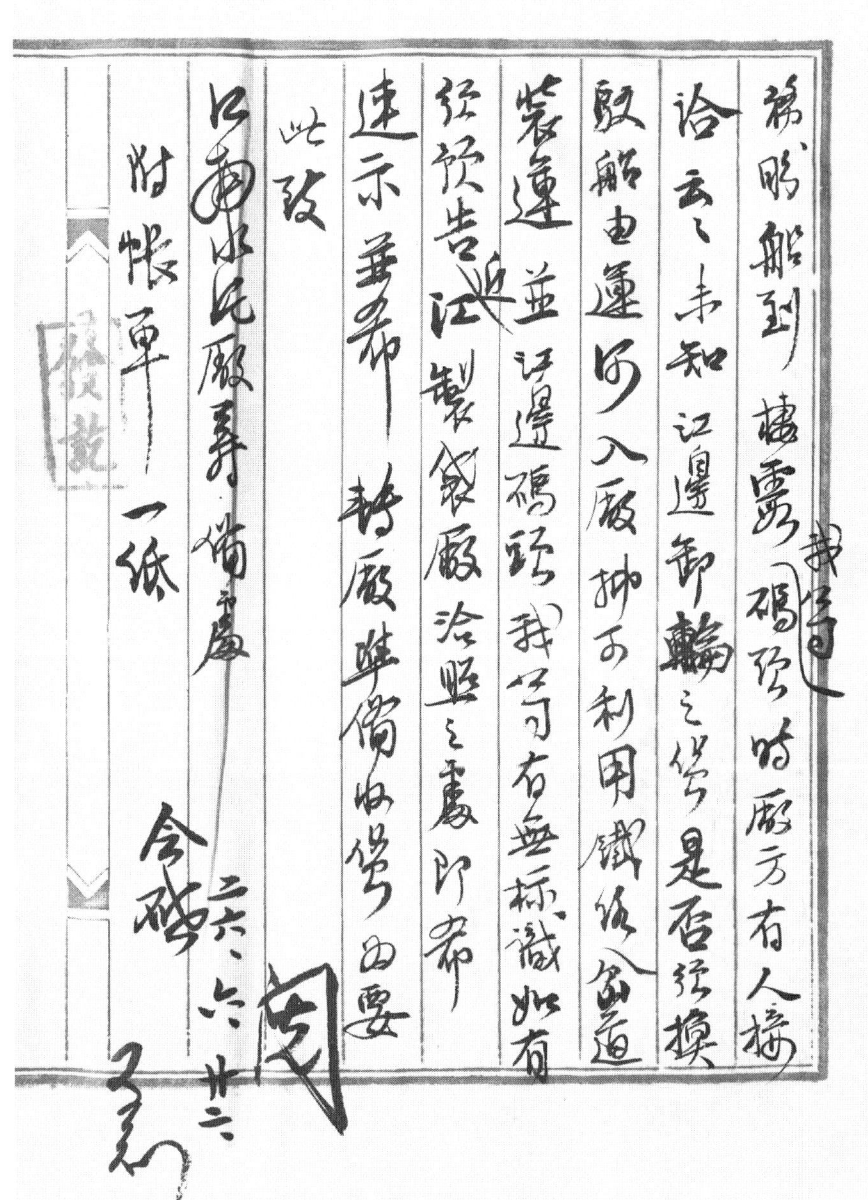

該船到棲霞我司碼頭時，廠方有人接洽云云。未知江邊卸輪之貨是否經撥駁船由運河入廠，抑係利用鐵路軌道裝運，並江邊碼頭我司有無標識，如有，經預告江製鐵廠洽照之處，即希速示，并希轉廠準備收貨為要。

此致

江南水泥廠籌備處

附帳單一紙

二六、六、廿六

發訖

津南字第三十六號 函稿

逕啓者 本廠前向先施公司訂購紙袋廿五萬個 價已付清 茲由麥加利銀行轉來先施公司運交該紙袋廿一萬三千七百五十個之提單正紙 保險單正紙 領事簽證貨單一紙 發票二紙 提單係在上海提貨 今將上開四件共六紙寄託啓新上海辦事處代辦接洽提貨之手續並提運到廠 一切事宜請貴處迅與啓新滬處接洽 並通知廠中

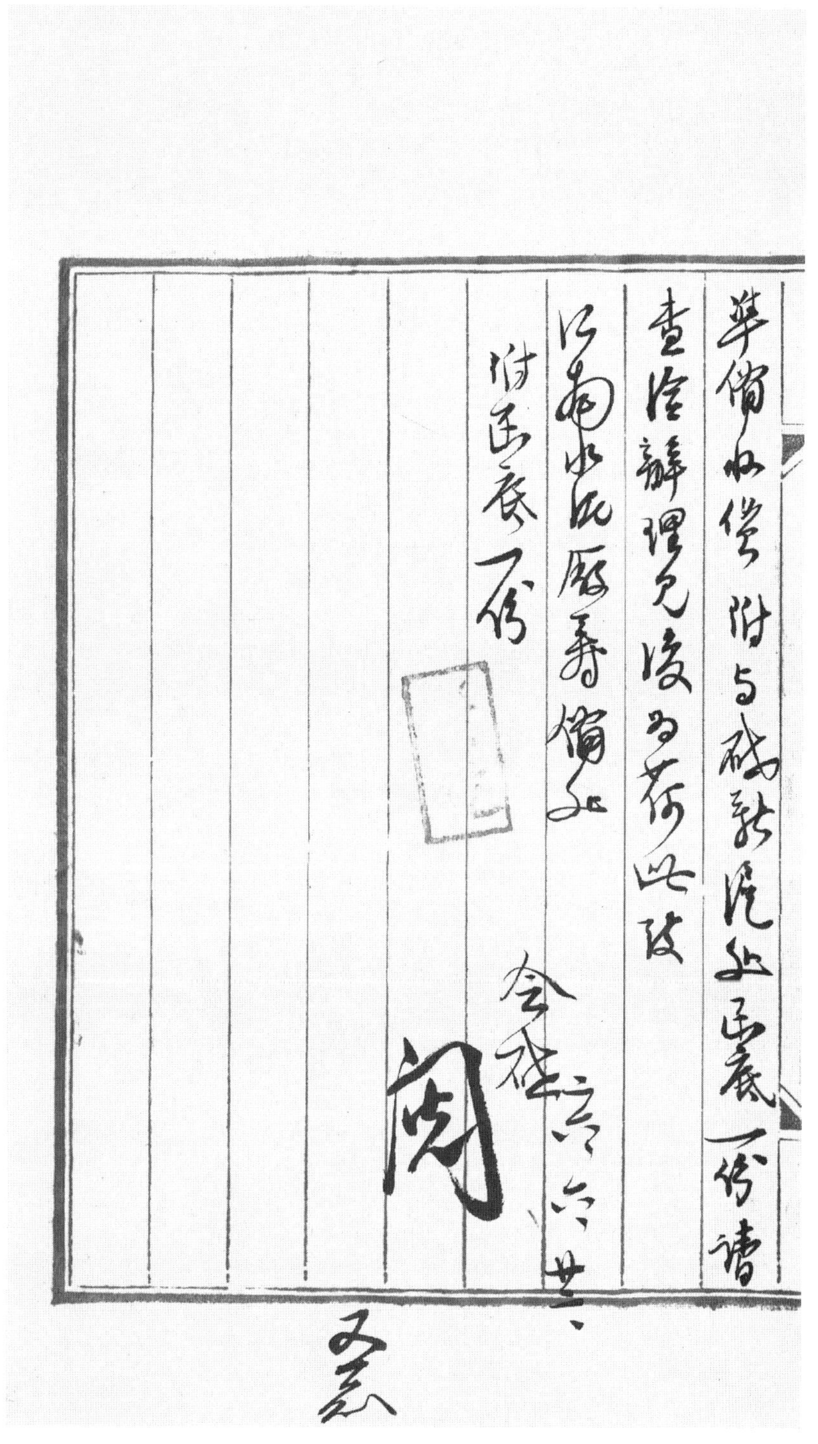
華價收條附與磚款憑證匯表一份請
查照辦理見復爲荷此致
江南水泥廠籌備處
附匯表一份
金[illegible]　六、六、廿一
閱
又[illegible]

津南字第三十一號

敬啓者 前號函諒達

尊覽 茲有列左

一、頃由專加利 津行 交來帳單 收取史

密士之廠 運滬紙袋廿一萬三千七百七十

五只 價款英金一千五百九十四鎊十先

令九便士 行市一先令二便士 又十六分之七

合國幣貳萬六千五百拾三元叁角五分

又經行代史密士之廠 收紙袋價手續費

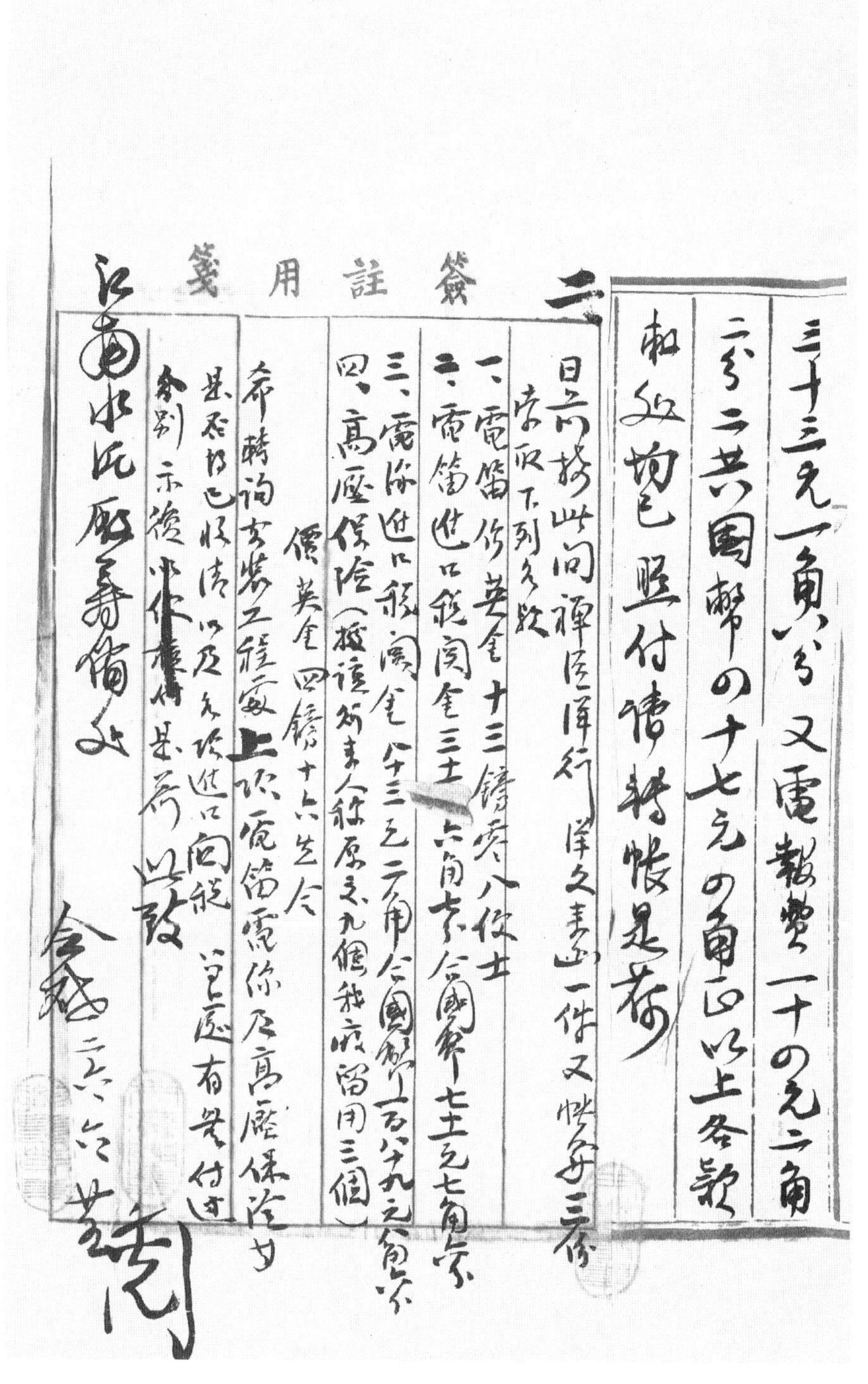

三十三元一角八分　又電報費一十四元二角
二分　二共國幣四十七元四角正　以上各款
相應照付請轉帳是荷

簽註用箋

日前接此間禪臣洋行　洋文來函一件又帳單三份
索取下列各款
一、電錶價英金十三鎊零八便士
二、電錶進口稅國幣三十六角七分合國幣七十元七角六分
三、電錶進口稅國幣八十三元二角合國幣一百八十九元八角六分
四、高壓保險（據該行來人稱原定九個我廠留用三個）
價英金四鎊十六先令
希轉詢安裝工程處上項電錶電錶及高壓保險絲
是否均已收清以及各項進口關稅　已否有案付過
分別示復俾便核付是荷　此致
江南水泥廠籌備處
合鎔　二六　六　廿

津南字第卅二號

接准寧南字第卅五號

大函暨附件均收悉

一、關於選擇採土石承包人一節，即承

示與蔣先生洽議結果，每擔價六分四

厘，氣磅及磅杆由廠方修理，開荒山廢

土每英方四角，鋪道及開道引子廠方不

另貼費，所存石料搬入石碾廠方每車

津貼承包人六分，該承包人復請求將氣

底稿

錢每月租費減為二元另承 示蔣生記在工務處工作兩年信用尚佳所覓舖保經調查尚屬殷實附來合同四份請鑒 閱 查 批所稱尚妥著由廠長簽字蓋印請 查照辦理為荷

二、承 示以前售呈文及附件均已由候室部批准擬俟全文到局後呈遞

已查照

三、承 示近江邊至龍潭段之鐵路必須通直

[illegible]副處長[illegible]告
[illegible]抄送
最近情形求[illegible]
同

達廠内各宜已通知前途，據該廠声称
亦定由滬将裝火車直運廠内，無希
查照。
又、附奉五月份 業務處 會計月報、及農場
會計月報各一冊，工程處 會計月報冊，
建廠材料 工具月報表各一份，工程進行
近狀表五月下半月並六月上半月各一份，
工程造單第65至68各五份，均收核
此致

津南字第三十三號

敬啓者接寧南字第三十六号 大函暨附件均

收悉

一、承 示收到六月份兩次電匯款拾萬柒捌仟元

又向首都電廠取到利息壹萬元除陸續支用

外截至本月三日止尚存玖仟餘元私請作為預備

費一節 已查照

二、承 示七月份 以上廠及建安兩處共需款玖萬柒

仟陸佰玖拾陸元 附來預算表二紙已呈

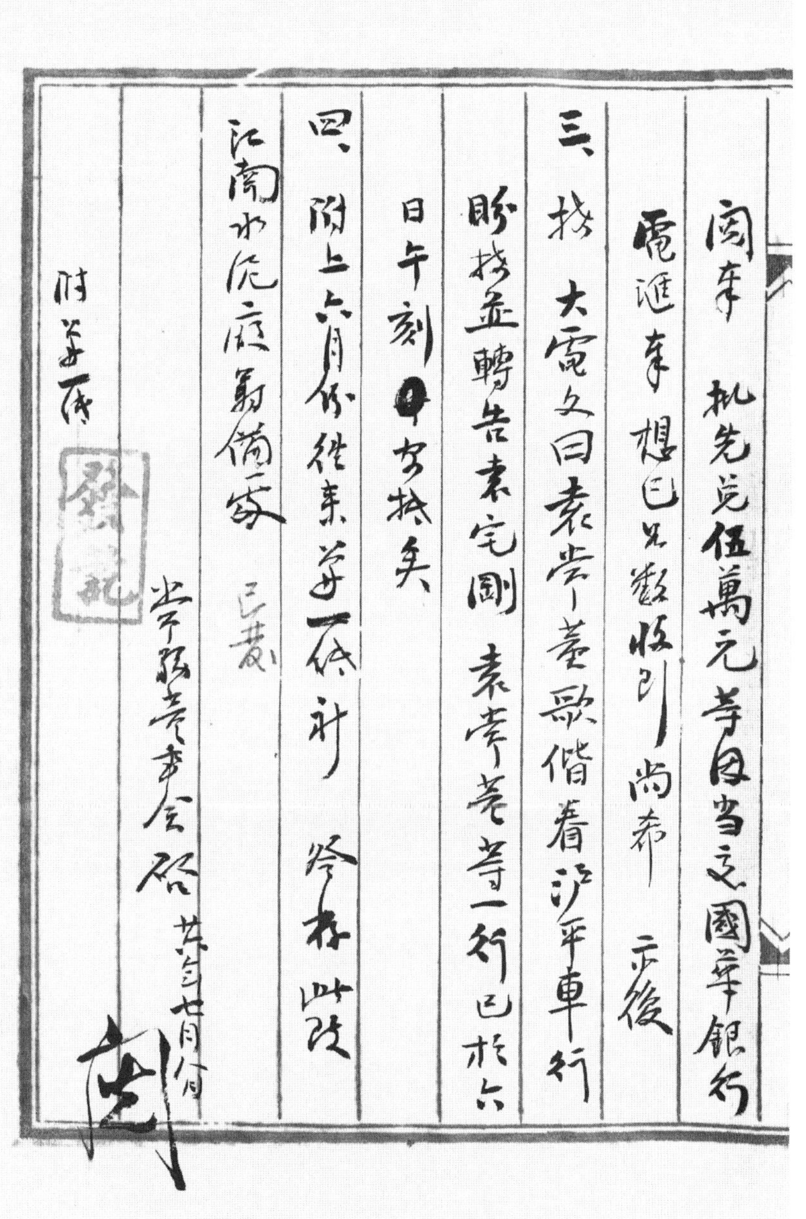

閩弟 撥先兑伍萬元等因當交國華銀行
電匯弟 想已如數收到 尚希 示復
三、據 大電文曰袁老先生偕眷乘滬平車行
聆悉並轉告袁宅閲 袁老先生等一行已於六
日午刻四時抵矣
四、附上六月份往來單一紙 祈 察存 此致
江南水泥廠籌備處 已裁
北平孫秀章全啟 廿六年七月八日
附單一紙
發訖
閱

簽註用箋

津南字第卅三號

一、條茲附上本年七月份與

尊處往來墊款清單一紙祈

核存

廿六年八月十日

年　月　日

科簽註

津南字第三十四號

敬啟者接寧南字第三十七號 大函並附件均收悉

一、承 示禪臣洋行所定電筒及高壓保險其收料等已由安裝工程處寄津 該項收料等件處理已收到

已電保一項究係何種電保 據查明奉告一节已

據禪臣洋行重開詳單 容再奉 聞

二、承示建安承辦工程會計股擬添余昌竹為助手負月支津貼四十元之一节已呈 閣下批可 希即查照

三、承 示本月份因石膏煤斤油數價殊請追加預算

三万八千六百五十元 附表結算表一份 已呈 閱

四 前據啓新洋灰公司函稱 我公司向該唐廠定製之窑砖二万三千二百塊 又向礦廠訂購之小缸砖所餘共一万六千塊 已於本月五日用二十噸車裝小缸砖一万六千塊 又搭裝窑砖五百十塊 由唐山啓運 已抵棲霞山 上該小缸砖窑砖价款及費用共計國幣八百五十六元 兩並附來帐單正副各一份 該項材款已由處以為撥還 所有未運之窑砖 並已請啓新從速裝車裝運矣 原帐單一紙附 查收轉帐此致

江南水泥廠籌備處

附帐單一紙

常務董事会 啓

廿六年七月九日

閱

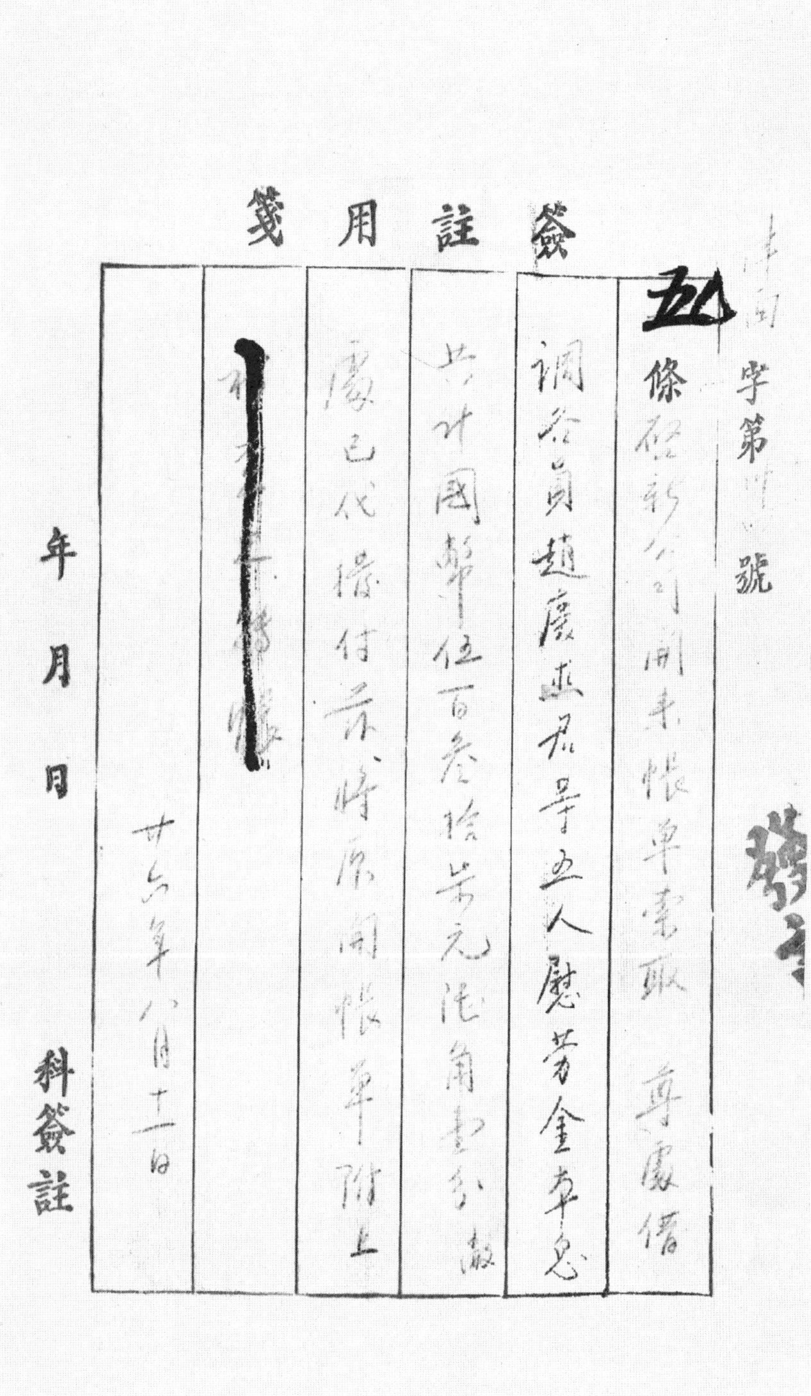

簽註用箋

字第　號

五八

條啟新公司開來帳單索取尊處借
調各員趙慶杰君等五人慰勞金本息
共計國幣伍百叁拾柒元伍角壹分敬
處已代撥付訖，將原開帳單附上

廿六年八月十一日

年　月　日　科簽註

津南字第三十五號

敬啓者 茲將永和號 榮記 華盛莊訂貨批票另紙録寄請 備存查閱

於交貨地点均經与永和及近江訂明在據唐山廠內公道車上交貨並近江訂貨條件業經 敝處第三十六函第二條其付款辦法應与永和相同并希查照再凡在此間訂購之貨均囑發貨家開發票一式四份以一份寄（由本處逕寄） 敝處以

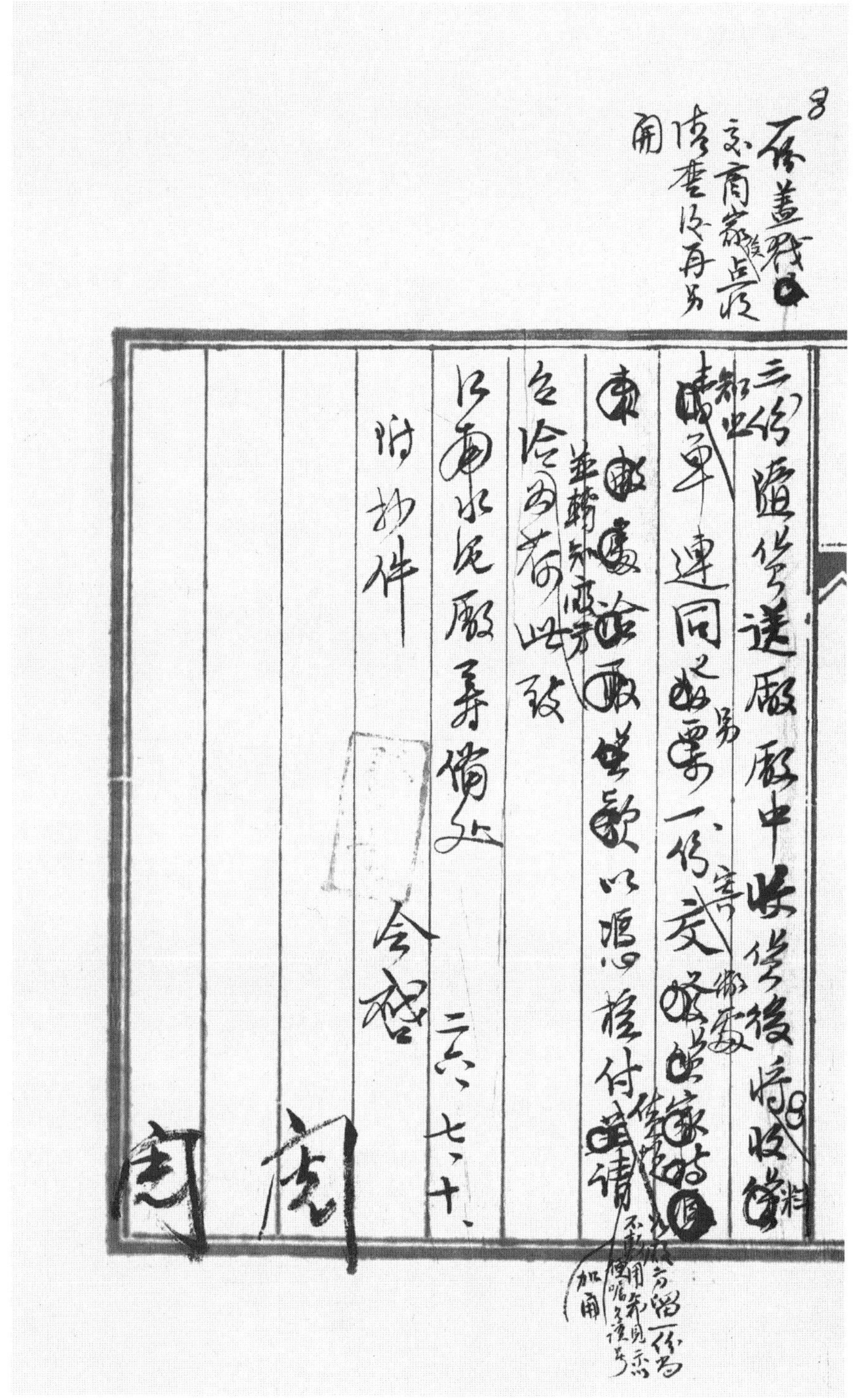

三份隨貨送廠，廠中收貨後將收貨（料）單連同之發票另一份寄交東處會計股並款以憑核付並請台洽為荷 此致

江南水泥廠籌備處

附抄件

會啟

二六、七、十、

津函字第二十五号 再啓

再啓者 禪臣洋行日昨開來帳單索取在滬墊付電線進口税銀八十二元六角五分合國幣一百八十九元八角六分一厘 前承函詢該項係何種電線 茲由該行開來詳細帳單一紙 據云墊付之款即係帳單内開各件之進口税 今將原帳單一紙寄上（閲後寄還）請並希核查廠處各帳該款有無付過或

已付廿部分，并欠两百存

又本公司向三井洋行購〻鐵皮二百噸業定

用鉚釘鋼板，本月下旬到滬，各船行碼頭

交貨，除函請啟新上海辦事處代為洽

收運廠外，請通知廠中準備鉚（地點）

存（在）碼新滬處代收，鋼（請將）付給舊料回據

並將我廠收料單寄滬備用，請速

寄新滬處據給辦理為要 附上收據

函底一份備攷

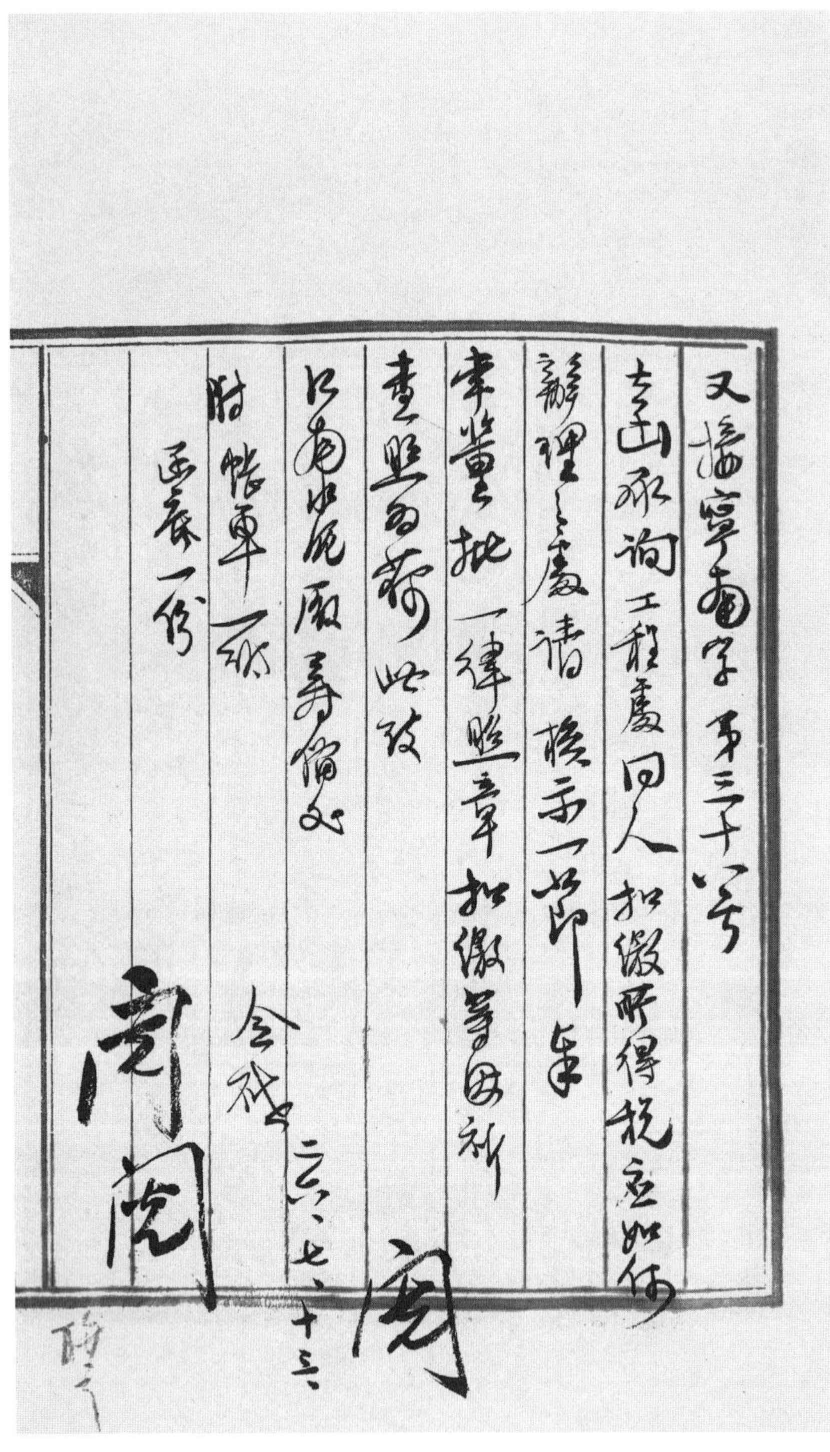

又接寧函字第三十一号

查函詢工程處同人扣繳所得稅應如何辦理之處請核示一節查

本業批一律照章扣繳等因兹

查照為荷此致

江南水泥廠籌備處

附帳單一紙

函底一份

閱

會核 二六、七、十三

閱

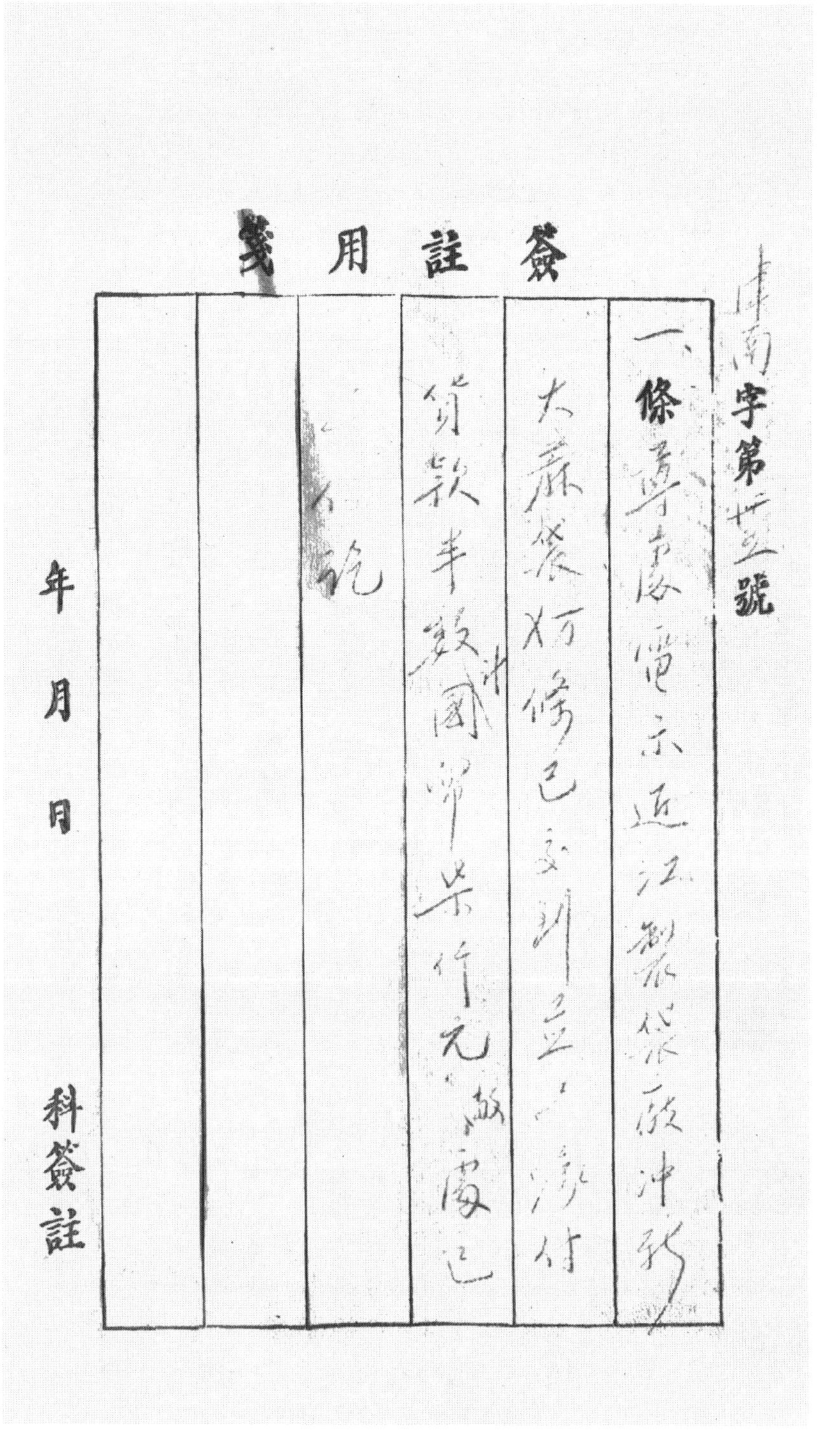

津南字第卌五號

簽註用箋

一、係尊處電示近江製袋廠沖織大麻袋壹萬條已交到五百條，付貨款半數計國幣柒仟元，敝處已付訖

年　月　日

科簽註

津南字第三十六号

敬启者：接奉南字第三十九号大函，承示七月份经存共计需款拾三万陆千余元，除五日收回华厂款五万元外，尚差捌万陆千余元，请续拨一节。查拟拨拾伍万元，除八万六千余元支用外，余存安定银行，以备急需等因。昨交国华电厂五万元，上海移新办事处电厂拾万元，前存洽收，以上计共拨款贰拾万元

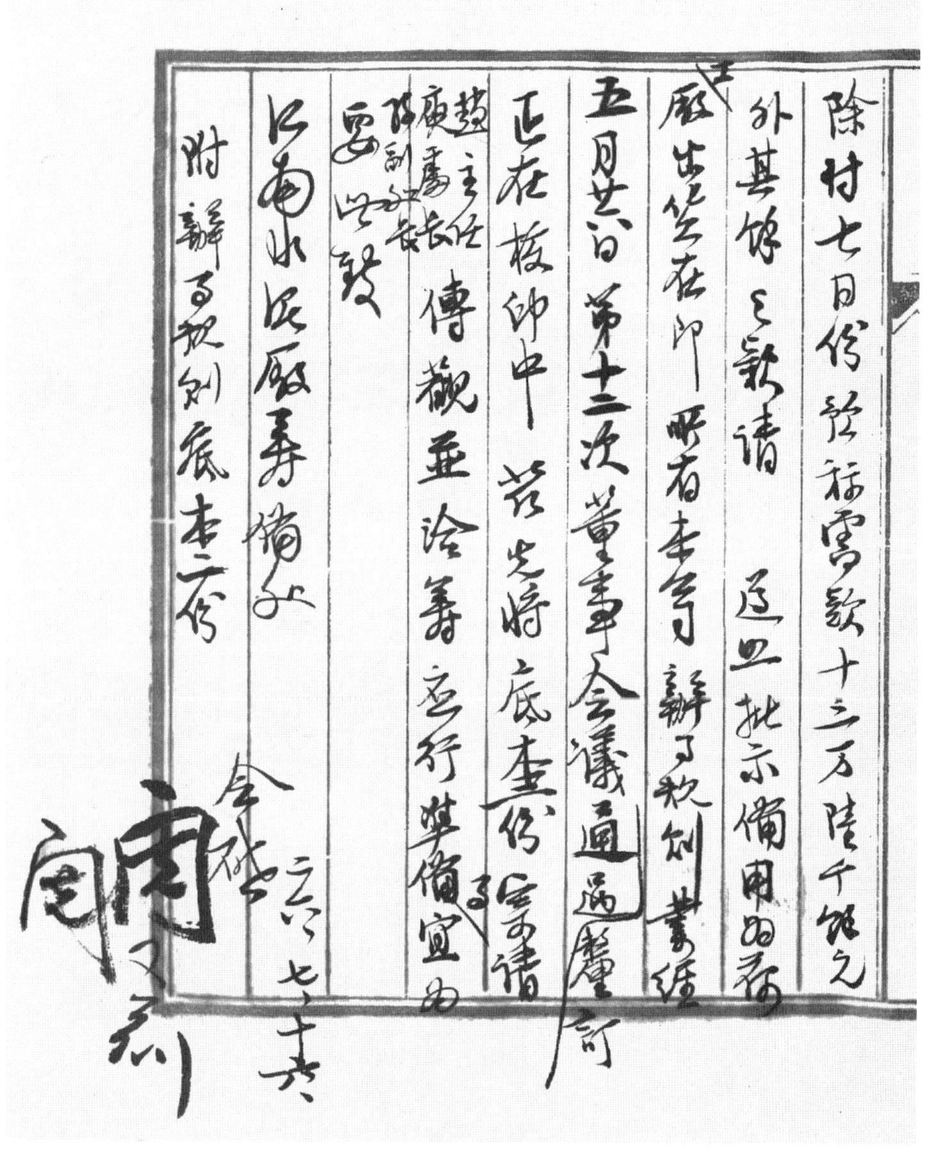

除付七月份薪稿零款十三万陸千餘元
外其餘之款請 送四批示備用與當
廠出貨在即所有未了辦事細則 業經
五月廿六日第十二次董事會議通過 呈廳可
正在核印中 茲先將底本一份 簽請
趙主任 陳副主任 麻處長 傳觀並論籌 應行準備宜否
要照發
江南水泥廠籌備處
附辦事細則底本一份

今改 三八、七、十六
周文衡

簽註用箋

川南字第廿六號

一、條　敝廠代付中大電機廠包裝工廠自動電話內外線工資貳百四十元之

一部國幣壹百捌拾元正希

查照轉帳

年　月　日

科簽註

津南字第三十七號

敬啟者：前號函諒達

大鑒：接寧南字第四十號

大函暨附件均收悉。

一、承示將貴處之股票需以四份遞

送廠事，已查照，容轉知照辦。

二、承示譚臣帳單所開由上海用火車

運廠電綫進口稅一百八十九元八角六分，

係該行在滬自完納，該貨確經安裝工

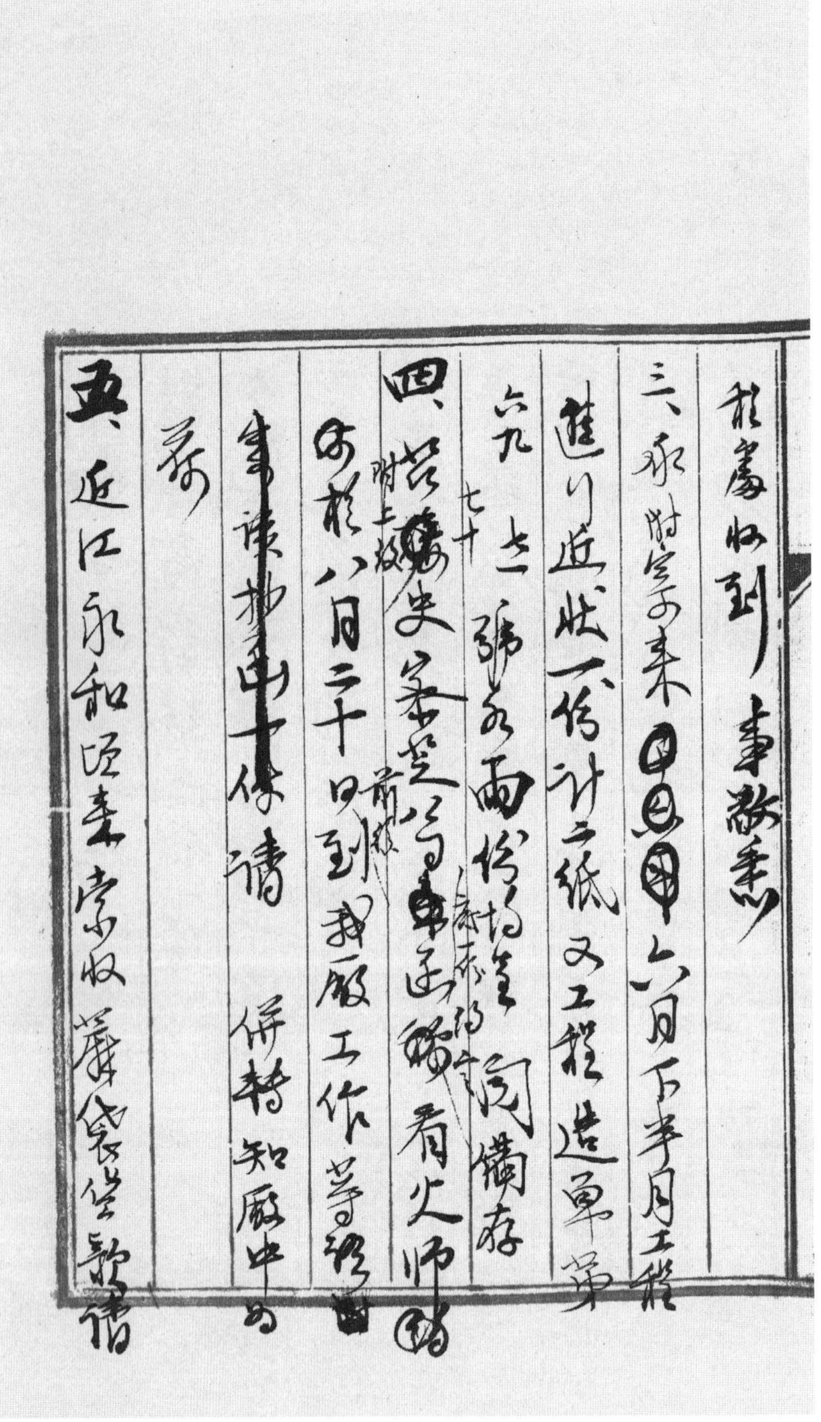

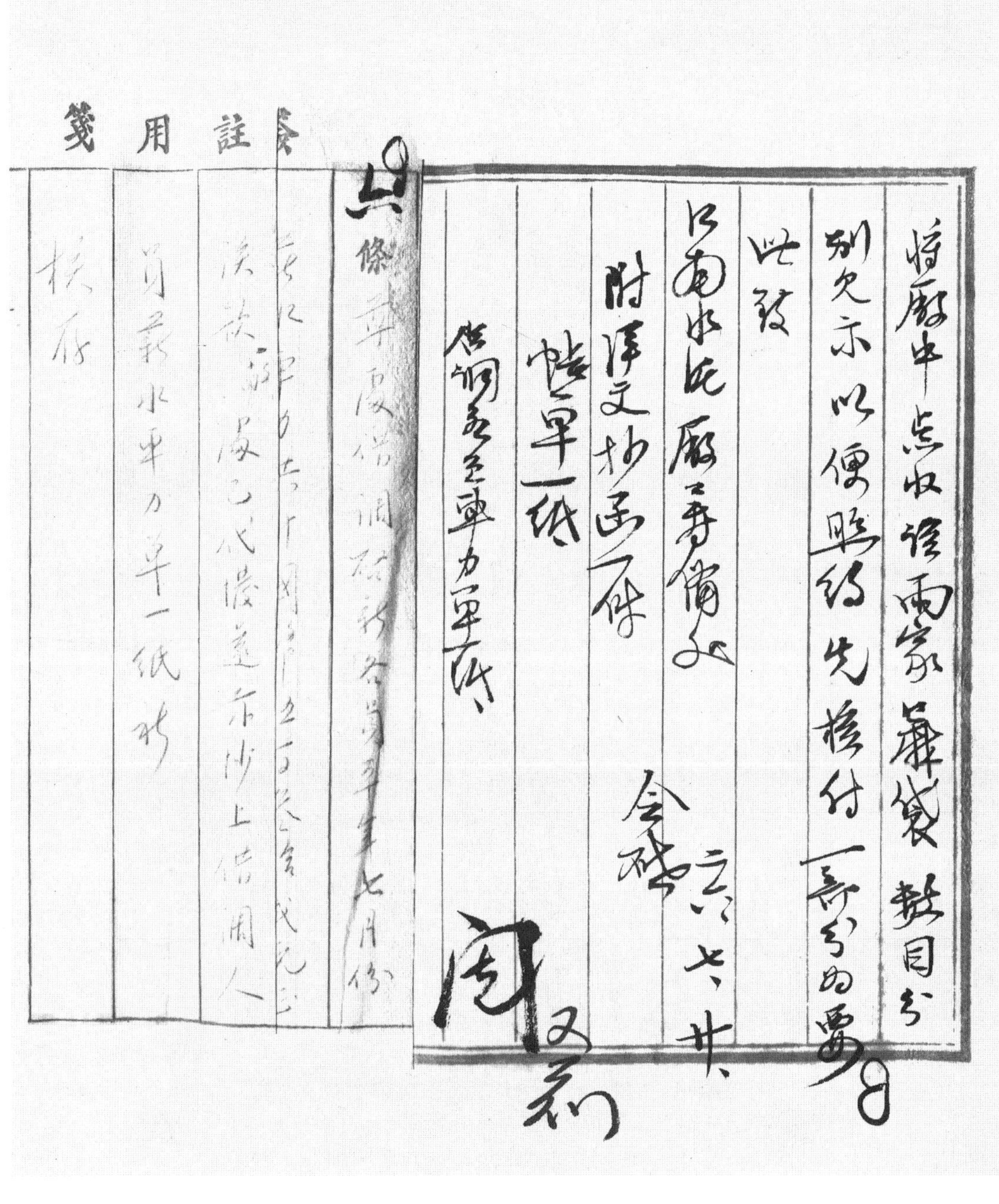

將廠中點收洋灰兩家麻袋數目分
別見示以便照約先撥付一部分為要
此致
江南水泥廠事務處
附洋文抄函一件
賬單一紙
會計 六、七、廿
周文莉

簽註用箋

此條[illegible]七月份
[illegible]
該款已由廠代墊送交沙上借用人
附報水平力單一紙祈
核存

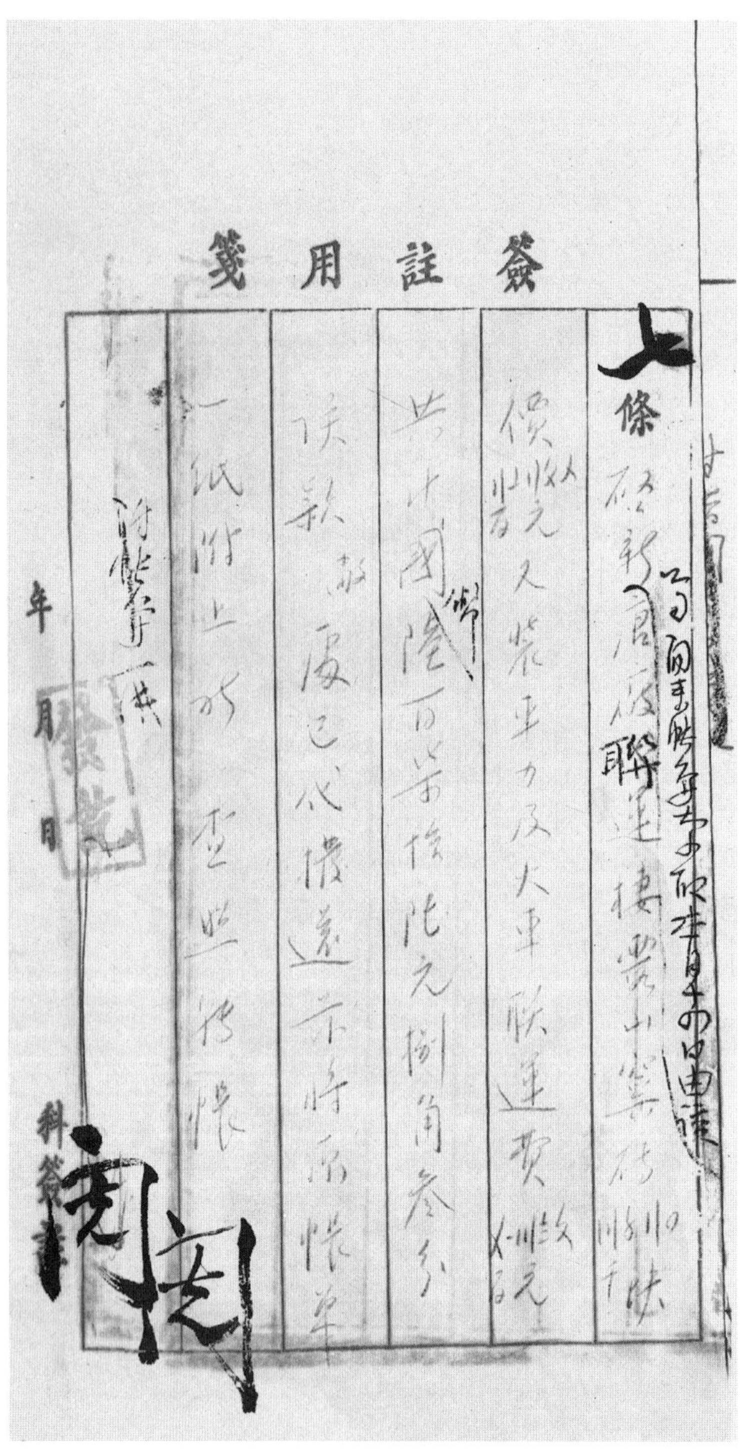

簽註用箋

上條

[illegible]磚廠聯運棧費與[illegible]

價洋[illegible]元又裝車力及大車聯運費[illegible]元

共計國幣[illegible]百[illegible]拾[illegible]元[illegible]角叁分

該款[illegible]處已代墊送[illegible]帳單

一紙附上[illegible]查照轉帳

附帳單一紙

年　月　日

科簽章

閱

津南字第三十八號

敬啟者前號函諒達

大鑒啟事列左

一、丹京史密斯公司寄來（一）發貨單

正副二紙（二）發票正副二紙（三）由滬正

廠保險費帳單正副二紙以上均係第

三批洋灰三万六千三百廿五桶之單

件，該貨計裝成八十六件，本月一日自

丹京裝印度去郵船起運約於月

底可運到上海交貨，茲將上開單件附寄上，請通知廠中準備卸存，並與啟新上海辦事處接洽提運，該貨提單等件收到後當運往交啟新上海辦事處洽辦也。

二、啟新唐廠於十四日用三十噸車裝塞磚3529塊，該價及聯運費等於敝公司合同第七條規定轉帳扣款。啟新送稱：是項聯運費按唐山車

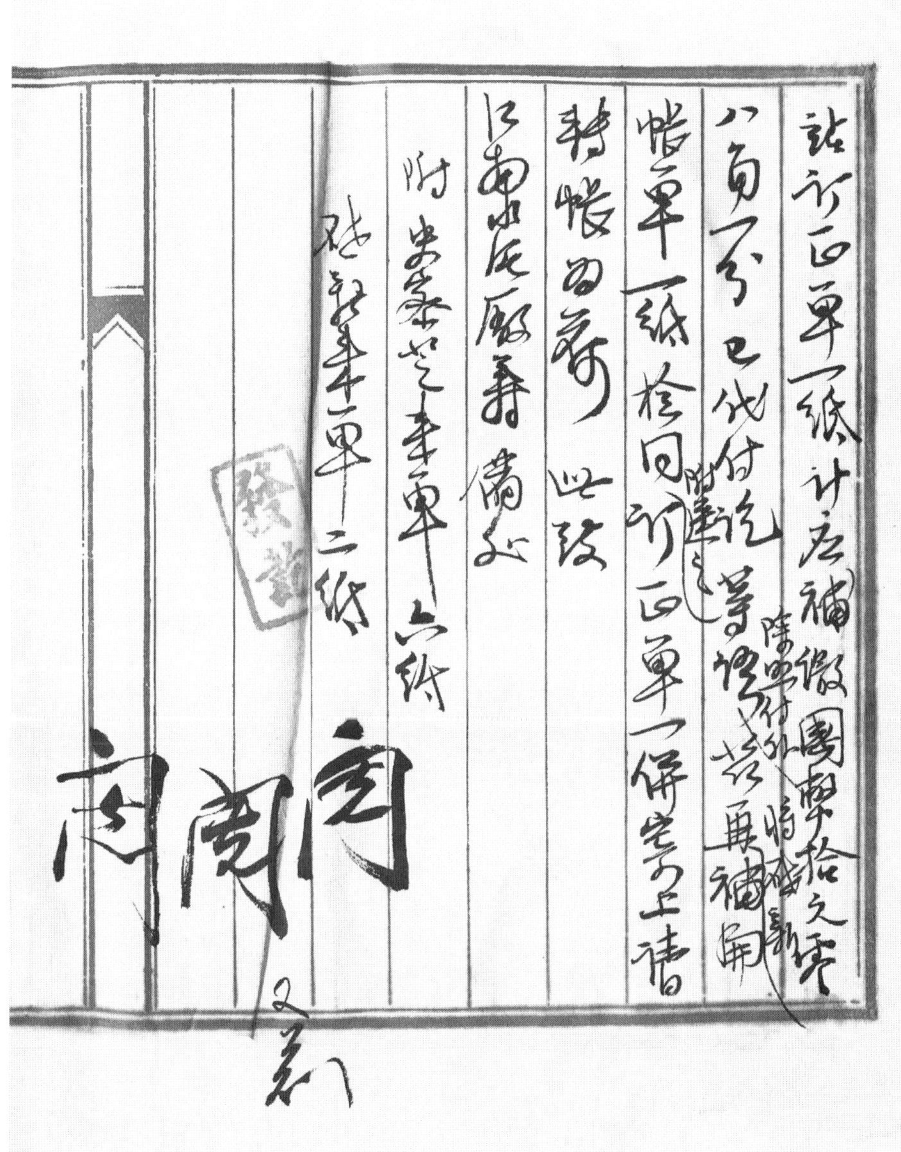

津南字第三十九号

敬啓者奉
常董諭本公司總店設於首都工廠
建築安裝行將完竣所有本公司辦
事規則業經釐訂按照規則擬定
總店及工廠組織成立其以前之廠籌備處
監建廠安裝兩工程處應即結束一切
事宜應由各負責部分妥籌辦理是
報又奉

兼任總廠經理

諭派庾宗桂為棲霞工廠經理，張建新為主廠副經理兼會計科長趙慶杰為工廠副經理兼主任技師，孫柏軒為總廠副經理兼工廠總務科長，均着於八月一日就職視事，各等因。

統希

遵照為荷。

茲呈上訂妥（一）工廠職員租用住宅及水電章程（二）工廠工友租用住宅及水

電章程（三）工廠職工膳宿管理規則（四）工廠職工宿舍章程（五）工廠工友居住宿舍章程均一式四份請查照辦理為荷

所有總廠工廠應用圖章已由本會鐫製（姓辦章）應請開單寄來當可核同發去

所有款則應備之保證書職工錄附保函請假條等件亦已由本會印製

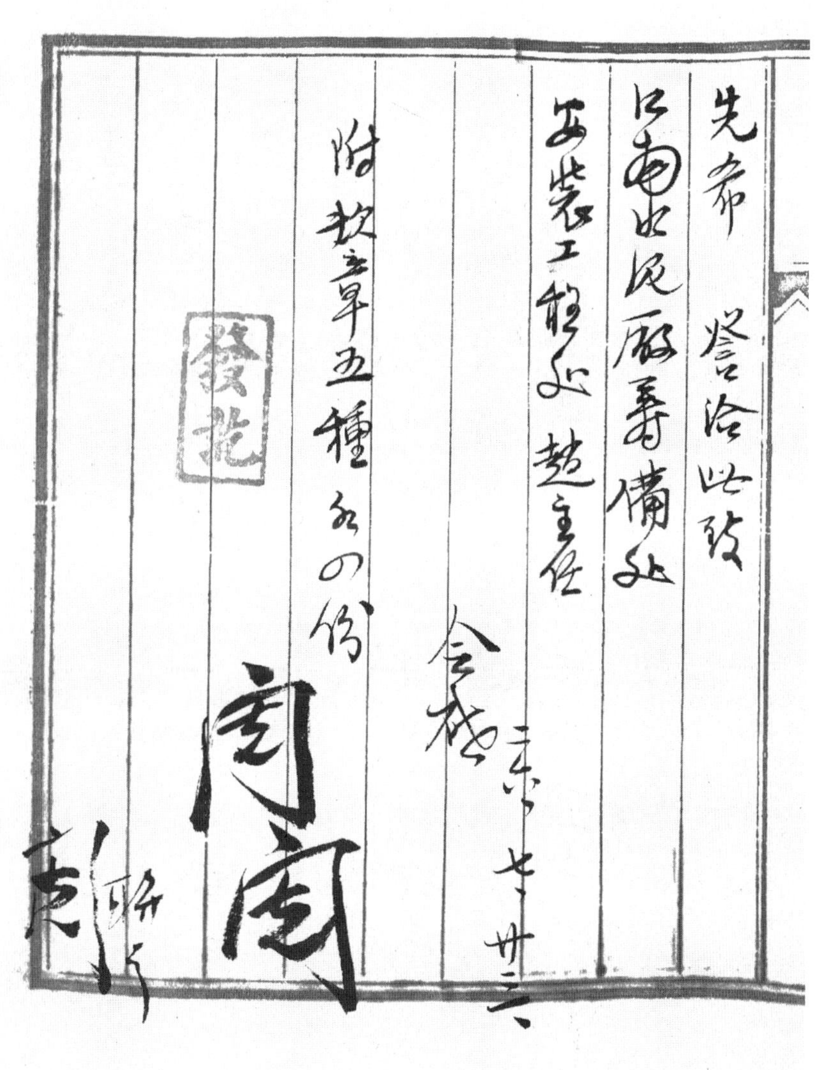
先命 鑒洽此致
江南水泥廠籌備處
安裝工程處 趙主任
附抄章五種 如文附
全檢 六·七·廿三
周
周
照行 定

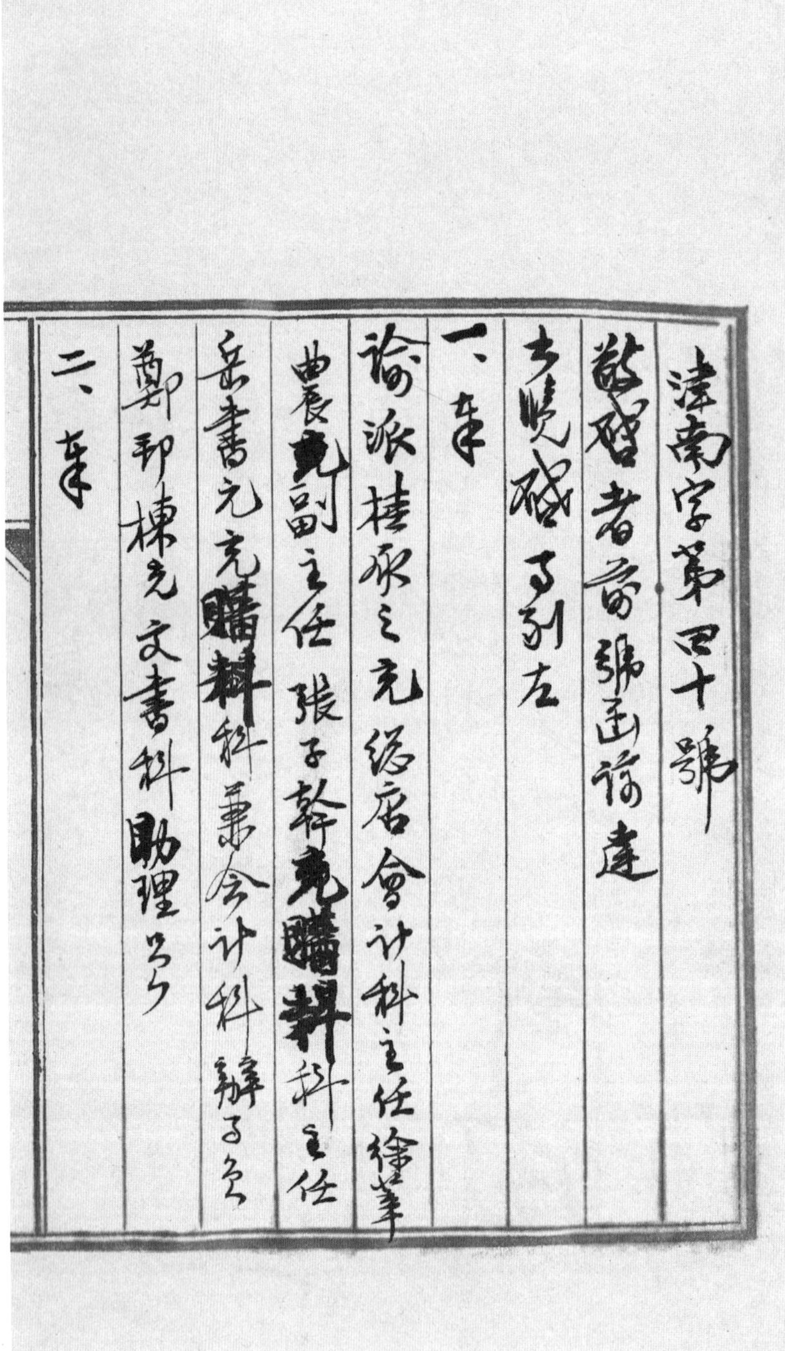

津南字第四十號

敬啓者 前函諒達

台覽 茲事列左

一、查

諭派楊承之兄總廠會計科主任 徐華農兄副主任 張子幹兄購料科主任

岳書元兄購料科兼會計科辦事員

鄭郁棟兄文書科助理員

二、查

諭派王良生充工廠會計科副科長，以王

吉華充會計科助理員，王儀鄭、吳紀作均

李吉慶充工廠總務科土木工程師，朱

劍南、汪原潛、吳智新均充總務科辦事員，

陳仗波、蔡公鐵均充總務科助理員，

郭仁旺充總務科監工員，劉漢增

充工廠材料房主任，陳蛇均、刘宪曾、

汪紀立均充材料房助理員，謝慰農

充工廠運輸科辦事員，徐震寰、夏

銘華 陳同祜 傅昌洪 均充運轉料
助理員 王仿虞充 運轉料練習生
三、委
諭派 陳育麟 為工廠電機師兼代
機師 胡慶泉 為副機師 陳新民
為副化學師 鄧友慶 為副機師 張
繼曾 張良擇 施駿彭 均充機器技
術員 嚴蔭孫 秦志濂 宋偉如 趙
慶然 殷文煊 均充化學技術員又等

回執附寄延函共件請分別逕交並乞滙為荷另行郵上到後

四、奉

諭聘王松波為顧問工程師等因除逕致延函外並希知照

五、另郵上聯合錄板式紙三百張請收存備用並將填寄一份寄下備存

（由紹彥工廠分辦寄津）

六、另郵上保證書及對保函板式紙

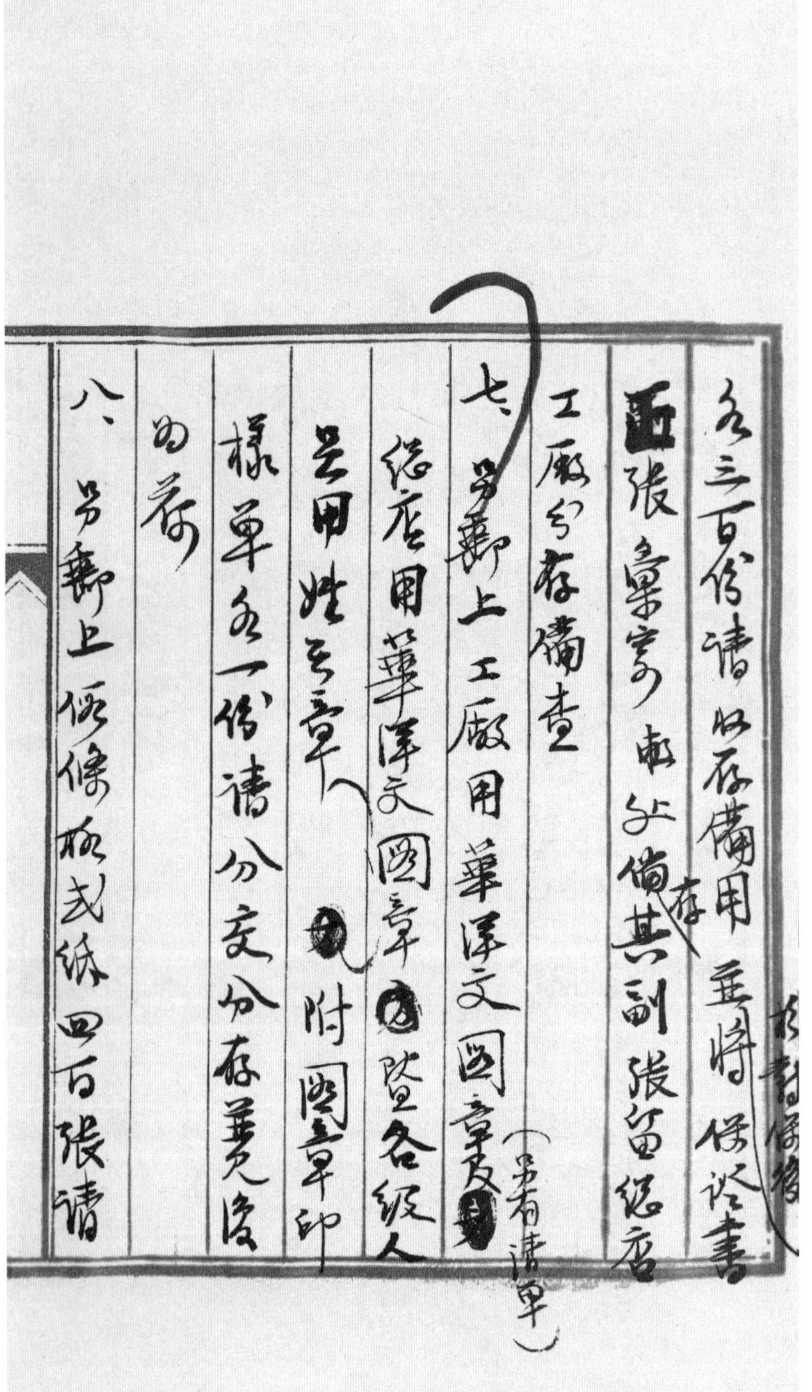
各三百份，請收存備用，並將保證書正張彙寄敝處備存，其副張留總店、工廠留存備查。

七、另郵上工廠用華洋文圖章及（另有清單）總店用華洋文圖章暨各級人員用姓名章附圖章印樣單各一份，請分交分存並見復為荷。

八、另郵上保條格式紙四百張，請

附件均另郵

分存備用為荷

九、嗣後本會與總店通函擬另編律總字，總字與工廠通函另編律江寧字江字，前奉手緘來以前往在編用律南寧南字，為歸卷清晰起見，所有函字函如關於人事、指導、督促、材料等，宜以一類之字列入一函為宜，其特殊之事以一事一函為宜。仍附寄函底一份，請查照為荷。此致

江南水泥廠籌備處

周

會擬 二六、七、廿六

又示

附件

津南字第四十一号

敬啓者接展南字第四十、四十三号

並送附件均收悉

一、承示關於增資登記收到通知書一件

照將許可證呈文已於廿二日送京部

社会局事已查照

二、附來實業部函及調查表一份容

俟示再上

三、承示接洽購煤困難之情已查照

回，附來函於閱畢抄收，稿一份已呈閱。

共，另壽上工廠用牛角隸字長章一個，膠
皮圓科章五個，牛角篆字騎縫章一個，
經理牛角隸字長章一個，膠皮圓科章
三個，牛角篆文長方章一個，騎縫章一個，又
經副理姓名私章共四方，其餘職員姓名
角章三十六方，並上海辦事處角章一個
（暫由事務處備用），共裝一木匣掛號寄
上，到後請分交備用並見復為荷。尚

布澤文様皮章（縫聯）附上各式圖章印樣一份請存查

六、另乘上項各樣式紙四百張請分存備用為荷

七、關係本會與總店通函擬另編津〔寧總〕總字與工廠通函另編津江寧江字在華北未結束以前仍續編用津南寧字為便卷清晰起見所有各函如關於人事撥款與器料等宜以一

數之多列入一函內宜其特殊之多以另一函內宜仍附寄函底一份請查照為荷

八、啟新開來帳單乙紙本月十六日由唐莊窯磚五千一百塊駁運樓盤山站貨款及運費計國幣一千二百三十元零三角七分又啟新開來帳單乙紙本月十五日由唐運樓造鐵桶机器二套價款及費用計國幣一千七百七十九元零六角七分以上兩款均已由敝

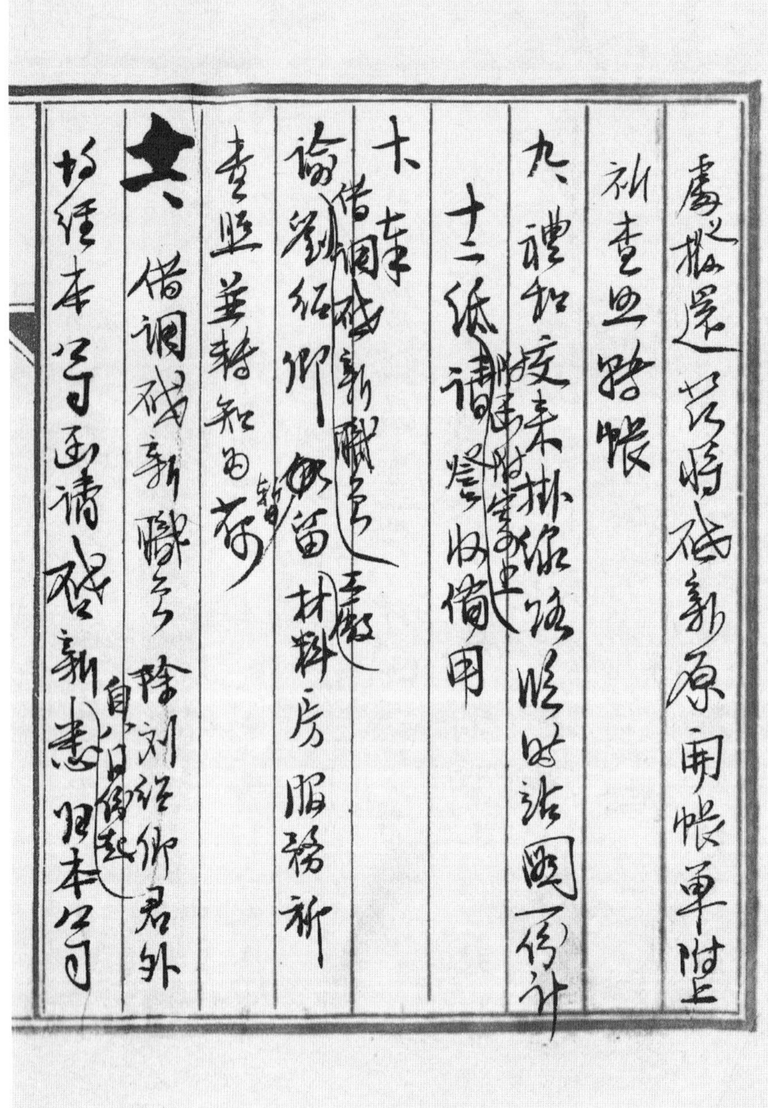

處之據還並將啓新原兩帳單附上
祈查照爲帳
九、禮和疫來排伐函照譯附圖、（附計）
十二紙請（簽收）備用
十、（借調啓新職員）諭劉紹卿留材料房服務（並……）
查照並轉知爲荷
十一、借調啓新職員陸劉紹卿君外
拟經本會函請啓新志（自即日起）閃本會

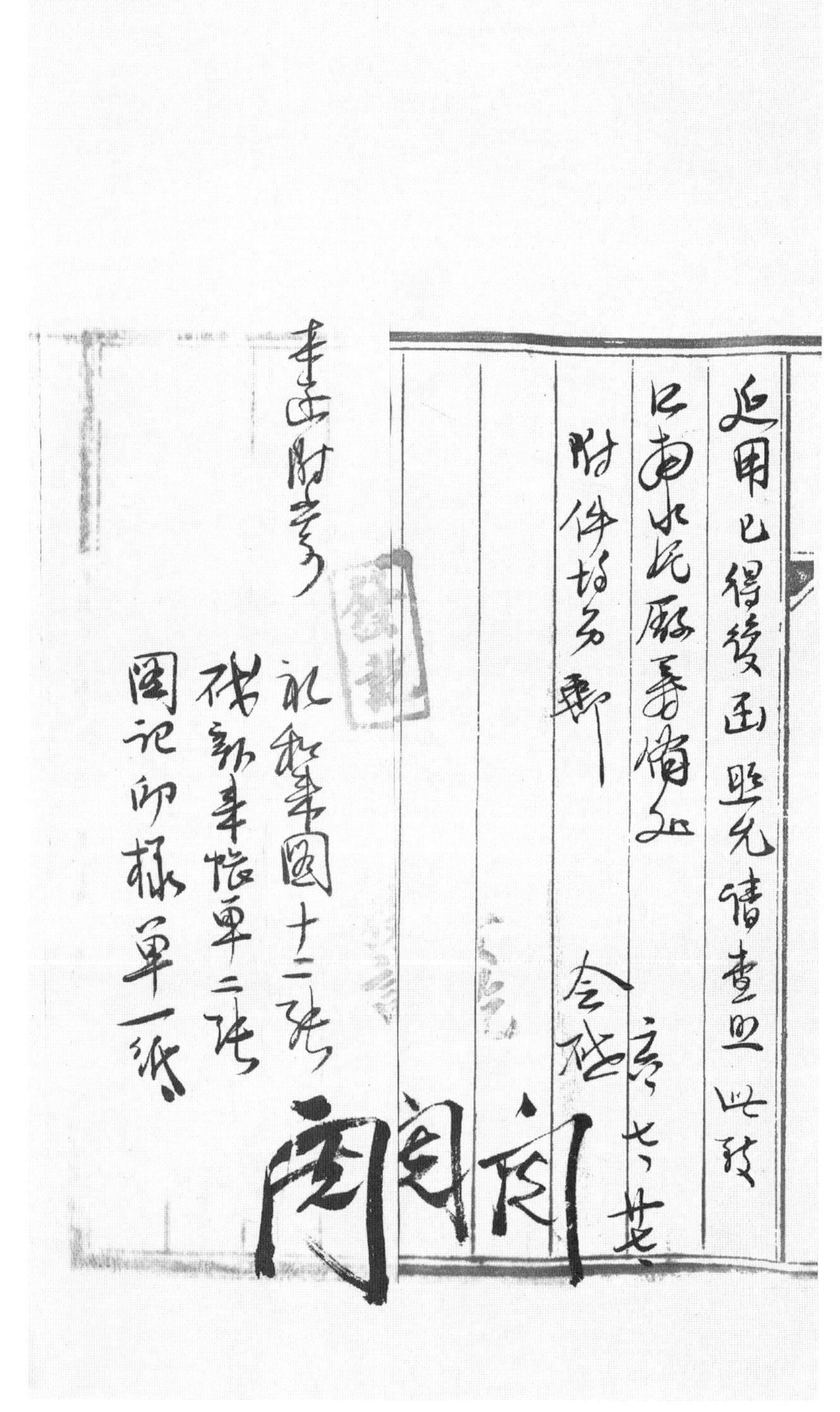
逕用已得發函照允請查照此致
江南水泥廠籌備處
附件如另郵
全啓　六、七、廿七
來函附表
祇黏來圖十二張
保證單二張
圖記印模單一紙
閱

津南字第の十二号

啓者公司張玉謙達

大覽茲將七月份材帳各款列於后

一、四憑第459号收料單付給永和榮記

蔴袋莊新蔴袋四十万條，便八五成計

國幣三萬零一百七十五元四[illegible]

二、四號還禪臣洋行來電筒墊付進

口稅國金三十一元六角七分又電綫等

進口稅國金八十三元六角共計國金

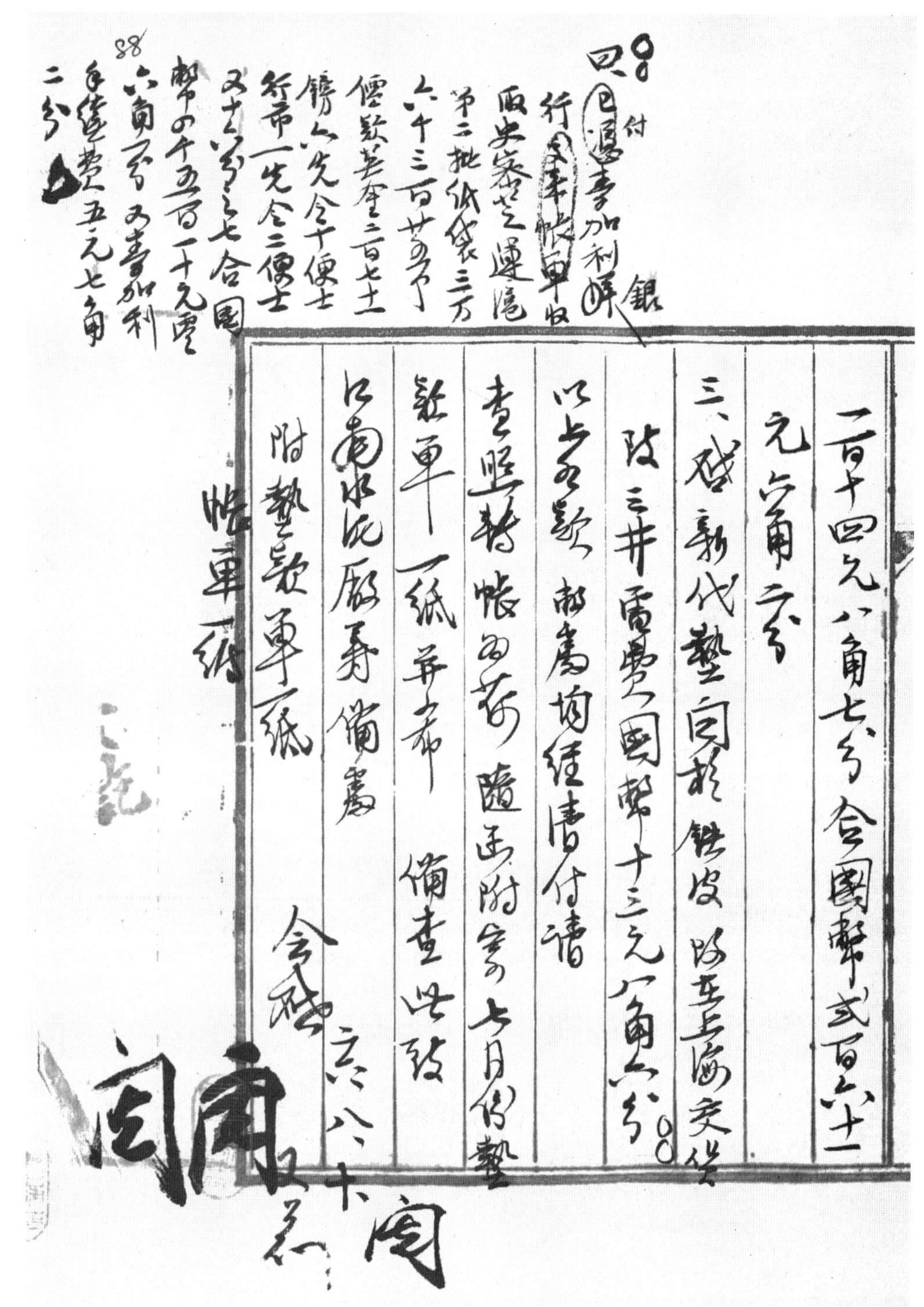

二百十四元八角七分合國幣貳百六十一
元六角二分
三、發新代墊向於鐵皮路至上海交貨
費三井雷費國幣十三元八角六分
以上各款 新為均經清付請
查照轉帳為荷 隨函附寄七月份墊
款單一紙並希 備查為荷
江南水泥廠籌備處
附墊款單一紙
帳單一紙

津南字第四十二号再啟

再啟者，茲將鈔上本公司辦事規

則（該第十二條業已會議通過修訂者）

十五本，請分交總店工廠經副理各一本（計

經理五本），總店三科每科一本，工廠技

術部、化驗、電氣每處一本，管理處總、

材、會、運四科每科一本，以上共計十五

本，請分別交到備存。仍請總店工廠

於收到後在公函中敘明，再為公司中此

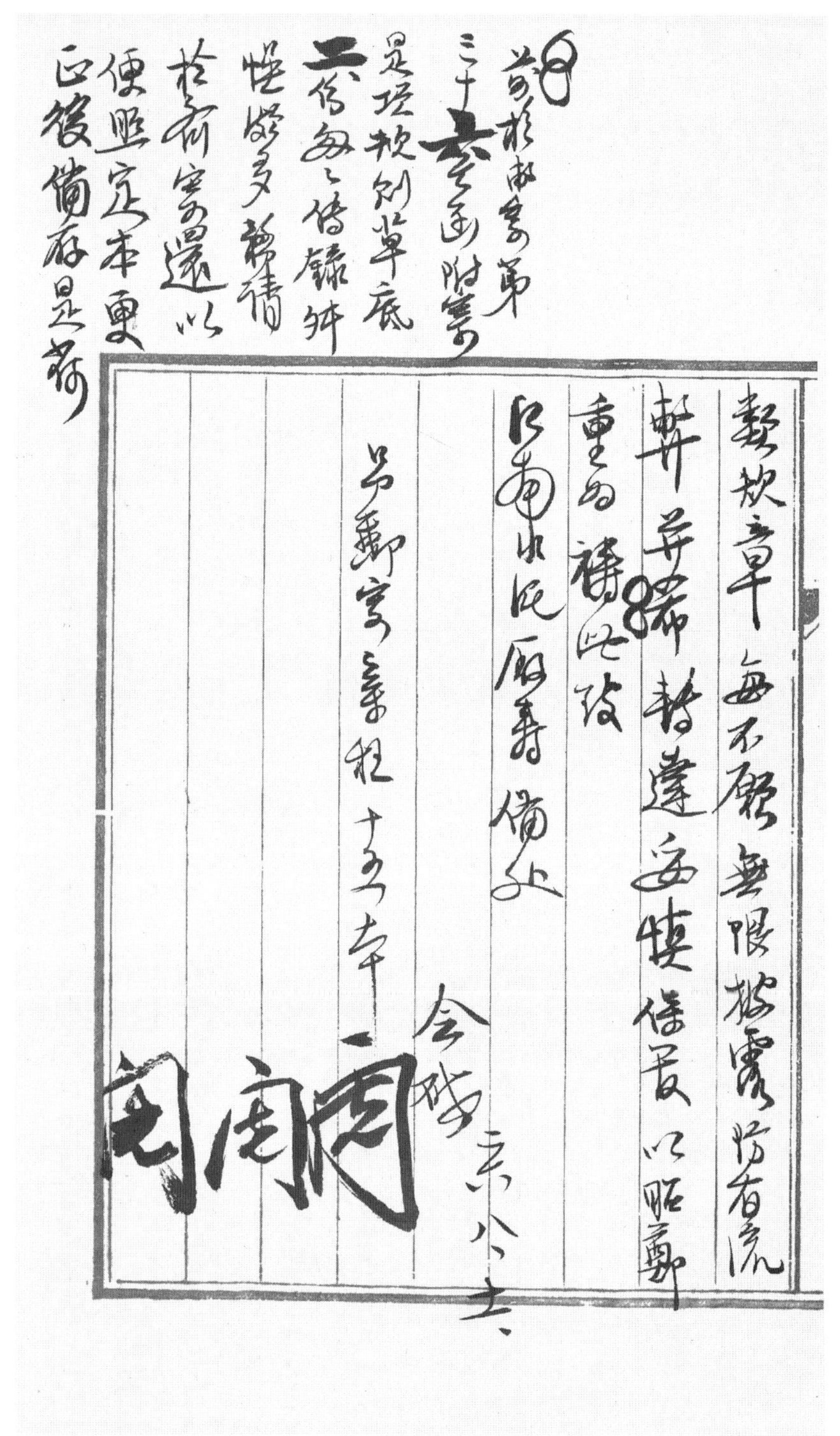

津南字第四十三号

發函者 頃接寧南字第四十三号

大函暨附件均敬悉

一、前寄圖記係七月廿八日寄出（逕南京郵）寄局

郵局洽查

二、總廠及工廠同人之薪金業於八月十三（詳列檢定單）

（附）日匯寄上矣

三、築室鐵路及擴廠工程可暫於底

腳及其他建築費時之小部分酌量

籌備進行，俾得詳細交通恢復時即能於短期內將大部工程完竣為要。又試機出貨須於本月底或下月初實現，並望將開始試機日期及試機情形隨時電告，俾斟酌情形通知中國水泥公司洽定開始產量調查之日期也。統希 鑒照為要

只自八月一日起，兩處寄函上津江字函第一至第九號，津總字函第一至第二號

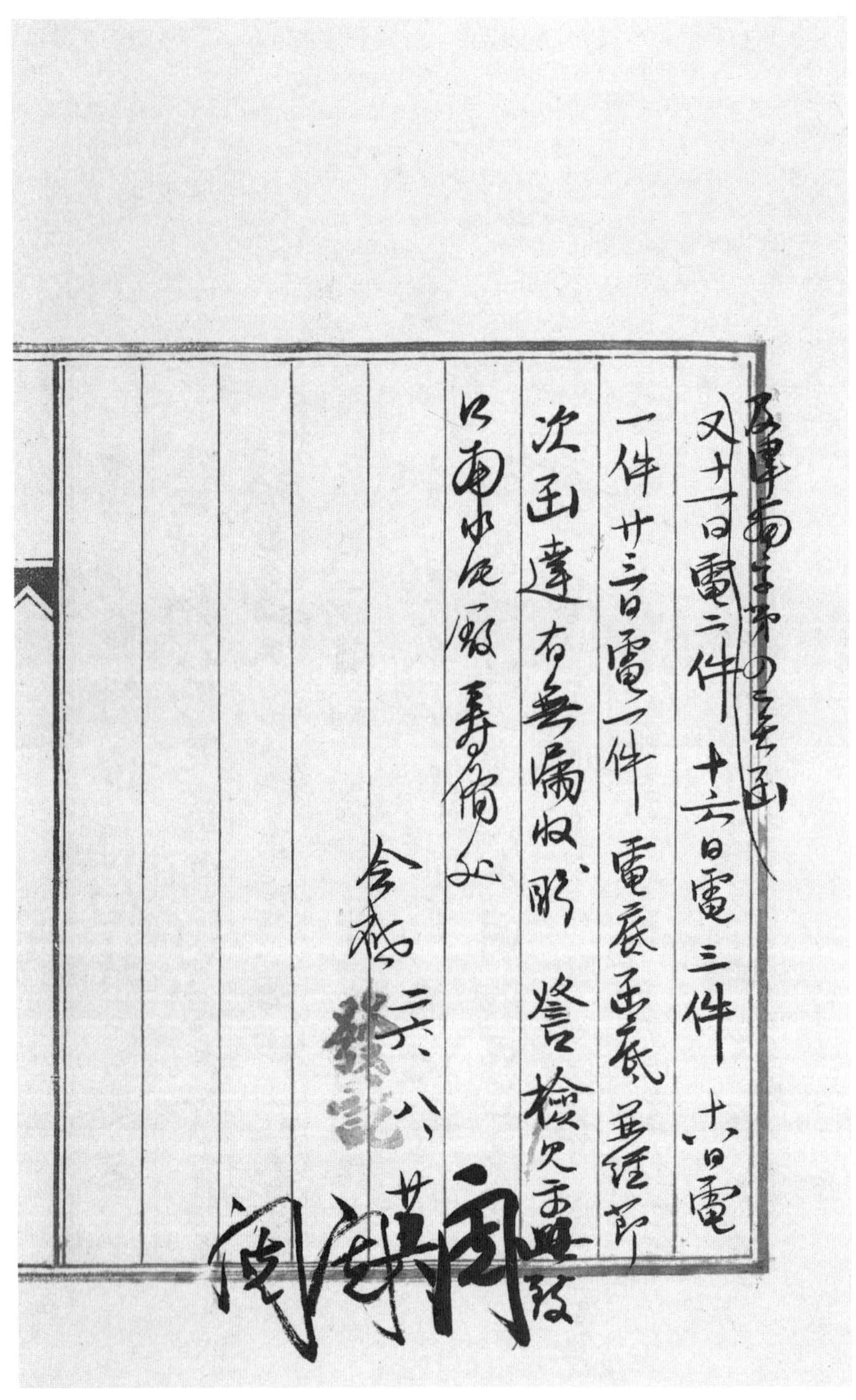

又十七日電二件（及軍函字第〇三號函）十六日電三件 十八日電
一件 廿三日電一件 電展至展無經節
次函達 有無漏收 照 詧 檢只手此致
江南水泥廠 壽備兄
今啟 二六、八、廿

津南字第四十四號

致礎者 前錄函諒達

去覽礎弟事列左

一、弟無第四二號函第十二條所示十一日敝處急電所云由滬轉撥之十万元迄十九日尚未撥到 正向礎弟京處商洽中 按八月十九日此間接 汪經理仲雲十八日急電 稱弟處所收貨款 留京接濟江南十萬 江南如再需款 当酌量再接濟

籌借十萬之款可以洽取昨日午前

接一急電曰　有要需可向啟新方面洽撥

一面電告　已即為告知上開撥濟辦法

頃又得滬電謂京處收留啟新借款

十三萬元已由啟新電囑將該款十三

萬元完全撥歸

尊處即希　洽收備用　惟電不能

詳　如啟新方面於十萬元之外加撥

十三萬元亦與　敝處寬籌備用之旨

捐符若該處所擬之數共為十三萬元
均不能敷 尊處一時之用無論如何
應請
貴處將洽收總數迅行電告以便本會
面陳新總所按實撥總數歸帳扣還
總爺 查照為荷
二、八月廿日接 大電 曰 近江戶袋不能運
廠第一批貨款可先付五成已 該款計
國幣七千元 敝處已照付訖 又敝處代
付中天電機廠包裝工廠自動電話內外

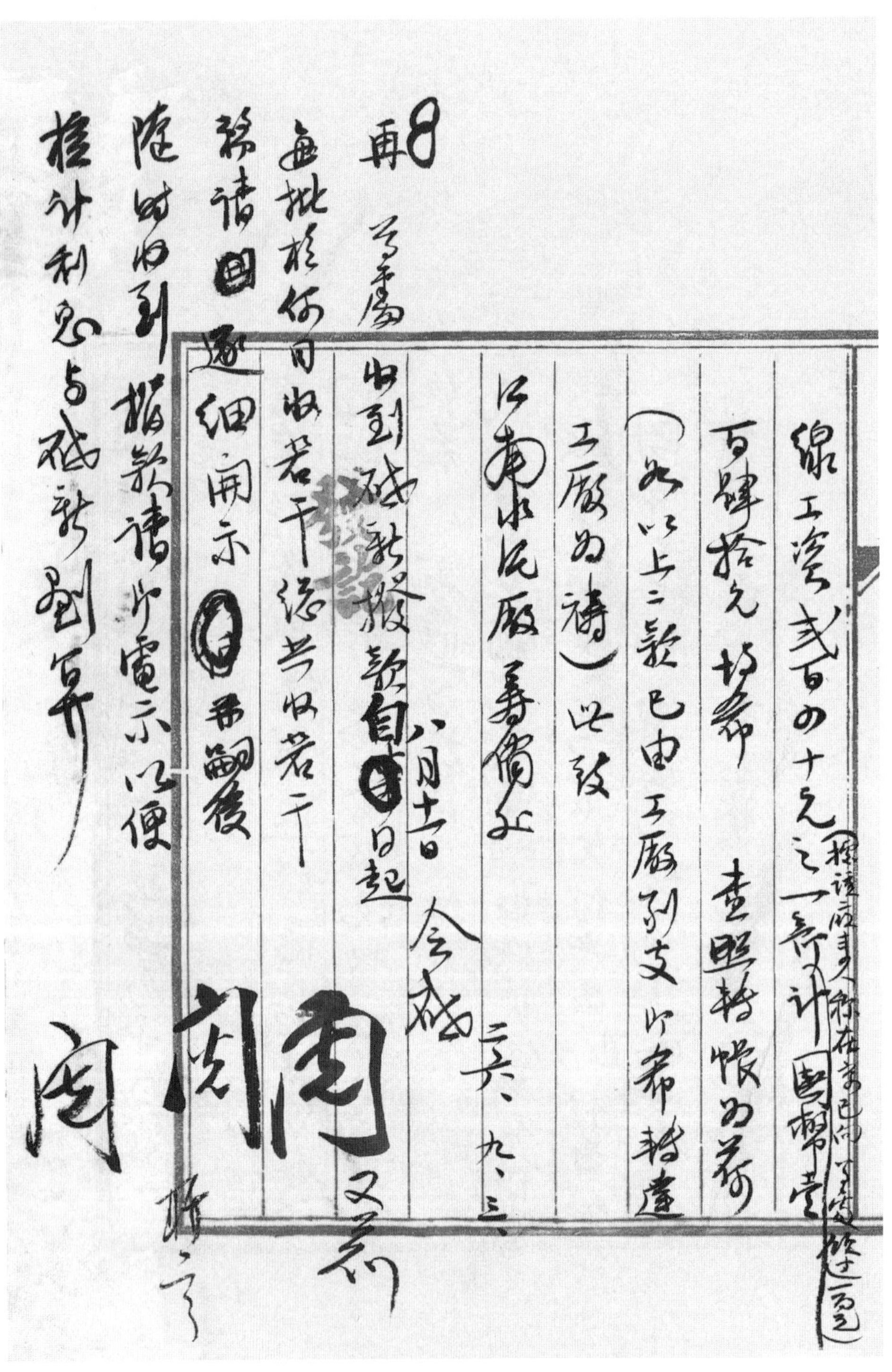

線工資貳百四十元之一并計國幣壹百肆拾元 此爲查照轉帳爲荷（如以上二款已由工廠列支，即希轉達工廠爲禱）此致

江南水泥廠 善　賢如

八月吉 令

二六、九、三

再，前屬收到硃（？）款，款自八月廿日起無批發何日收若干，總共收若干，務請迅即細開示，以便隨時收到轉報，請即電示，以便核計利息與硃（？）款到算。

陶

陶 又及

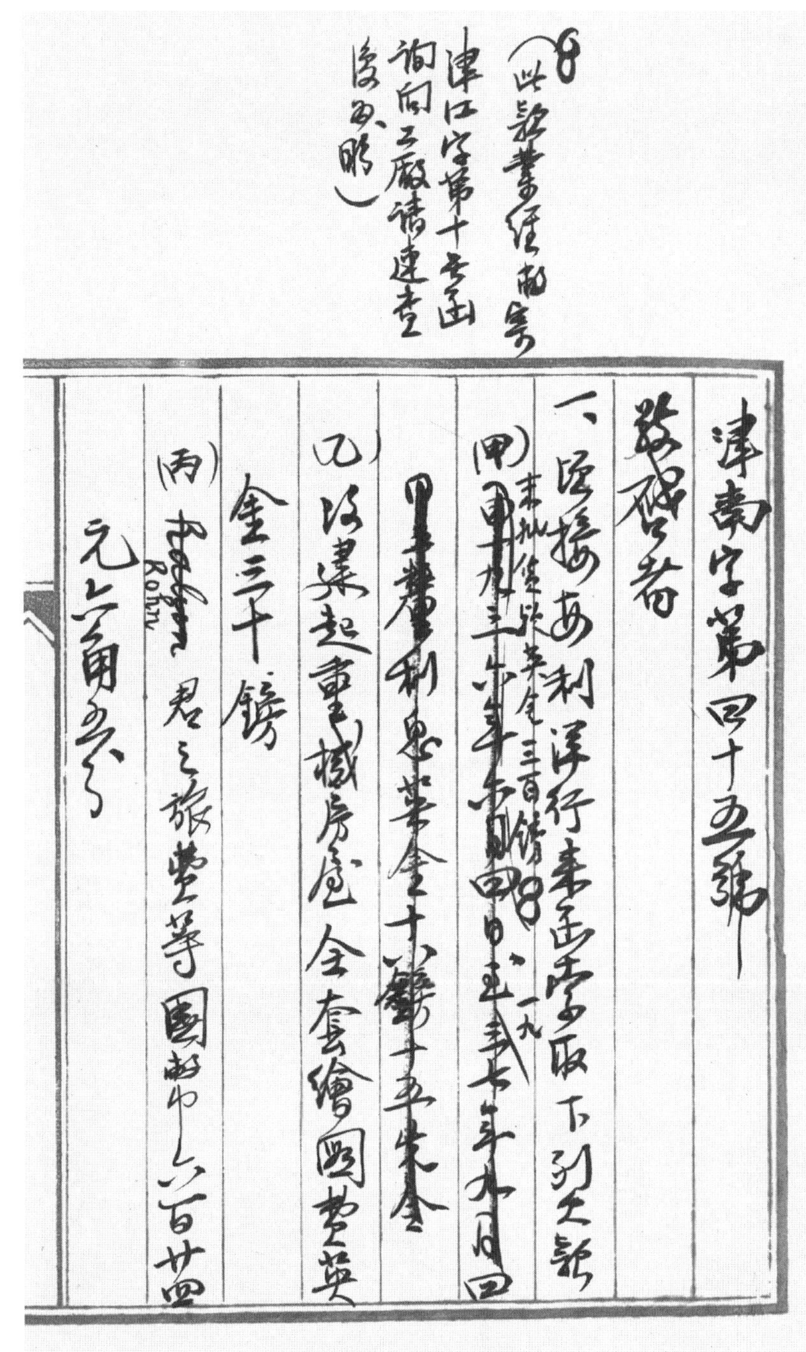

（此款業經函寄
津江字第十六號函
詢問工廠請速查
後再照）

津南字第四十五號

敬啓者

一、頃接安利洋行來函云取下列之款

（甲）未批准之英金三百鎊 一九 本年九月三十日至本年四月四日止七年本月四

四十年度利息英金十八鎊十五先令

（乙）頃奉起重機房屋全套繪圖費英金三十鎊

（丙）Rohn 君之旅費等國幣一千六百廿四元六角五分

（函内所索未批贷款利息一项，因合同未有规定，不能付给，已与接洽明白矣）

查上列两款均未列在合同之内，此外在
湘并无他书面根据，应请
董事会详细查对，该欠示各该款是否
在津付给，并以何方名义经
董事会或建厂工程处付给一部分，统希
董事会查明，附上[illegible]之原帐单
四纸备查。
二、礼和洋行要求代给机器设备式价
费用计马克九百八十五元，行市乃照合同

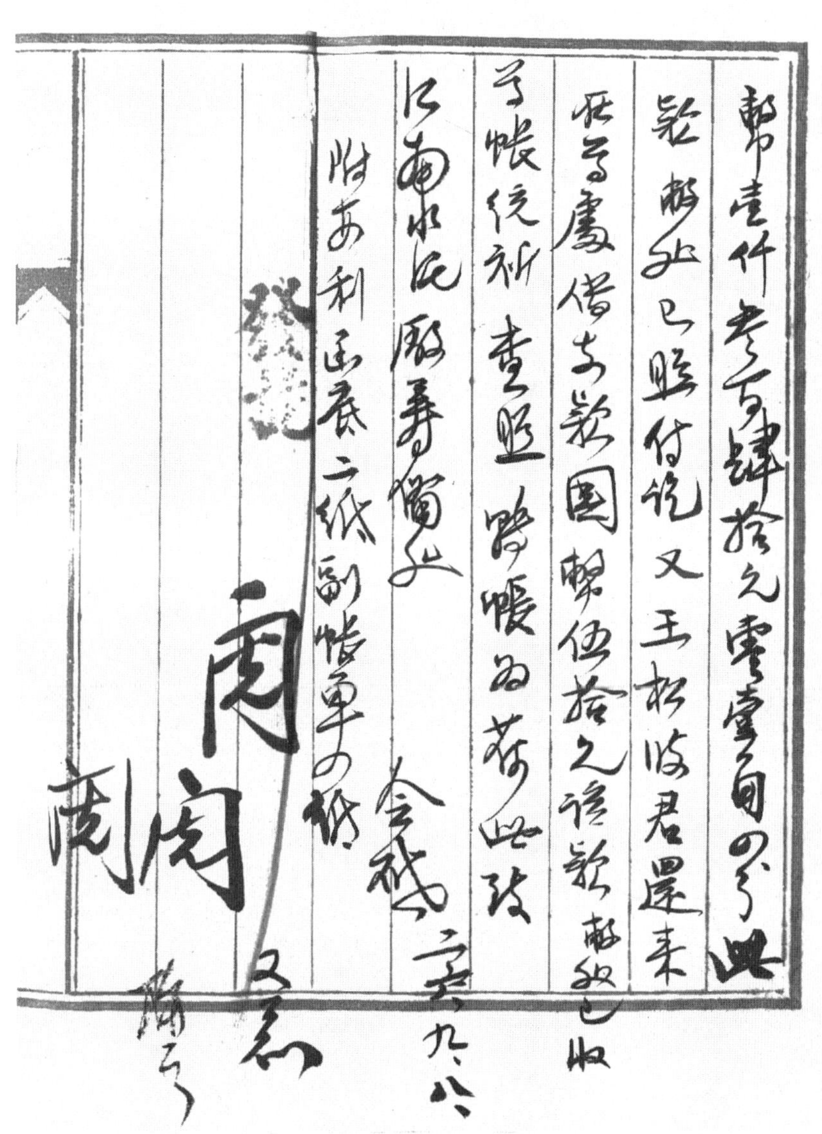
幣壹仟叁百肆拾元零壹角四分此款敝處已照付訖又王松波君還來在貴處借支款國幣伍拾元該款敝處已收入帳統祈查照轉帳爲荷此致

江南水泥廠籌備處　全衔　二六、九、八

附安利匯票二紙副帳單四紙

閱　閱　閱

文和

蘭之

江南水泥股份有限公司資產負債對照表（一九三六年十二月三十一日）

檔號：1041–1–24

江南水泥股份有限公司

資產負債對照表

中華民國二十五年十二月三十一日

資產	國幣（百萬 十萬 萬 千 百 十 元 角 分）	負債	國幣（百萬 十萬 萬 千 百 十 元 角 分）
存放各銀行公司現款	52910118	股本	400000000
廠籌備處往來	158408793	未付機價	20988997
廠籌備處暫記	314172	啟新公司往來借款	50284563
首都電廠	21600000	借入款	42220000
農場暫記	11650000	預提息款	764329
機器產業	266368838	雜項暫記	3314740
材料	6087168		
傢具裝修	233540		
合計	517572629	合計	517572629

江南水泥股份有限公司發行公司債公告（一九三七年四月）

檔號：1041-1-24

江南水泥股份有限公司發行公司債公告

本年四月二十二日本公司臨時股東會議決於六月一日發行公司債總額國幣壹百捌拾萬元是項債票每張壹千元均無記名式按照票面九折發行以本公司全部資產價值參百萬元以上作爲第一次擔保品年息八釐每半年付息一次分十五年償清第一年祇付息不還本第二年至第五年每年抽籤還本百分之五第六年至第十五年每年抽還百分之八但自第四年起公司得隨時於公告兩個月後將未還債本之一部或全部提前按票面十足償還本公司股本總額肆百伍拾萬圓已全部繳足現存資產價值肆百餘萬圓本公司債預定募足之期間爲本年六月一日除將債票依法編印委託天津新華信託儲蓄銀行代爲發行及聲請　主管官廳登記外合先公告

江南水泥股份有限公司董事會啟

江南水泥股份有限公司

江南水泥股份有限公司股東臨時大會程序（附上年股東臨時會選舉情形報告等）（一九三七年四月二十二日）

檔　號：1041-1-3

江南水泥股份有限公司股東臨時大會程序

計開

一、是日午後三鐘振鈴一次開會

二、室外備有股東到會簿請到會股東各自簽到

三、蒞會股東憑驗入場券由招待員導入客廳先行休息

四、股東畢集後振鈴二次由招待員導入會場

五、公舉　　先生爲臨時主席

報告去年股東臨時會選舉情形並介紹添選新董事王少溥

先生李企韓先生

六、報告工廠年來建築安裝工程進行情形（秘書長讀報告案陳常董準備簽問）

七、提議修改章程第六條增加本公司資本總額爲肆百伍拾萬圓請　公決事（孫董事讀議案並準備答問）

選定增資檢察人依法檢查增資股額（由股東臨時推選）

增資檢查人宣讀所具之報告書

八、提議於本年度發行公司債票票面總額壹百捌拾萬圓委託銀行辦理請　公決事（王常董讀議案並準備答問）

九、提議修改章程第三十二條會計年度擬改自七月一日起翌

年六月底止請　公決事（責常董讀議案並準備答問）

會議事件書記載於議案由主席簽名蓋章庋存公司

十、振鈴一次閉會

中華民國二十六年四月二十二日

報告去年股東臨時會選舉情形並介紹添選

新董事 王艾溥先生及李企韓先生

查二十五年三月二十六日本公司開股東臨時大會時因提議按照新章選舉董事十一人監察人二人經多數股東主張二十四年當選之董事長一人常董三人連其餘董事共九人由大會表決連選連任祇需選新增董事二人合足修改章程所定董事十一人之數並照章改選監察人二人由主席付表決當經全體股東起立通過所有

二十四年選出之董事長常務董事連同其餘董事共九人均依法連任同時票選新增董事二人以王少溥先生李企韓先生當選改選監察人二人以葉秀峯先生顔季餘先生當選今天介紹王董事少溥李董事企韓與到會股東見面

陳秘

六、報告工廠年來建築安裝工程進行情形

查工廠建築工程以及安裝機器年來積極進行計廠中交通設備如鐵路岔道橋樑涵洞汽車路路面及涵洞暨廠内道路洩水溝等均已完成窯房磨房底座以及房屋烟囱庫房修機間辦公房職員宿舍原料及洋灰磨底座及房屋亦均次第完成所餘者僅水泥塊棧房水管水塔工程大窯房屋現時尚未完成至機器

安裝重要部份如大窰電機房柴油引擎電台并電線桿修機廠機器全部等均已完成現正安裝者為長灰磨及原料磨煤磨風扇及分煤器運水泥機煤倉及入煤鑽水泥塊存棧提運機碾石機等又自廠至江邊擬設挂線路其機件亦經訂購正在辦理購租用地手續以上未完成各部工程除掛線路外均可於本年七八月間次第完成即可先行開機出貨合

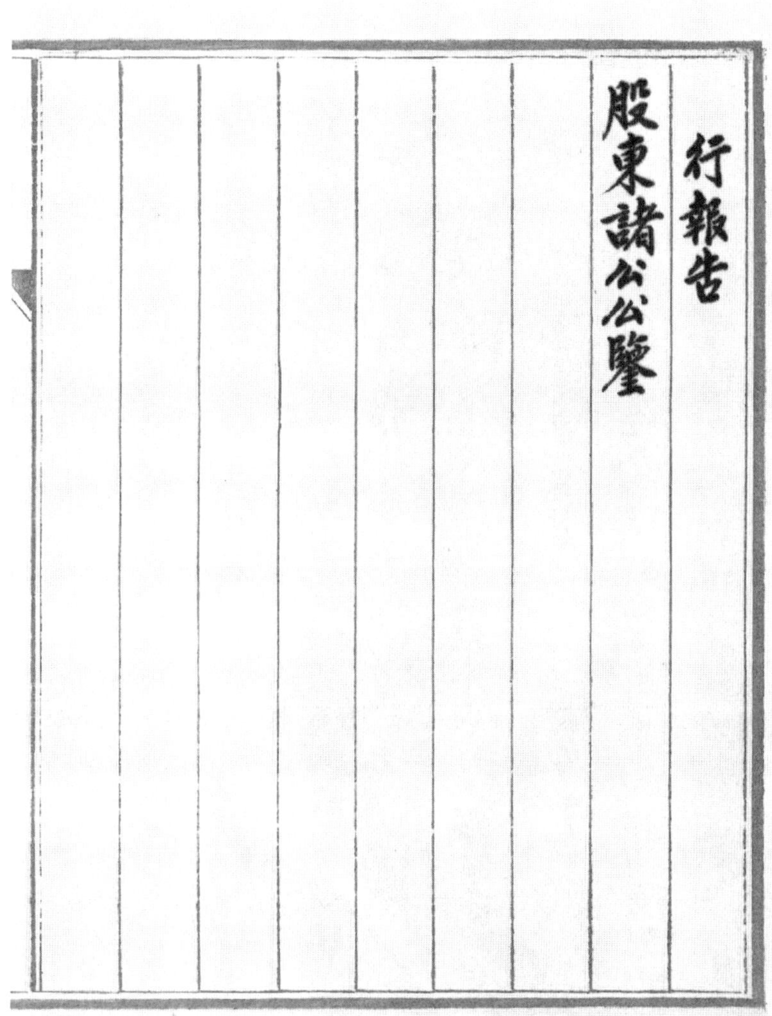

行報告
股東諸公公鑒

孫董事

七、提議修改章程第六條增加本公司資本總額為肆百伍拾萬圓請公決事

案准啓新洋灰公司來函內稱敝公司第二十五屆股東常會議決提議以四拾陸萬捌千餘圓願增入貴公司資本尚祈貴公司依法辦理增資手續以便敝公司照發通知書援照成案辦理如蒙貴公司股東會照案通過當日即以上述股款即時照撥等語查本公司章程股額定為肆百萬圓業經依法呈奉實

業部核准登記給照在案現屆將開廠出貨需用流動資本既另案提請募集公司債以爲周轉今又承啓新公司願增入新資肆拾陸萬捌千餘元並擬添招三萬壹千餘元同時湊足伍拾萬元既可積裕資本並可以減輕利息之擔負茲特提議修改章程上資本總額爲肆百伍拾萬元共爲肆拾伍萬股是否可行理合提請

股東公決施行

王常董

八、提議於本年度發行公司債票票面總額壹佰捌拾萬圓委託銀行辦理請公決事

查本公司建築工程安裝機器現正積極進行約在本年七八月間可以開機出貨各情形已報告如前預算至開機出貨之際所有資金尚可敷用惟出貨後仍需流動資本包含購備材料原料工廠工資存貨售貨種種行本向來工商業周轉流動資金不外向銀行貸款或自行吸收存款或發行公司債票等辦法其中穩定金融逐年減輕本息兼顧者

自以發行一部份公司債票最為穩妥擬於本年度
發行公司債票票面總額壹佰捌拾萬圓按票面九折
發行年息捌釐自發行日起每半年付息一次分十五年
還清第一年祇付息不還本第二年至第五年每
年抽還百分之五第六年至第十五年每年抽還百
分之八但自第四年起公司得隨時於公告兩個月後將
未還債本之一部或全部提前按票面十足償還擬
俟股東會通過後正式委託銀行辦理以期此項債票
便於流通一俟募足後即依法呈請　實業部備

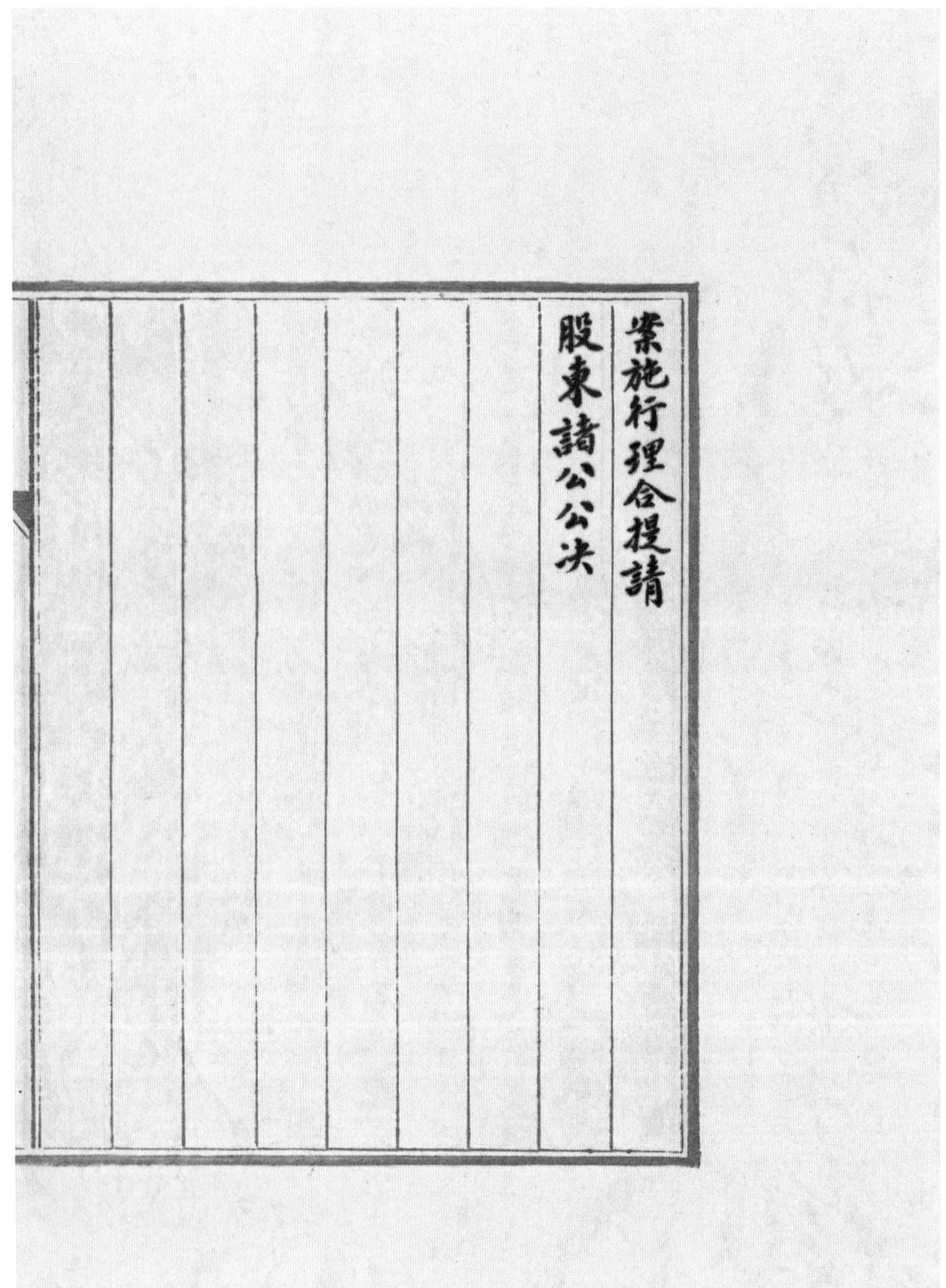

案施行理合提請

股東諸公公决

袁
常
董

九　提議修改本公司章程第三十二條將會計年度改為
自七月一日起至翌年六月三十日止請　公決事
查本公司工廠將於本年七八月間開始出貨同時
亦可開始營業若照章程會計年度則至十二月
底僅五閱月即為結帳之期在初步營業不
及半年一切未能就緒而遽作年度之結束殊
有種種之不便現擬自實行開廠之時將會計
年度改為自七月一日起至翌年六月三十日止連
同章程第六條改正股額呈請官廳核准登

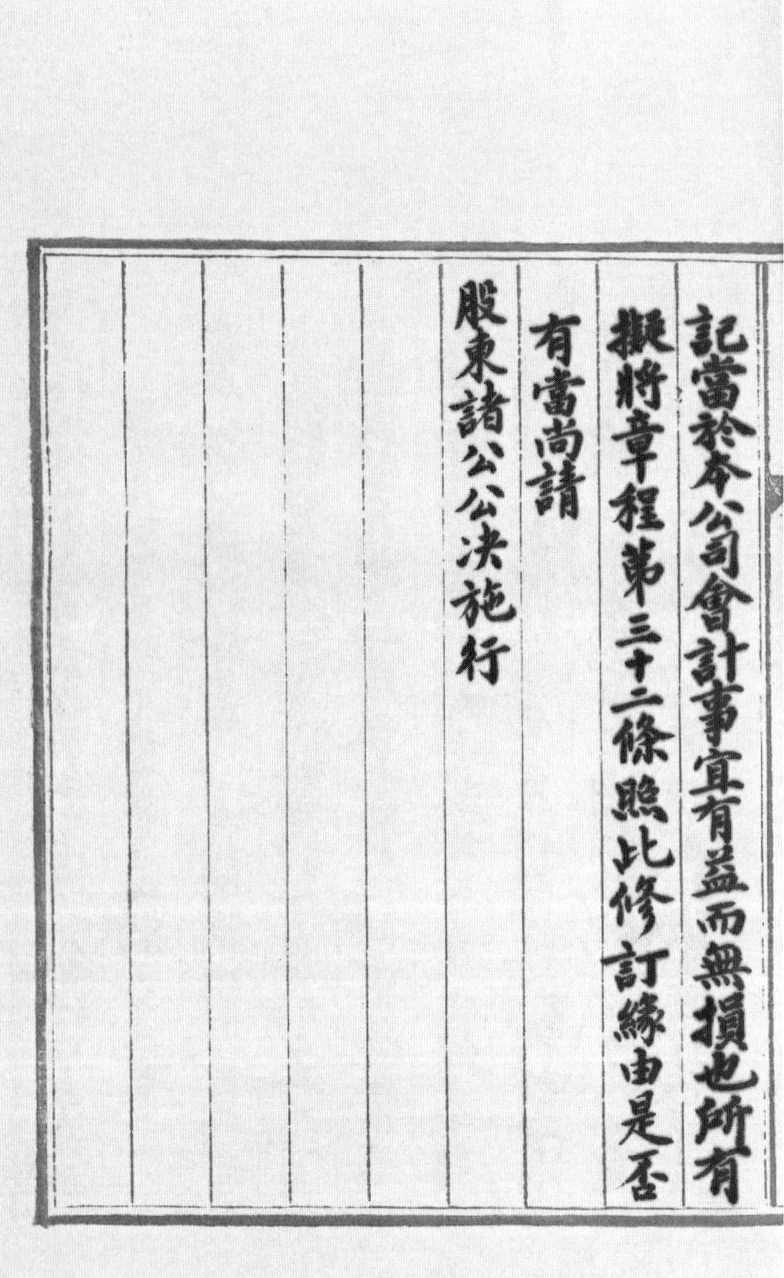

記當於本公司會計事宜有益而無損也所有
擬將章程第三十二條照此修訂緣由是否
有當尚請
股東諸公公决施行

江南水泥股份有限公司股東臨時會決議記録（工廠建築安裝、增加資本、發行公司債、修改公司章程等）
（一九三七年四月二十二日）

檔　號：1041-1-3

江南水泥股份有限公司股東臨時會決議錄

日期　二十六年四月二十二日

地址　天津法租界海大道一一五號二樓

到會股東　二百三十五人

到會股數　二十三萬一千六百七十八股

一、公推　顔惠慶先生爲大會臨時主席

二、主席報告股東到會二百三十五人計二十三萬一千六百七十八股現到會股東人數股數均已足法定數應即宣告開會

三、董事會報告工廠年來建築安裝工程進行情形

股東無異議

四、董事會提議增加資本五十萬元改定本公司資本總額爲四百五十萬元

主席付表決

股東全體舉手通過

五、當場由五位股東認足五十萬元立刻以現金繳齊

全體承認增加之資本已全數收足

六、主席提議本公司資本已增加所有章程第六條應行修改（修改章程草案

另錄）

主席付表決　　股東全體舉手通過

七、董事會提議修改章程第三十二條將會計年度改爲自七月一日起翌年六月三十日止（修改章程草案另錄）

主席付表決　　股東全體舉手通過

八、董事會提議於本年度發行公司債票面總額爲壹百八十萬元委託銀行代

辦（議案另錄）

主席付表決

股東全體舉手通過

九、全體股東公推王松波、言鎔甫君爲增資檢查人

十、增資檢查人宣讀所具之調查報告書

十一、股東丁雨莊等臨時提議以今年七八月間本公司方能出貨營業報告須俟來年是今年無再召開股東常會之必要所有去年公選之本公司監察人二人准予連任俟明年開常會時再行改選

主席付表决

股東全體舉手通過

十二、閉會

主席 顏惠慶（顏惠慶）

中華民國二十六年四月二十二日

北平中孚銀行爲購買債票致江南水泥股份有限公司的信件（一九三七年四月二十三日）

檔號：1041-1-24

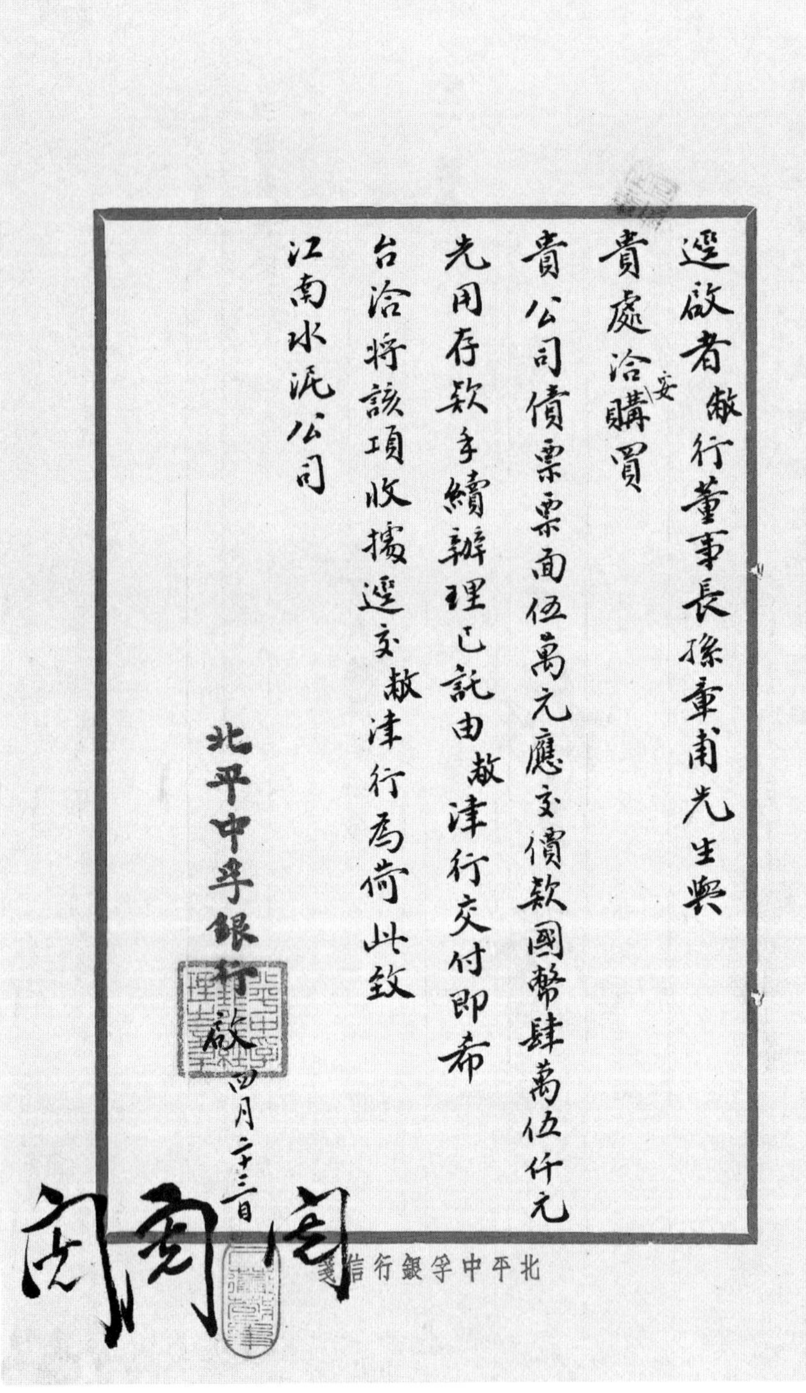
逕啟者敝行董事長孫章甫先生與
貴處洽妥購買
貴公司債票票面伍萬元應交價款國幣肆萬伍仟元
先用存款手續辦理已託由敝津行交付即希
台洽將該項收據逕交敝津行爲荷此致
江南水泥公司

北平中孚銀行啟
四月二十三日

北平中孚銀行信箋

江南水泥股份有限公司財産目録（一九三七年五月）

檔號：1041-1-24

THE KIANG NAN CEMENT COMPANY, LIMITED, TIENTSIN.

江南水泥股份有限公司財產目錄

一、地基

甲、工廠地基計

山、二、〇六九、六〇〇畝

田、五五五、九〇三畝

地、五五七、七四七畝

乙、岔道地基計

山、一一、五〇〇畝

田、五八、〇〇〇畝

地、三六、〇〇〇畝

共計購價國幣拾叁萬伍千捌百拾肆元壹角

二、機器工具

共計購價國幣貳百拾貳萬肆千伍百元

三、廠房建築

共計造價國幣壹百叁拾陸萬貳千元

以上三項共計國幣叁百陸拾貳萬貳千叁百拾肆元壹角

查機器廠房兩項目前大部均在安裝建築之中機器亦有已向外洋訂購因未運到貨價尚未付清者姑按估計之數開列一俟全部完工再當照實支之數另單開列併此聲明

中華民國二十六年五月　日

江南水泥股份有限公司關于募集公司債與立信會計事務所往來信函（一九三七年五月二十五日至二十八日）

檔號：1041-1-24

一

敬啟者茲以本年四月二十二日敝公司股東臨時會決議案內應登記之事項除增資一事外尚有發行公司債一事是項債款除由敝公司業已募集半數（票面玖拾萬圓）外其餘半數亦已與天津新華信託儲蓄銀行商妥由該行代募準於本年六月一日將債款一次繳足按照公司法第181條敝公司應於債款募足後呈報京市社會局轉呈實業部登記現已備妥呈文附件內有「公司債業經依法公告證明書」（由敝公司顧問律師簽證）及「債款繳足證明書」（擬請台端賜予簽證）今特檢寄㈠呈文稿㈡登報公告稿（現正登上海申報及首都中央日報並天津大公報）㈢債款繳足證明

江南水泥股份有限公司

下

書正副本共三份其股東臨時會決議錄已於奉託

代辦增資函內附寄不再檢寄至債款準期繳足情形

台端如詢上海新華銀行當可證明無悞即請

惠將證明書簽名蓋章寄下以便敝處彙齊寄京呈遞再呈文中如有不合程

式之點亦希　教示至紉

公誼統祈　台督爲荷此致

潘序倫先生　江南水泥股份有限公司啟

附呈文稿一件

公告稿一紙

證明書一式三份（均請　簽名蓋章寄回）

六　五　廿五

江南水泥股份有限公司

立信會計師事務所用箋

字第　號第一頁

接准本月二十五日

大函並附各件藉悉一切

貴公司此次發行公司債向京市社會局轉呈實業部登記應附債

款繳足證明書一件委爲證明刻已遵囑向上海新華銀行詢問經

募債款情形據云此事係由天津分行辦理總行方面未能詳悉等

語以致　敝會計師無從證明殊爲抱歉　鄙意可由

貴公司逕請天津新華銀行出具證明書送部當可同樣發生效力

如何之處仍希

中華民國　年　月　日

中華民國廿六年五月卅一日收到

總事務所　上海江西路四〇六號　電話一九五二五號一四五五〇號　電報掛號有無線五四四五號
分事務所　南京大悲巷鼎新里七號　電話二一〇二〇號

No. 14(2.6 大)
2000. 26. 4. 1.

立信會計師事務所用箋

字第　號第二頁

裁奪爲荷

此致

江南水泥股份有限公司

附還各件

潘序倫　啓

中華民國廿六年五月廿八日

總事務所　上海江西路四〇六號　電話一九五二五號 一四五五〇號　電報掛號 有線無線五四四五號

分事務所　南京大悲巷鼎新里七號　電話二一〇二〇號

No. 14(2. 5 大)
2000. 26. 4. 1.

天津新華信託儲蓄銀行與江南水泥股份有限公司關于募集公司債的有關事項的來往信函

（一九三七年五月二十五日至六月一日）

檔號：1041-1-24

送

江南水泥股份有限公司台啓

天津

新華信託儲蓄銀行

新華信託儲蓄銀行

天津分行用箋

第　　號

中華民國廿六年五月廿六日收到

逕啓者查敝行代理經募
貴公司債合同業於本年五月廿四日簽訂其財產目錄內以機器廠房兩項目前大部均在安裝建築中機器並有已向外洋訂購因未運到貨價尚未付清者姑按估計之數開列一俟全部完工再當照實支之數另單開列此項另單敝行希望儘本年年內開妥交下單上並須由會計師簽章證明即祈
賜洽示覆再
貴公司廠基暨江邊碼頭鐵路岔道地契經於合同第六條內訂明存在南

中華民國　　年　　月　　日

地址　法租界中街　電話　三四四九一一五

文48—選86A
2000—25/9(5)

新華信託儲蓄銀行
天津分行用箋

第　　號

京由銀行及公司會同保管此項地契敝行已委託敝京行代爲點收共同保管並祈查照辦理爲荷此致
江南水泥股份有限公司

天津新華信託儲蓄銀行

中華民國廿六年五月廿五日

知照京袁處

中華民國廿六年五月廿六日收到

地址法租界中街　電話三四四九一一五

文48—德86A
2000—25/9(5)

上

逕復者接奉本月廿五日

大函內開查敝行代理經募貴公司債合同業於本年五月廿四日簽訂其財產目錄內以機器廠房兩項目前大部均在安裝建築中機器並已向外洋訂購因未運到貨價尚未付清者姑按估計之數開列一俟全部完工再當照實支之數另單開列此項另單敝行希望儘本年年內開妥交下並須會計師簽章證明即祈賜洽示復再貴公司廠基暨江邊碼頭鐵路岔道地契經於合同第六條內訂明存在南京由銀行及公司會同保管此項地契敝行已委託敝京行代爲點收共同保管並祈查照辦理爲荷等因所有上開之另單 敝公司當於本年年內開具由會計師簽證後送請

備存先希

江南水泥股份有限公司

下

合洽至共同保管地契事敝公司已函囑首都敝廠籌備處（地址在新街口正洪街五十三號）代表

敝公司與

貴京行接洽按照合同辦理並希

查照此致

天津新華信託儲蓄銀行

江南水泥股份有限公司啟

六 五 廿七

江南水泥股份有限公司

江南水泥有限公司用牋

第　號第　頁上

敬啟者茲由敝公司李又衛君攜帶㈠敝公司債債票壹千捌百張（每張壹千元）㈡敝公司自募集債款捌拾壹萬元發出存單之存根簿肆册共計壹百號其中第叁拾陸與捌拾壹兩號已註銷第玖拾肆至壹百號聯有空白存單尚未填用㈢敝公司自募集債款之存單各戶戶名清單壹紙點交

貴行應請

點收後即將

貴行經募之債款捌拾壹萬元即行撥交敝公司并

掣給收到敝公司自募債款之債票票面九拾萬元之臨時收據敝公司已通知

中華民國二十　年　月　日

江南水泥有限公司用箋

第　號第　頁

各存戶於六月二日起持憑存單向
貴行換領債票請於換發後即將存單註銷俟全部存單收齊時即連同存根交
還敝公司對明屆時敝公司當將
貴行此次所擎給之臨時收據換還即希　查照爲荷此致
天津新華信託儲蓄銀行　　江南水泥股份有限公司啟
附送一　敝公司債債票壹千捌百張
二　敝公司自募公司債款之存單存根四册
三　敝公司自募公司債之存單各存戶戶名單壹紙

中華民國二十六年六月一日

再隨函附繳　貴行應得佣金國幣柒千伍百元（中孚銀行第五零七四二號支票一紙）

江南水泥股份有限公司委托天津新華信托儲蓄銀行經理募集公司債合同

（一九三七年五月二十八日至一九三九年六月六日）

檔　號：1041-1-24

江南水泥股份有限公司（以下簡稱公司）委託天津新華信託儲蓄銀行（以下簡稱銀行）經理發行公司債合同

一、公司經民國二十六年四月廿二日臨時股東會議決發行公司債總額壹百捌拾萬圓以公司全部廠產價值叁百萬圓以上作爲擔保品（詳第六項）委託銀行經理發行

二、本公司債均爲無記名不限國籍票面每張壹千圓按九折發行於本年六月一日發行由銀行將陸續經募之款撥交公司銀行應得佣金國幣柒千伍百圓整公司於交款同時撥付之

三、本公司債規定年息八釐自發行之日起每半年付息一次分十五年還清第一年只付息不還本第二年至第五年每年抽還百分之五第六年至第十五年每年抽還百分之八但自第四年起公司得隨時於公告兩個月後將未還債本之一部或全部提前按票面十足償還

四、銀行代付本公司債本息及報帳辦法

(甲)公司應將每屆應付本息之數陸續在每期付款前一個月如數撥存銀行收入基金戶由銀行給以往來利息此項利息應比普通往來利息至少高壹釐

(乙)每屆仲籤或到期之本息如至期末持票人仍未來領取時銀行應將此項本息留存基金戶生息

(丙)如滿規定領取本息最後之年限即已失法律上之時效經公司公告通知持票人仍未來領取本息時此項本息應歸公司所有仍存基金戶生息於下屆撥交應付本息時由公司扣抵之

(丁)每屆銀行憑持票人到期之債票或息票代爲還本付息付款後應即將該債票或息票註銷並於年終將註銷之債票及息票繳還公司以資核對

五、銀行代理還本付息應得之手續費按每屆實在應付數千分之一．二五計由銀行於每期代付時開列清單交公司核對後一次付清

六、公司將棲霞山工廠全部除定購機價未付部份及物料未付部份外現有一切動產及不動產共值國幣叁百餘萬圓作爲本公司債之擔保品設定第一抵押權及質權開列詳細目錄連同廠基廠房等平面藍圖及保險單交由銀行執存其地契存在南京由銀行及公司會同保管公司如因法律上之需用時銀行應予取出使用之便利其地契存放之保管費由公司擔負

本公司債未清償以前如公司再將前項作爲擔保品之一切動產及不動產設定第二抵押權及其他質權時應商得銀行之同意

七、公司在履行合同期間對第六條內之一切財產有使用權利如遇公司不履行合同第三條及或發生危害持票人權利時持票人得按照本合同第六條要求抵押權質權之履行銀行得會同持票人將前述一切財產全部或一部佔有或處分得款攤付與持票人及本合同內一切應付款項公司完全履行合同後銀行即將前項一切財產之抵押權質權歸還公司

八、關於本公司債之一切法定公告及印刷債票之費用由公司擔負其他關於付息還本之一切費用除第五條規定之外公司概不擔負

九、銀行得隨時查詢公司業務及檢閱帳目並由公司將每屆營業狀況及決算報告交給銀行以便隨時交付持票人

十、本公司債發行額國幣壹百捌拾萬圓統交銀行發行

十一、關於本公司債發行之其他事宜悉依公司法之規定辦理之

十二、本合同自簽訂之日起有效繕具同式二份雙方各執一份以資信守

附件　計開

一、財產目錄

二、廠基廠房平面藍圖

三、地契編號清單

江南水泥股份有限公司

代　表

天津新華信託儲蓄銀行

代　表

證　明　人

中　華　民　國　二十六　年　五　月　二十八　日

合同

江南水泥股份有限公司（以下簡稱公司）
天津新華信託儲蓄銀行（以下簡稱銀行）為立草合同事今公司銀行協議擬於民國二十六年五月二十四日所訂委託經理募集公司債合同另訂新辦法先立草合同如左

一、銀行為公司發行之八釐債票壹百捌拾萬元現由雙方協議自今年六月起停付本息由公司銀行各向其實際經募債票之半額持票人提議以全額債票換取公司股票貳百柒拾萬元即每債票壹百元換取公司股票壹百伍拾元經兩方持票人多數同意後當由銀行召開全體持票人會議徵求正式意見如大多數贊同此新辦法即提經公司臨時股東會通過照增股額訂期換票

二、公司為備持票人向銀行諮詢起見於簽定本草合同之日將公司之資產負債表提交與銀行備用

三、上述新辦法如有少數持票人或持異議時公司銀行應協力維持大多數之議決務期新辦法見諸事實

四、本草合同除公司股東臨時會有異議外雙方代表簽字人均不得中途變更主張應於公司

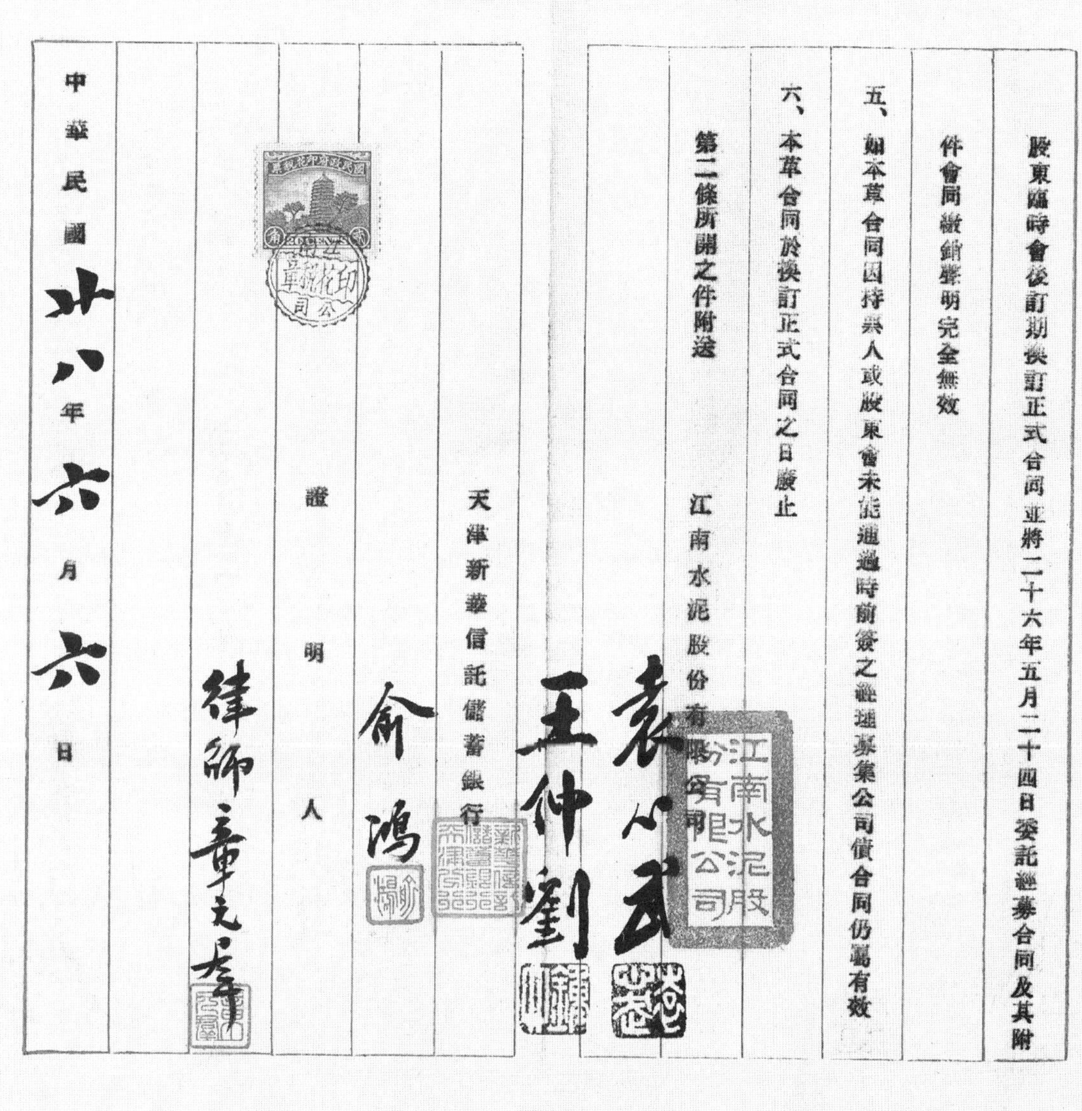

股東臨時會後訂期換訂正式合同並將二十六年五月二十四日委託經募合同及其附件會同繳銷聲明完全無效

五、如本草合同因持票人或股東會未能通過時前簽之經理募集公司債合同仍屬有效

六、本草合同於換訂正式合同之日廢止

第二條所開之件附送

江南水泥股份有限公司　袁心武　王仲劉

天津新華信託儲蓄銀行　俞鴻

證明人　律師章元善

中華民國廿八年六月六日

新華信托儲蓄銀行爲募集債等事項致江南水泥股份有限公司的信函（附户名清單）（一九三七年五月三十一日）

檔號：1041-1-24

新華信託儲蓄銀行

天津分行用箋

第　號

逕覆者頃由

貴公司李叉衡君擕下一、貴公司債債票壹千捌百張二、貴公司自募

債款捌拾壹萬元發出存單之存根肆册各戶戶名清單壹份三、敝行佣

金國幣柒千伍百元支票一紙統照點收關於

貴公司自募債款之債票票面以拾萬元達

示掣給臨時收據隨函附奉統祈

詧照此致

江南水泥有限公司

天津新華信託儲蓄銀行

中華民國廿六年五月卅一日

附收據乙紙

閱　閱

地址　法租界中街　電話三四四九一——五

文48—總86A
2000—25/9(5)

1.

存單號數	存入			户名	經手人	國幣	
	年	月	日				
江 1	25	9	15	天津中孚銀行		90.000	00
〃 2	〃	〃	〃	北平中孚銀行		10.000	00
〃 12	〃	〃	17	〃 〃		35.000	00
〃 64	26	4	24	〃 〃		45.000	00
〃 3	25	9	15	佑　記	周九爺	10.000	00
78 〃 80	26	5	8	〃 〃	〃 〃	800	00
〃 4	25	9	15	寶　記	〃 〃	10.000	00
〃 73	26	5	6	〃 〃	〃 〃	800	00
〃 5	25	9	15	德　記	〃 〃	10.000	00
80 〃 79	26	5	8	〃 〃	〃 〃	800	00
〃 6	25	9	15	啟　記	〃 〃	10.000	00
79 〃 78	26	5	8	〃 〃	〃 〃	800	00
〃 7	25	9	15	報　記	〃 〃	10.000	00
〃 74	26	5	6	〃 〃	〃 〃	800	00
〃 8	25	9	15	孝　記	〃 〃	10.000	00
〃 72	26	5	6	〃 〃	〃 〃	800	00
〃 9	25	9	15	王仲記	王二爺	14.000	00
〃 10	〃	〃	16	〃 〃	〃 〃	6.000	00
〃 27	〃	10	14	〃 〃	〃 〃	2.500	00
〃 28	〃	12	3	〃 〃	〃 〃	9.000	00
〃 29	〃	〃	〃	〃 〃	〃 〃	9.000	00
〃 43	26	1	20	〃 〃	〃 〃	4.500	00
〃 11	25	9	16	鈴　記	周九爺	20.000	00
〃 71	26	5	6	〃 〃	〃 〃	700	00
〃 13	25	9	21	陳範記	陳八爺	4.500	00
〃 14	〃	〃	〃	雍和堂	陳四爺	10.000	00
〃 15	〃	〃	〃	萬柳堂	〃 〃	10.000	00
〃 16	〃	〃	〃	松筠堂	〃 〃	10.000	00
〃 17	〃	〃	〃	慎安堂	〃 〃	4.000	00
〃 52	26	3	2	〃 〃	〃 〃	6.500	00
〃 18	25	10	1	王和記	王二爺	18.000	00
〃 19	〃	〃	2	楊玉書	桂遠initial	4.900	00
				移二頁		378.400	00

2.

存單號數	存入 年	月	日	户名	經手人	國幣	
				接一頁		378.400	00
江 20	25	10	2	楊玉書	桂逸杓	2.700	00
〃 24	〃	〃	6	〃	〃	3.800	00
〃 25	〃	11	3	〃	〃	2.500	00
〃 38	26	1	13	〃	〃	3.600	00
〃 39	〃	〃	〃	〃	〃	8.600	00
〃 44	〃	〃	21	〃	〃	1.800	00
〃 21	25	10	3	同記	周九爺	900	00
〃 22	〃	〃	〃	少記	〃	1.800	00
〃 23	〃	〃	5	合記	〃	3.600	00
〃 26	〃	12	3	平記	〃	9.000	00
〃 31	〃	〃	5	〃	〃	4.500	00
〃 30	〃	〃	〃	成德堂	陳四爺	13.500	00
〃 32	〃	〃	16	亨記	周九爺	9.000	00
〃 33	〃	〃	〃	利記	〃	9.000	00
〃 34	〃	〃	31	養拙軒	陳四爺	27.000	00
〃 35	〃	〃	〃	強恕齋	〃	18.000	00
〃 37	26	1	11	福記	王二爺	9.000	00
〃 40	〃	〃	15	馮介清	陳八爺	900	00
〃 41	〃	〃	〃	馮鄉猗	〃	3.600	00
〃 42	〃	〃	16	燊記	〃	900	00
〃 45	〃	〃	28	成德軒	陳四爺	9.000	00
〃 46	〃	2	3	沈張蓮芳	沈鶴卿	900	00
〃 49	〃	〃	22	〃	〃	450	00
〃 50	〃	〃	26	〃	〃	450	00
〃 47	〃	〃	9	從簡堂	陳四爺	27.000	00
〃 48	〃	〃	10	往記	張瑞如	900	00
〃 51	〃	3	1	石松岩	石松岩	20.000	00
〃 83	〃	5	12	〃	〃	7.000	00
〃 84	〃	〃	〃	英記		5.400	00
〃 53	〃	3	10	佛記	王二爺	900	00
〃 54	〃	〃	30	式德	袁六爺	9.000	00
				移三頁		593.100	00

3.

存單號數	存入			戶名	經手人	國幣	
	年	月	日				
				接二頁		593,100	00
江55	26	4	21	陳範有	陳八爺	4,500	00
〃56	〃	〃	〃	王淨記	王二爺	18,000	00
〃57	〃	〃	〃	王抑齋	〃 〃	9,000	00
〃58	〃	〃	22	王靖五	〃 〃	4,500	00
〃59	〃	〃	〃	王智記	〃 〃	18,000	00
〃60	〃	〃	23	建德堂	蔡景軾	13,500	00
〃61	〃	〃	〃	吉安堂	〃 〃	9,000	00
〃62	〃	〃	〃	王景陳	王景陳	4,500	00
〃63	〃	〃	〃	寶記	穆伯寶	900	00
〃65	〃	〃	30	衛礼堂	陳四爺	18,000	00
〃66	〃	5	1	三懷堂	桂緝甫	4,500	00
〃76	〃	〃	6	〃 〃	〃 〃	2,700	00
〃67	〃	〃	1	儲才基金	袁六爺	54,000	00
〃68	〃	〃	3	盧間瑗	盧七爺	2,700	00
〃69	〃	〃	4	陳育記	陳八爺	2,700	00
〃70	〃	〃	5	益壽堂	〃 〃	18,000	00
〃75	〃	〃	6	陳惠霖	陳惠霖	900	00
〃77	〃	〃	〃	宋匡夫	宋匡夫	900	00
〃82	〃	〃	10	德記	余仲和	4,500	00
〃85	〃	〃	13	陳心元	陳心元	900	00
〃86	〃	〃	〃	李永之	李永之	900	00
〃87	〃	〃	〃	周戩記	周三爺	9,000	00
〃88	〃	〃	15	閒記	陳四爺	1,800	00
〃89	〃	〃	17	范濟川	范濟川	900	00
〃90	〃	〃	18	傳德堂	陳四爺	2,700	00
〃91	〃	〃	21	蘊記	李科長	900	00
〃92	〃	〃	26	水齋教育基金處	盧木齋	8,100	00
〃93	〃	〃	27	李次良	李次良	900	00
				共計		810,000	00

江南水泥股份有限公司債票（一九三七年六月一日）

檔號：1041-1-24

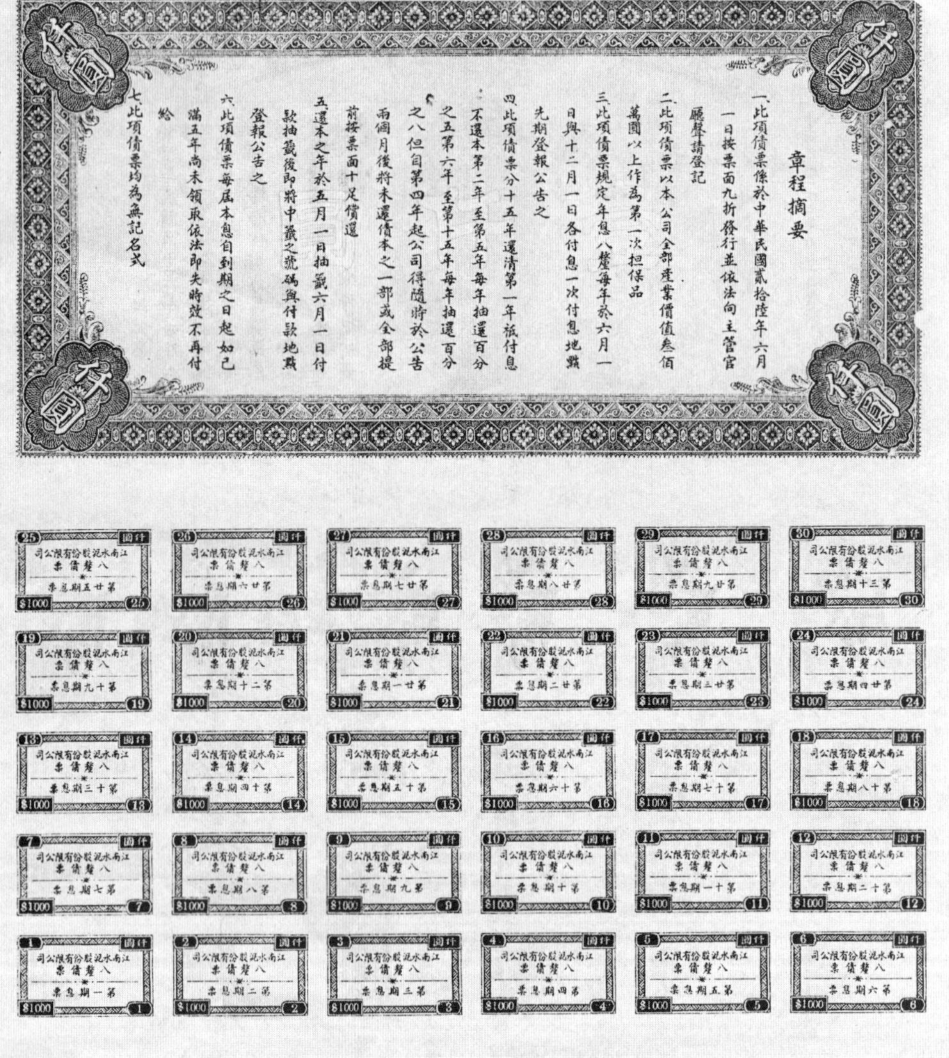

仟圓

章程摘要

一、此項債票係於中華民國貳拾陸年六月一日按票面九折發行並依法向主管官廳聲請登記

二、此項債票以本公司全部產業價值叁佰萬圓以上作為第一次担保品

三、此項債票規定年息八釐每年於六月一日與十二月一日各付息一次付息地點先期登報公告之

四、此項債票分十五年還清第一年祇付息不還本第二年至第五年每年抽還百分之五第六年至第十五年每年抽還百分之八但自第四年起公司得隨時於公告兩個月後將未還債本之一部或全部提前按票面十足償還

五、還本之年於五月一日抽籤六月一日付款抽籤後即將中籤之號碼與付款地點登報公告之

六、此項債票每屆本息自到期之日起如已滿五年尚未領取依法即失時效不再付給

七、此項債票均為無記名式

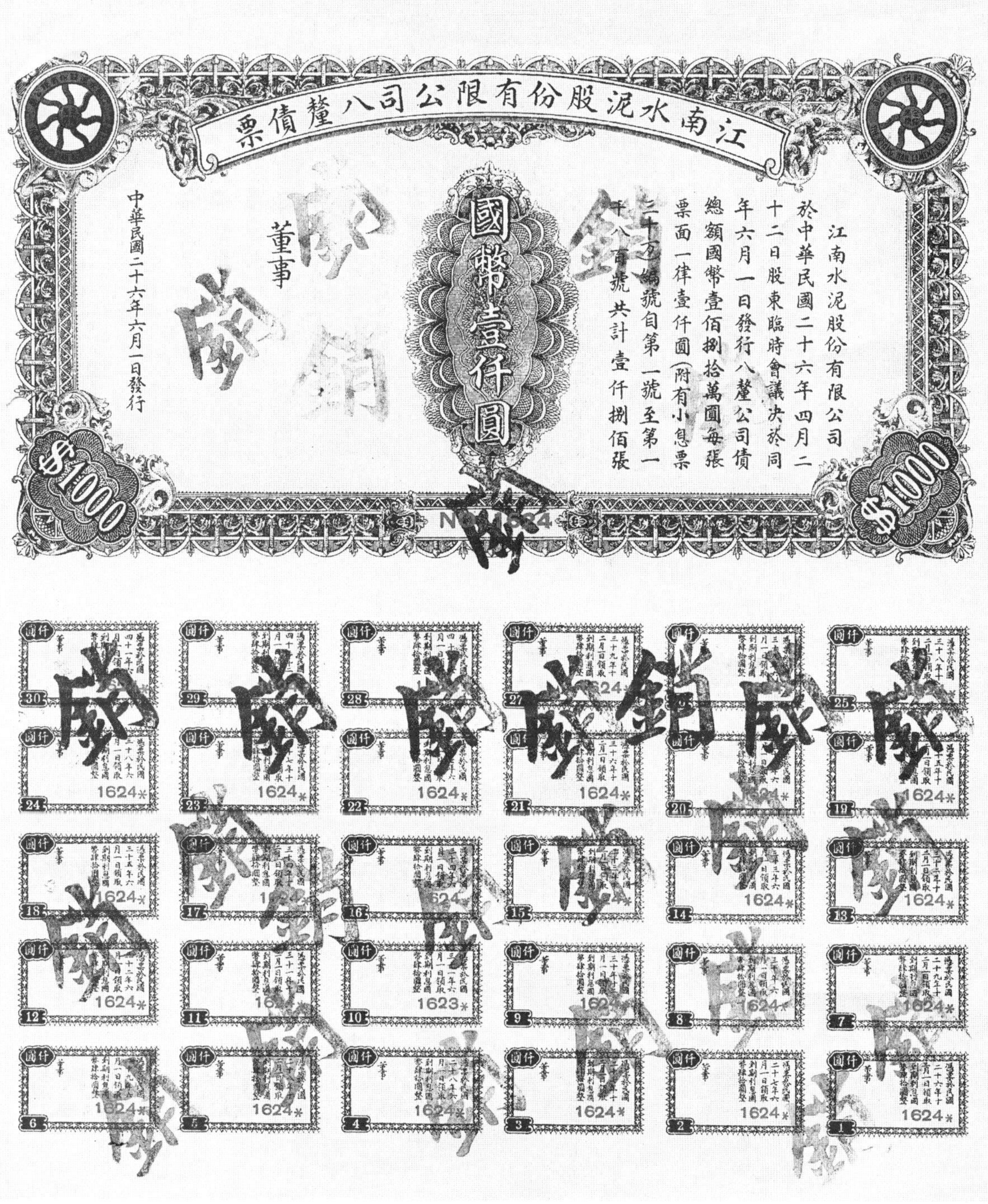
江南水泥股份有限公司八釐債票
國幣壹仟圓
江南水泥股份有限公司於中華民國二十六年四月二十二日股東臨時會議決於同年六月一日發行八釐公司債總額國幣壹佰捌拾萬圓每張票面一律壹仟圓（附有小息票二十五張）編號自第一號至第一千八百號共計壹仟捌佰張
董事
中華民國二十六年六月一日發行
$1000
$1000
1624

江南水泥股份有限公司發行公司債款繳足證明書（一九三七年六月八日）

檔號：1041-1-24

江南水泥股份有限公司發行公司債款繳足證明書

江南水泥股份有限公司發行公司債款繳足證明書

爲證明事查江南水泥股份有限公司於民國二十六年六月一日發行周息八釐公司債票壹百捌拾萬圓按照票面九折收款現在此項債款計實收國幣壹百陸拾貳萬圓業經全數繳足合爲證明

具證明書 天津新華信託儲蓄銀行

中華民國二十六年六月八日

江南水泥股份有限公司募集公司債業經依法公告證明書（一九三七年六月八日）

檔號：1041-1-24

江南水泥股份有限公司募集公司債業經依法公告證明書

江南水泥股份有限公司募集公司債業經依法公告證明書

爲證明事查江南水泥股份有限公司發行周息八釐公司債票業於民國二十六年五月十一日起登載首都中央日報上海申報天津大公報依法公告合爲證明並附剪報三份

律師 朱啟超

中華民國二十六年六月八日

江南水泥股份有限公司爲發行公司債請予登記致南京市社會局的呈文（一九三七年六月八日）

檔號：1041-1-24

呈南京市社會局

事由	擬辦	批示	備考
呈爲發行公司債請予登記由			
附件：附股東臨時會決議錄二十五年度帳略證明書公司債票樣張等共五件又國幣五元			

收文 字第 號

呈 字第 號 年 月 日 時到

附本完畢

呈爲發行公司債請予登記事竊　商公司於本年四月廿二日股東臨時會議決在本年度發行公司債總額國幣壹百捌拾萬元委託銀行代爲辦理嗣經與天津新華信託儲蓄銀行簽訂合同一面照章登報公告查公司法第一百八十一條内開自收足公司債款後應於十五日内將前條第一項第二款至第四款之事項及公司債發行之年月日向主管官署聲請登記等語　商公司此次所發債票均爲無記名式每張概係壹千元按照票面九折收款現已將募債之款如額全數收足合亟依法聲請登記如左

一、公司債之總額共國幣壹百捌拾萬元每張概係壹千元

二、公司債之利率周息八釐自發行之日起每半年付息一次

三、公司債償還方法及期限自發行之日起分十五年還清第一年祇付息不還

本第二年至第五年每年抽還百分之五第六年至第十五年每年抽還百分
之八但自第四年起公司得隨時於公告兩個月後將未還債本之一部或全
部提前按票面十足償還

四、發行之年月日中華民國二十六年六月一日

以上各款除已登報公告外理合檢同關於募集公司債之股東會決議錄副本
一册及二十五年度　商
公司帳略一份募集公司債業經依法公告之證明書並
債款繳足之證明書各一份公司債票樣張一紙連同登記費五元呈請
鈞局鑒核轉呈
實業部准予登記實爲公感謹呈
南京市社會局

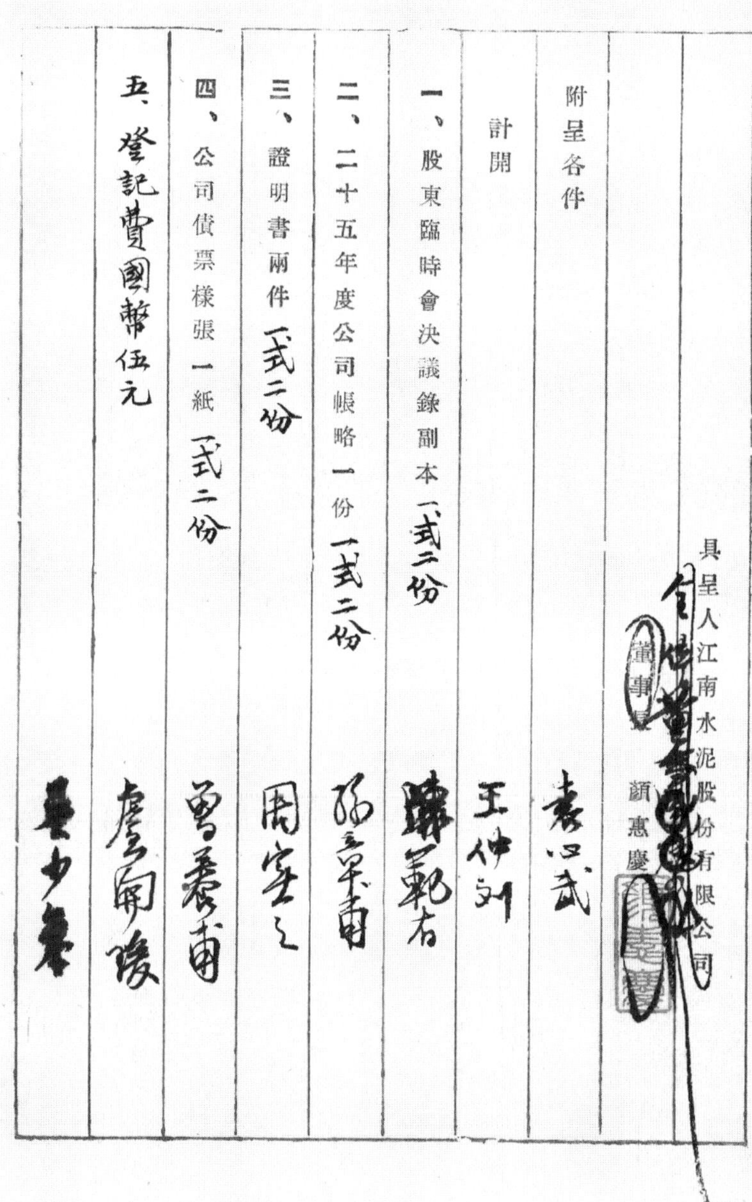
具呈人江南水泥股份有限公司

董事長 顏惠慶

董事 袁心武

王仲[illegible]

附呈各件

計開

一、股東臨時會決議錄副本一式二份　陳範有

二、二十五年度公司帳略一份一式二份　孫[illegible]甫

三、證明書兩件一式二份　周[illegible]之

四、公司債票樣張一紙一式二份　曾養甫

五、登記費國幣伍元　盧[illegible]

[illegible]

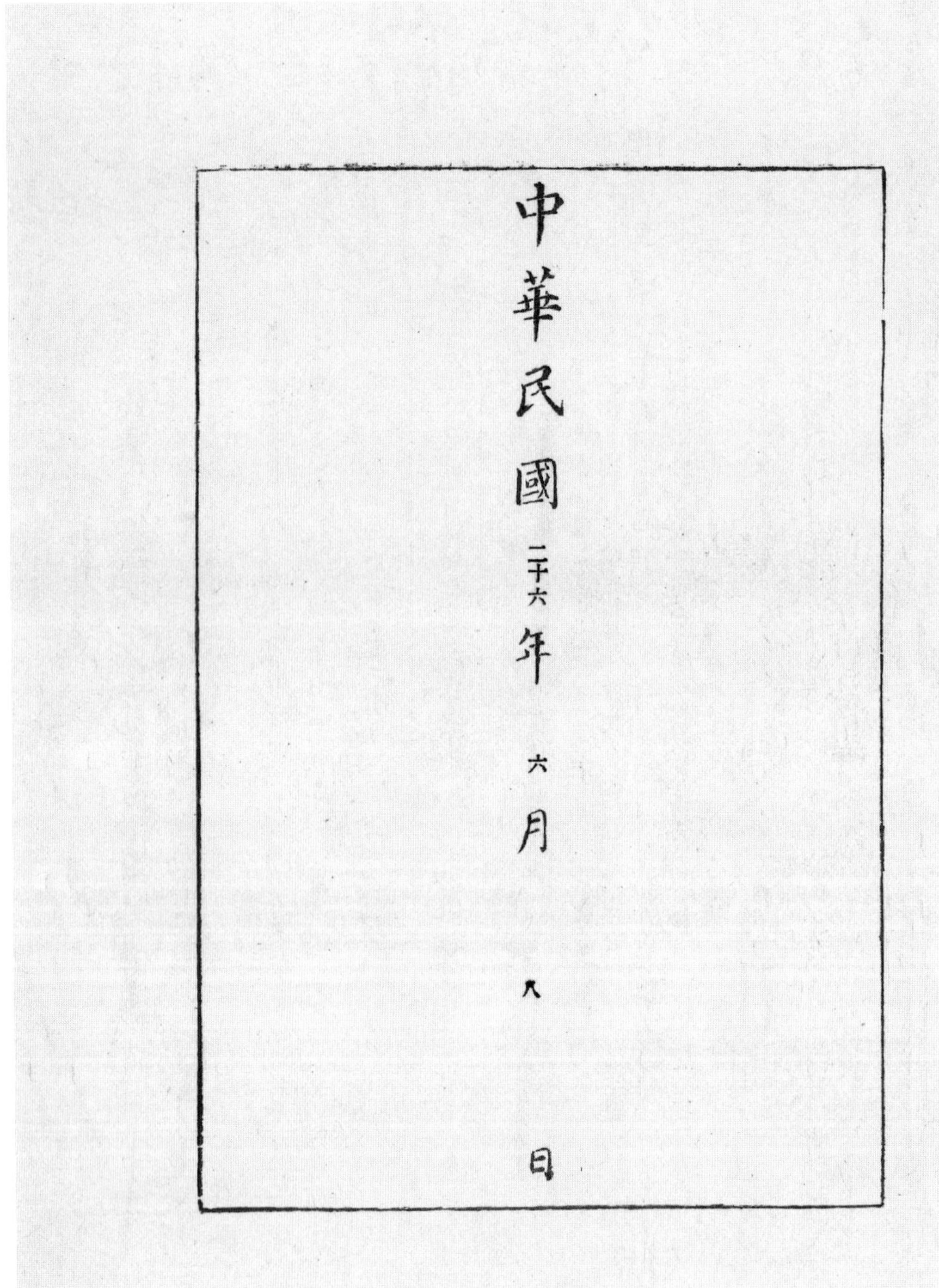

中華民國二十六年六月八日

江南水泥股份有限公司棲霞工廠（江南水泥廠）爲供電事宜致常務董事會函（附經常開支預算等表）

（一九三七年十月十五日）

檔　號：1041-1-16

江南水泥股份有限公司
棲霞工廠

寧江字第六號第全頁

逕啓者日前趙副經理同陳電機師與供電方面一再磋商始允暫時擬向他方借電供給本廠式仟餘克羅華特但須于一週後方可決定乃即于十一日電「啟天津電力可望借用足開半機但須一星期後決定請向金森交涉安裝燒窯師來廠庚真」諒已台洽與金森君在津接洽矣敝將棲霞工廠本年十月份至十二月份經常開支列表奉呈請

察核為荷此致

常務董事會

棲霞工廠謹啟

附經常開支預算表一紙

廿六年十月十五日

總店　南京新街口正洪街五十三號　電話二一七五〇　電報掛號〇四七四
工廠　京滬綫棲霞山車站東攝山渡　長途電話　交通部攝山渡話報代辦處

中華民國廿六年拾月廿五日收到

棲霞工廠經常開支預算

廿六年十月至十二月

費用科目	開工			不開工			備註
	十月份	十一月份	十二月份	十月份	十一月份	十二月份	
薪津	$2909.00	2909.00	2909.00	2909.00	2909.00	2909.00	文書會計助理各一人薪水未列入
伕工及警衛	530.00	530.00	530.00	1700.00	1700.00	1700.00	
膳費	360.00	360.00	360.00	360.00	360.00	360.00	
文具	160.00	160.00	160.00	30.00	30.00	30.00	
印刷	80.00	80.00	80.00	20.00	20.00	20.00	
消耗	200.00	200.00	※500.00	100.00	100.00	300.00	
郵電	50.00	50.00	50.00	30.00	30.00	30.00	
電燈	200.00	200.00	200.00	100.00	100.00	100.00	
汽車費	150.00	150.00	150.00	100.00	100.00	100.00	
旅費	200.00	200.00	200.00	20.00	20.00	20.00	
酬應	200.00	200.00	200.00	50.00	50.00	50.00	
醫藥	150.00	150.00	150.00	50.00	50.00	60.00	
學校費用	220.00	220.00	220.00	60.00	60.00	60.00	
俱樂部費用	100.00	100.00	100.00	30.00	30.00	30.00	
化驗室費用	500.00	500.00	500.00				
修機間費用	300.00	300.00	300.00				
運輸科費用	180.00	180.00	180.00				
材料房費用	170.00	170.00	170.00				
圖書	20.00	20.00	20.00	5.00	5.00	5.00	
雜支及預備費	400.00	400.00	400.00	100.00	100.00	100.00	
地稅	—	240.00	—	—	240.00	—	
園藝	150.00	150.00	150.00	40.00	40.00	40.00	
共計	$7229.00	$7469.00	$7529.00	$5704.00	$5944.00	$5914.00	
安裝及燒窰師薪水	2480.00	2480.00	2480.00	—	—	—	
電机師薪膳	840.00	840.00	840.00	—	—	—	
組織以外之職員薪膳	150.00	150.00	180.00	150.00	150.00	150.00	
共計	$3470.00	$3470.00	$3470.00	$150.00	$150.00	$150.00	

※包括燒煖氣炉及火炉之燃料

（一）本預算係臨時商定

（二）十月份預備開工各部工作照常進行故支出方面係照開工預算

緊縮應付

（三）所有以前料款均陸續付清

中華民國廿六年拾月廿五日收到

周 周 周

金融預算

二十六年十月至十二月

需款項目	開工	不開工
料款		
(1) 石羔（應付未付款）	10,000.00	10,000.00
(2) 石料（230,000桶每桶.07）	16,000.00	3,500.00
(3) 煤（開工續運二萬噸每噸連運費起力約五元）	50,000.00	20,000.00
(4) 鐵砂（2000噸每噸5元）	10,000.00	2,500.00
(5) 其他材料應付未付款	10,000.00	10,000.00
建廠工程應付未付款	45,000.00	45,000.00
統稅（發八萬桶）	120,000.00	
共計	261,000.00	91,000.00
十月至十二月開支（經費）	30,250.00	17,700.00
差額		182,550.00
	291,250.00	291,250.00

閱

中華民國廿六年拾月廿□日收到

工廠經常預算說明：

開工後之每月經常預算約需7,229.00元至7,529.00元，如不開工每月之經常公款應包括製造部留维之技術工人約卅人左右，因此項工人經慎重之挑選而受一年餘之訓練，如一律予以解僱，則將來一旦開廠招集挑選至屬不易，且因廠雖停而各部機器仍需人保管看守，此留维之技術工友仍擬給予原有工資，每月約需一千三四百元，連其他看门看夜看料茶役等项工資共約一千七百元，故不開工之經常用款每月約五千七百至五千九百元。但此項開工或不開工之計劃須至十一月份起可以決定，十月份因靜待電流之修復，技術工友悉照現狀维持，且仍進行試車準備工作（如開山碾石等），同時建廠工程尚在結束整理，故十月份之經常用款仍需約六千五百元。其他應備之機器油類九月份已購進一批，可供數个月之用，無須再購。

金融預算說明

石膏已購存二千噸，應付未付款約10,000元，無論開工或不開工均應照付。煤已運存二千噸，如開工擬續運一萬噸，需款約50,000元，如不開工擬續運四千噸，約需款20,000元。鐵砂須存二千噸，需款約10,000元，如不開工擬運存四五百噸，約需2,500元。其他已往材料欠款尚有10,000元，無論開工與否均須照付。石料價如開工需款約16,000元，如不開工擬備存半個月之石料，約需款3500元。開工後之製造部及運輸裝卸工資每月共約4,000元，經常用款大致相同。又查現存蔴袋十六萬条，如運輸情形不能恢復，則以後桶袋料之接濟必告中斷，故雖能開機出貨，但發出之數祇以八萬桶之袋貨為限，需税款120,000元。廠內存貨以灰塊存滿150,000桶、散灰存滿50,000桶為限，即共能製出散灰130,000桶、灰塊280,000桶，如試車順利，則開机時間最多不過二个月，以後仍須停机。照此項出貨數量為標準，則開工需應之現款較不開工應需之現款多170,000元，即開工需款261,000元，不開工需款91,000，再加十、十一、十二三个月之經常及工資用款，開工為7200+2(7500+4,000)=$ 30,250.00，不開工為5700+2×6,000=$ 17,700.00，故總計開工共需約291,250元，不開工共需款

(均結十二月底止)108.900元現十月十五日截止總店及工廠結存各銀行現款共312,000元如開工尚需餘款約20,000元不開工尚餘款約200,000元(總店三個月經費約45,000元另行扣除)。

江南水泥廠創制石棉水泥板請予獎勵呈請書（一九三七年）

檔號：1041-1-49

江南水泥廠創製石棉水泥板請予獎勵呈請書

工業獎勵法第四條

一、定名　江南水泥股份有限公司石棉水泥板廠

三、總店設於南京總廠設於棲霞山分店設於京滬路沿線及長江各大埠

四、資本國幣壹佰伍拾萬元

江南水泥股份有限公司之標資本為四百五十萬元

工業獎勵法審查標準第十三條

一、發起人姓名履歷及發起年月

顔惠慶　江南水泥股份有限公司董事長

袁心武　江南水泥股份有限公司常務董事

王仲劉　江南水泥股份有限公司常務董事

陳範有　江南水泥股份有限公司常務董事

民國二十六年　月發起

二、負籌備責任及設計者之姓名履歷

負籌備責任：

庾宗溎　江南水泥廠籌備處處長　廠經理

張建新　江南水泥公司籌備委員

孫柏軒　江南水泥廠籌備處副處長

設計者：

趙慶杰　江南水泥廠安裝工程處主任　技師

三、工廠籌備情形及預定開工期限：

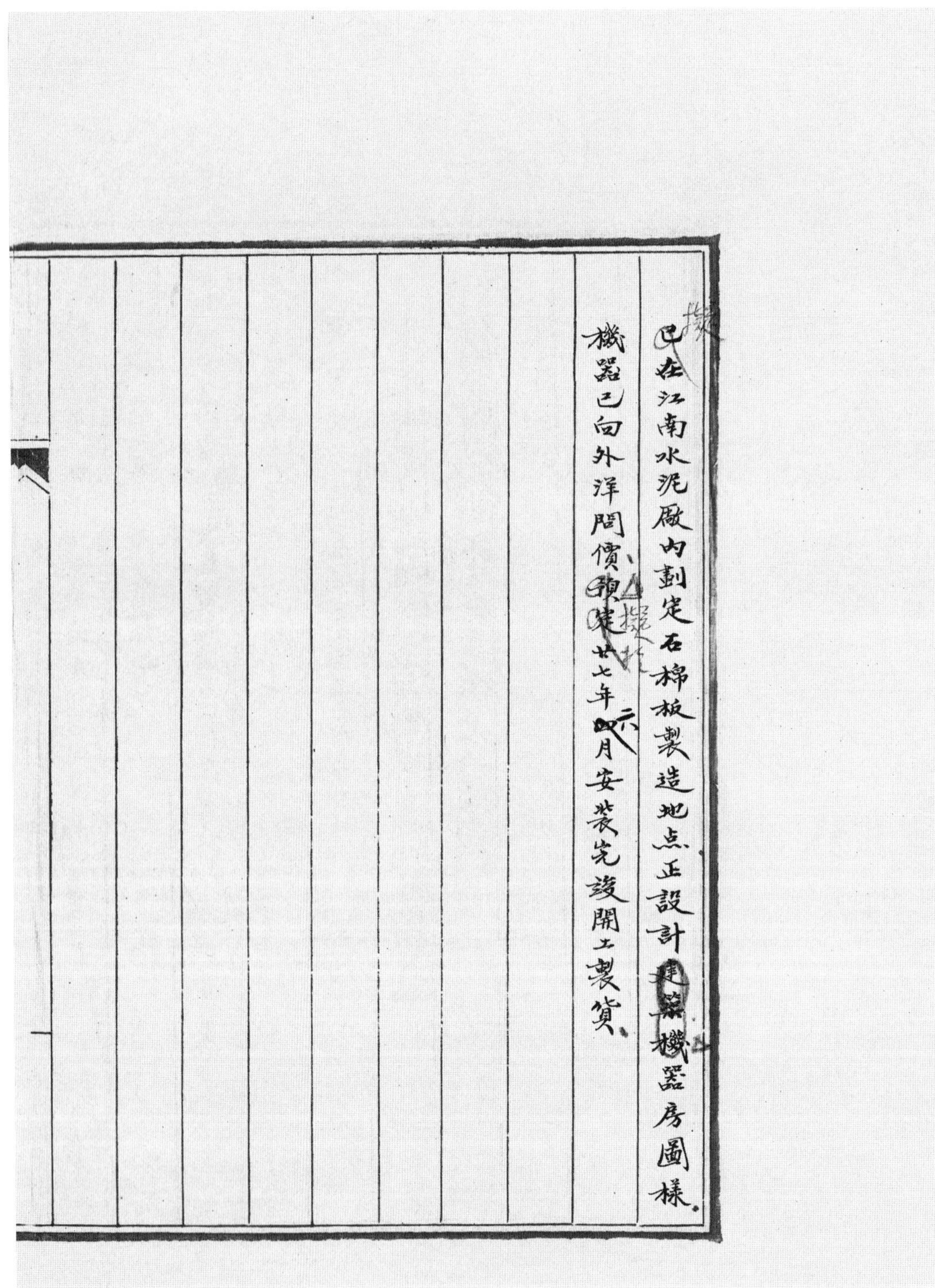

已在江南水泥廠內劃定石棉板製造地点，正設計建築機器房圖樣。

機器已向外洋問價，預定廿七年六月安裝完竣，開工製貨。

江南水泥股份有限公司職員工資表（一九三八年）

檔號：1041-1-60

棲霞山工廠職員名單

職務	姓字	每月薪津
代理德人廠長	昆德	薪壹千元
丹人	牛尔生	又壹千元
留廠办事	徐莘農	薪六十元 津十元
	徐震寰	薪三十元 津十元
	沈濟華	薪三十元 津二十元
	樊吉甫	薪五十元
	陳仲文	津二十元

5　21　300　300

曹誠之　薪五元　津五元

蔡公俠　薪十元　津二元五角

鄭仁旺　薪六元　津四元

夏毓華　薪十二元五角　津二元五角

繙譯　金餞青　薪壹百元

每月共計　薪二千八百四十三元五角　津八十四元

保留原道

上海办事處職員名單

職務	姓字	每月薪俸
駐汴办理要務經理	庚宗淮	薪三百二十元 俸一百五十元
全 前副理	孫柏軒	薪一百八十元 俸四十元
全 前主任技師	趙慶求	俸五十元
會計	王良生	薪九十元 俸五十元
每月共計		薪五百九十元 俸二百九十元

28 ⑤ 66 141

工廠總店留用人員單

姓名	薪	津	起支月份	備考
庾宗淮	320	150	廿七年六月	
趙慶杰	300	150	同上	
孫柏軒	180	40	同上	
王良生	90	50	廿七年九月	以上駐滬辦事
徐華農	60	40	廿七年六月	以下留廠均係辦事名義
徐震寰	30	10	同上	
沈濟華	40		同上	

樊吉甫	50		廿七年六月	以下留廠半薪
陳仲文文		20	同上	
曹誠之	5	15	同上	
蔡公銾	10	25	同上	
郭仁旺	6	4	同上	
夏毓華	125	25	同上	
共計	1103.50	484.00		1587.50

遣散棲廠總店職員單

職務	姓名	新	津	遣散年月
電機師兼代機師	陳育麟	220	100	廿七年五月底
副化學師	陳新民	90	10	
副機師	鄭克廉	80	10	
機器技術員	張繼曾	30		
	張澤良	30		
	施復彭	30		
化學技術員	宋偉如		30	

總務科土木工程師	李吉度	80	
會計科副科長	張鴻椿		80
會計科副科長	王良生	90	50
運輸科助理員	陳同祜	20	
總務文書辦事員	岳書元	45	5
總店會計科主任	桂承之	70	10
總務科辦事員	朱劍南	50	10
廠醫	李念慈	60	
總店採辦科主任	張子幹	60	20

職務	姓名		
運輸科代理科長	謝慰農	55	10
運輸科助理員	傅昌洪	35	10
總務科助理員	陳伏波	28	
化學技術員	嚴蔭蓀		30
	秦志濂		30
	殷文煊		30
	趙慶烋		30
監工	周筱春		50
會計科助理員	王儀鄭	26	

會計科助理員	吳紀忭	20	
總店文書科助理員	鄭邦棟	20	5
材料房助理員	劉憲曾	20	
	汪紀立	20	
	陳兆錡	20	
總務科助理員	吳智新	20	
教員	梅肩		40
副機師	胡慶泉	90	10
材料房主任	劉漢增	60	

會計科助理員	運輸練習生	共計
王士華	王仿虞	
28	12	1409
		570
		1979

江南水泥股份有限公司爲公司股票及關税等有關事項致啓新洋灰有限公司上海辦事處的函件（一九三八年一月十九日至一九三九年一月十日）

檔號：1041-1-26

江南水泥股份有限公司用箋

第　號第　頁

敬啟者接滬江字第元號

大函承示敝公司應找付通安不補費用肆千壹百肆拾貳元捌角肆分已由　尊處如數付給等情附

來通安收條壹紙除將收條備存外茲開上上海浙江興業銀行第肆叁捌玖叁貳號支票（肆千壹百肆

拾貳元捌角肆分）壹紙請　錫總理　汪副理　加章後日收歸墊又敝公司存放上海浙江興業墾業中南上海各

銀行往來存款久未結算利息祈催收結息單寄下存摺均存　尊處如有漏登利息之處並希送往補登

爲荷再上年　尊寄函至滬江字第十九號止各函均收到祈　查照此致

啓新洋灰有限公司上海辦事處　　江南水泥股份有限公司啓

附上海浙江興業銀行支票一紙

中華民國二十七年一月十九日

逕復者接準江字第三號

仝

大函承

示關於去年十一月二十七日禮和洋行機件肆百肆拾貳件報進口稅時因關稅問題未將領事證明單繳

驗當時曾由

貴處墊付保證金國幣壹百叁拾陸元零貳分始准放行一節敬悉茲特如數開奉上海浙江興業銀行四三

八九三三號支票一紙即希

收帳歸墊　示復爲荷此致

啟新洋灰有限公司上海辦事處

江南水泥有限公司啟

附第四三八九三三號浙江興業銀行支票壹紙

七　四　三十

江南水泥股份有限公司

全

敬啟者前接準江字第四號

大函已悉一切關於

貴廠第三號函　囑向體和洋行索取之領事證明單因有困難未能索到如逾期只

得任其沒收是以遲未奉復諒荷心照矣又　敝公司茲又有撥交上海史密芝公司

英金陸百叁拾壹鎊四先令壹便士國幣壹百貳拾肆元肆角叁分除英金已由此

間麥加利銀行撥交該滬行照收該公司之帳外氏國幣壹百貳拾肆元肆角二分

開上中南滬行五六六五八七號支票一紙又附奉致該公司洋文函一件請

貴處在支票上加章連函送達掣收收條寄下為荷此致

啟新洋灰有限公司上海辦事處

江南水泥有限公司啟

附：致史密芝公司函一件　中南滬行壹百貳拾肆元肆角叁分支票一紙

七　九　廿一

江南水泥有限公司用箋

第　號　第　頁

敬復者頃接奉津江字第六號

大函附來敝公司蘇記台頭甬字第壹四貳肆號江字第叁伍伍號入股證二紙又安記抬頭江字第以伍叁號入股證壹紙囑換給正式股票寄下以便轉交等情均敬收悉查所寄入股證背面均未蓋有印鑑茲將該入股證三紙寄還即請蓋原留印鑑寄下以便照填正式股票寄奉附上空白知照單二紙印鑑票二紙亦請分別簽蓋原留印鑑一併由郵掛號寄下即請

查照爲荷此致

啟新洋灰公司上海辦事處

江南水泥公司董事部啟

附寄還入股證三紙　空白知照單二紙　印鑑票二紙

中華民國二十七年十二月九日

敬復者頃接奉津江字第七號　全

大函附來安記抬頭江字第953號蘇記抬頭江字第955號又南字第1424號入股證三紙換填股票知照單

印鑑票各二紙囑換給正式股票寄下以便轉交等情均敬收悉茲照爲换安安記抬頭第二四一〇號

股票一張計壹百貳拾股蘇記抬頭第二四一一號股票一張計壹百陸拾股隨函由郵掛號寄奉即祈

督收轉交見復爲何再入股證背面所蓋印鑑同無不合印鑑票及保證函備存查此致

啟新洋灰公司上海辦事處

江南水泥有限公司董事部啟

附寄第二四一〇號至二四一一號股票二張

八　一　十

江南水泥股份有限公司

江南水泥股份有限公司常務董事會爲挂綫機件及工廠房屋保火險等事項致棲霞廠（江南水泥廠）上海辦事處函件

（一九三八年十二月十六日至一九三九年一月二十一日）

檔　號：1041-1-12

滬江　二十六　全

敬啓者接三十四號

大函具悉一切查前接第二十八號

大函第三條承　示關於掛綫機件上海保火險事經敝新滬處轉告應退之款可向禮和洋行收回等情當經向該洋行索要但據聲稱不知此事並允函詢滬行茲乃接具函稱已接滬行來信稱對於此事亦不接頭等語查此項保險洋方原係　陳常董接洽　陳常董不日到滬宿就近請　示俟逕向該滬行交涉就地索回爲要（附抄該函一紙）此致

棲霞廠上海辦事處

常務董事會啓

附抄禮和洋行函一件

七　十二　十六

江南水泥股份有限公司

渾江　　廿七　　全

敝廠告接三十五號

大函敝恐關於滬存鐵皮桶三井歸收兩萬餘張餘存者不及貳萬張望即在滬按市價所值出售為要此致

駐滬敝廠上海辦事處

常務董事會啟

七　十二　廿八

江南水泥股份有限公司

津江 元 全

敬啟者上年 敝 寄津江字函編號至二十七號爲止接

尊寄第三十六號函并一月九日津江字 大函均悉

一、承示餘存鐵皮一萬六千六百九十四張又鉚釘七袋擬先運存租界以便出售事已查照

一、承示勸告淮通李君談淮南履行合同事已查照仍望隨時治催能在該處收款內分批撥交以維持合同

爲要

三、關於敝中房屋保火險事 常董處以敝中俱樂部房屋及敝門外附近工人住房並其他可慮之房均宜

保火險若職員住房每所不相連接查看爵破房等均可無虞毋庸保險請

尊處即在滬與保險行妥訂進行並先 示爲盼

四、承示總公司退出線價件保火險款伍磅以充令柒便士已由啟新滬處收回歸賬事已查悉

五、承示鐵皮價日金肆萬叁千餘元已由莊經理暫代如數存入三井銀行事已呈 閱此致

啟新敝上海辦事處

常務董事會啟

八 一 廿一

江南水泥股份有限公司

江南水泥股份有限公司增資檢察人調查報告書（一九三九年五月二十八日）

檔號：1041-1-5

江南水泥股份有限公司增資檢查人調查報告書

江南水泥股份有限公司增資檢查人調查報告書

具報告書增資檢查人張建新茲承江南水泥股份有限公司各股東推選爲增資檢查人特依照公司法第一九四條之規定將業經檢查應行報告之各項列舉如下

一、本次增資決議案係由肆百伍拾萬元增至捌百萬元所增新股總額計爲叁百伍拾萬元計分叁拾伍萬股每股拾元現祗募集貳拾柒萬股計貳百柒拾萬元確以現金十足繳納（聯銀券）

二、各股東增加之資本貳百柒拾萬元確已全數一次繳齊

以上各款業經查核均屬確實並無冒濫情事特此報告如上右致

江南水泥股份有限公司股東會

具報告書 張建新（印：會計師張建新）

中華民國廿八年六月三十日

启新洋灰有限公司董事部爲購進江南水泥股份有限公司股票致該公司函件（一九四二年十二月十七日）

檔號：1041-1-26

啟新洋灰有限公司董事部書箋

敬啓者查敝公司與
貴公司關繫素深前於貳拾叁年貳拾肆年貳拾伍年發息時曾附發
貴公司股票隨時陸續通知在案現以
貴公司尚有未經募足餘額捌萬股經敝公司董監會議決全數由敝
公司購入惟查現金數目祇有柒拾伍萬元是祇能先入柒萬伍千股
其股票及戶名當另單開送至前經附發各數數年以來迄未結束應
請
查明已塡發股票股證數目

中華民國　年　月　日　第壹頁

啟新洋灰有限公司董事部書牋

詳細示知並望以後每月

見示數目俾有根據而便核對此致

江南水泥公司

啓新洋灰有限公司董事部 啓

（印：啟新洋灰股份有限公司董事部之章）

中華民國卅壹年拾貳月拾柒日

第貳頁

江南水泥股份有限公司股東臨時會決議記録（附當選董事、監察人名單）（一九四七年五月三十日）

檔號：1041-1-30

江南水泥股份有限公司股東臨時會決議錄

日期　三十六年五月三十日下午五時卅分

地址　天津市第一區大沽路一〇三號二樓

到會股東　一六四人

到會股數　四三一、一二八、九〇〇權

公推袁心武先生臨時主席

主席報告到會股東一六四人計四三一、一二八、九〇〇權已足法定數依法宣告開會

一、董事會提議三十五年增資辦法係以現金增資按照三十六年政府頒布之工礦運輸事業重估固定資産價值及調整資本辦法尚應將本公司原有資産重估增值調整資本總額並按照規定辦法估值增資至少須繳現金增資五分之一茲擬將本公司原有資産估

値及現金增資股本總額改爲國幣二百二十四億元分爲二十二億四千萬股每股仍爲國幣十元除原有股本國幣六十四億元及估値增資國幣六十四億元外另擬收現金增資股本九十六億元由原股東比例認繳用以支付自行續購之機價及補足因物價激漲安裝工料預算之不敷暨以一部分充足流動資金請股東依照公告或通函限期一次以現金繳足逾期不繳者作爲棄權另招新股東認繳

主席付表決贊成提案者請起立

全體股東起立通過

二、董事會報告新增資案現既通過應俟收足股款後再定期召集股東臨時會完成應有手續

三、股東陳鐵蔭周亮之等提議以收足股款後再召集之股東臨時會完成手續不外(一)報告

收足股款及監察人調查股款情形向股東報告㈡修改章程㈢依公司法二一五六條之規定改選董監本席等爲下次股東臨時會中修改章程條文若祇係第三條關於資本總額照新增資案之數額修改並無其他變更而今日到會達三分之二以上之股權股東在新增資股份仍係三分二以上之絕對多數似今日選出之董監如可表決毋庸改選則僅餘報告收足股款一事可否請董事會連同監察人之調查報告一併以書面通告全體股東而省略召集股東臨時會可逕請董監會辦理登記因現時交通時有梗阻且開會日期如在暑伏非十分必要似宜採用變通辦法

股東附議贊成

主席付表決贊成　諸位股東提議者請起立

全體股東起立通過

四、董事會報告此案雖經表決董事會當體察臨時情況斟酌辦理如屆時必須召集股東臨時會完成手續亦難省略請股東查照

股東無異議

五、主席宣告閉會時七時十分

股東臨時會主席

中華民國卅六年五月卅日

江南水泥股份有限公司三十六年五月三十日股東臨時會當選董事監察人

董事　顏駿人先生　三七八、一二八、六九〇權當選

董事　陳範有先生　三七六、八一五、六九〇權當選

董事　袁心武先生　三七五、三六九、六九〇權當選

董事　周實之先生　三七一、八七五、四二〇權當選

董事　孫章甫先生　三七〇、九八五、八六〇權當選

董事　俞君飛先生　三七〇、八八六、九六〇權當選

董事　周志俊先生　三七〇、七九六、八二四權當選

董事　劉靖基先生　三七〇、六五四、一八〇權當選

董事　江子礪先生　三七〇、六五四、一八〇權當選

董事　盧開瑗先生　三七〇、六四八、八六〇權當選

董事　曾養甫先生　三七〇、六二〇、九八〇權當選

董事　葉秀峯先生　三七〇、六〇五、七〇〇權當選

董事　孫棐忱先生　三七〇、六〇二、八〇〇權當選

董事　庾宗溎先生　三七〇、六〇〇、九〇〇權當選

董事　趙慶杰先生　三六八、八七六、四〇〇權當選

董事　唐星海先生　三六八、八六〇、八〇〇權當選

董事　吳少朵先生　三六八、八二五、九七〇權當選

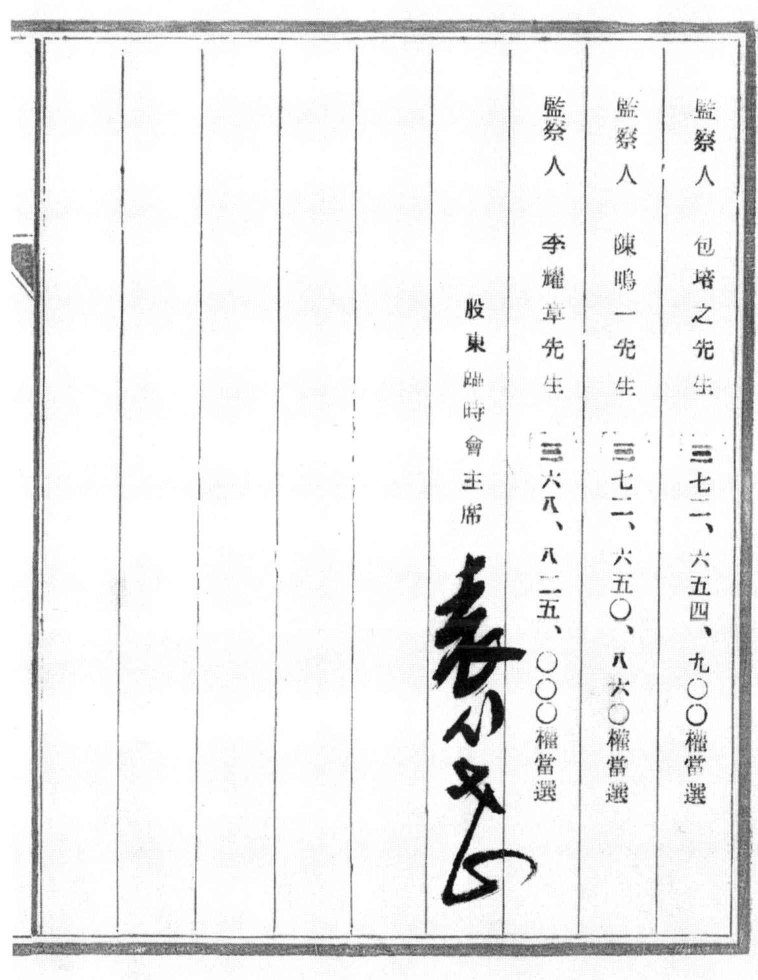

監察人　包墉之先生　三七一、六五四、九〇〇權當選

監察人　陳鳴一先生　三七一、六五〇、八六〇權當選

監察人　李耀章先生　三六八、八一五、〇〇〇權當選

股東臨時會主席

江南水泥股份有限公司棲霞工廠工人工資表（一九四九年二月十九日）

檔號：1041-1-60

基工×$\frac{363}{300}$＝八月十九日基工　　基工資×$\frac{363}{300}$×生活指數×工作天數＝應得工資

長工工資表

（工作七天加工一天如四半个月不請假以十七天計）

民國　　年　　月份　　本月份生活指數

工號	姓名	基本工資	工作天數	應得工資	扣除			實得工資	簽收
1	蔣立山	1.10							計 1.10－2人
2	孫禮慶	1.10							1.00－29人
3	呂秀斌	1.00							.90－11人
4	殷藍田	1.00							.80－9人
5	趙懐玉	1.00							.70－1人
6	孫有才	1.00							49.00 52人
7	吳景昌	1.00							
8	董祖培	1.00							
9	朱學富	1.00							
10	梅大寬	1.00							
11	周仿威	1.00							
12	張子常	1.00							
13	周殿成	1.00							
14	程舟	1.00							
15	鄭耀山	1.00							
16	高大標	1.00							
17	侯培基	1.00							
18	王慶明	1.00							
19	姜道金	1.00							
20	孫太昌	1.00							
22	張秀珍	1.00							
23	李衣春	1.00							
24	沈小五	1.00							
25	徐仁武	1.00							
26	田茂佃	1.00							
27	萬壽堂	1.00							
28	張朝俊	1.00							
29	姜金生	1.00							
30	高觀富	1.00							
		29.20							1007.95

長工工資表

民國　　年　　月份　　本月份生活指數

工號	姓名	基本工資	工作天數	應得工資	扣除			實得工資	簽收
31	賈有秉	1.00							
32	沈小六	.90							
33	陸祖生	.90							
34	馬永興	—							
35	劉長榮	.90							
37	戴金奎	.80							
38	孔照營	—							
40	施正華	.80							
41	蔣啓才	.90							
42	賈有永	.90							
43	宋岳云	.90							
44	李廣和	.90							
45	王開太	—							
46	胡建民	.90							
47	潘茂槐	.90							
48	宋玉才	—							
49	劉瑛	.90							
50	王興邦	—							
51	姜玉龍	.90							
52	張裕富	.70							
53	項福	1.00							
54	戴國棟	.80							
55	高德財	.80							
56	于瑞五	.80							
57	張連武	.80							
58	王展棟	.80							
59	陳家琳	.80							
60	謝永朝	.80							
	共計	49.00							

中華民國卅八年貳月拾九日收到

技工工資表

民國　　年　　月份　　　　本月份生活指數

工號	姓名	基本工資	工作天數	應得工資	扣除			實得工資	簽收
1	沈高秀	1.70							计1.70—5人
2	賈東舟	1.70							1.60—7人
3	陳振東	1.60							1.50—2人
4	吳林德	——							1.40—2人
5	張栢生	1.10							1.30—1人
6	經幼林	1.20							1.20—4人
7	田茂開	1.10							1.10—5人
8	夏祖培	1.10							37.10 26人
9	王再良	1.10							
10	陳三	1.10							
11	朱聲賞	1.60							
12	徐文林	——							
13	張思本	1.70							
14	周維桂	——							
15	周財源	1.60							
16	江澤生	1.70							
17	張鳳鳴	1.30							
20 ~~18~~	張紹峰 ~~王金華~~	1.40							
21	薛耀根	1.60							
22	姜阿然	1.70							
23	王兴邦	1.20							
24	王南太	1.20							
25	袁阿银	1.60							
26	甘陈新	1.20							
27	曹南隆	1.50							
28	張步斌	1.60							
29	胡可嘉	1.50							
30	倪明耀	1.60							
31	錢鴻发	1.40							

共计 37.10

763.147

中華民國卅八年貳月廿九日收到

臨時工作七天加工一天 半个月不請假以17天計

棲霞工廠

工人姓名及工資基數表

姓名	工資基數	姓名	工資基數	姓名	工資基數	
一級記名臨時工		梁金貴	0.55	不記名臨時工		
基數0.65×121(全國各行標準)×指數		朱保文	〃	基數0.35×121×指數		
葛興才	0.65	李恩松	〃	呂長富	0.35	
殷文福	〃	馬秀章	〃	姜克前	〃	
殷培田	〃	舒福榮	〃	甘本清	〃	
張啟美	〃	魏思文	〃	張金龍	〃	
汪修吉	〃	郭禮敦	〃	張小保	〃	
郭義武	〃	郭義友	〃	葛壽海	〃	
刘士分	〃	張全才	〃	梅宗吉	〃	
楊根鏞	〃	施永春	〃	趙小羅	〃	
陳天佑	〃	王永高	〃	蕭懷邦	〃	
邵田志	〃	馬秀龍	〃	施正國	〃	
		刘明濤	〃	張運其	〃	
二級記名臨時工		王守志	〃			
基數0.55×121×指數		侯國榮	〃			
陸玉倫	0.55	黃金之	〃	水泥袋鉄匠工(工資與一級記名臨時工同)		
楊小四	〃	孟兆餘	〃	張和高	0.65	
鄭玉璞	〃	陸玉田	〃	刘毓泉	〃	
鄭玉其	〃	顧家彬	〃	王　燦	〃	
姜維先	〃	賈長波	〃	顧　水	〃	
魏榮宏	〃	張仁儀	〃	張　海	〃	
陳文才	〃	葛興元	〃	刘福金	〃	
魏鳳山	〃	周相正	〃	木工		
侯國良	〃	高生保	〃	王沚聘	2.00	基數2.00×
刘永盛	〃	唐樹珍	〃	王來富	〃	當期南京指數
殷茂田	〃	端士達	〃	顧行馬	〃	
周金昌	〃	左興茂	〃	蔡永祿	〃	
侯根富	〃	葛壽山	〃	貝雲金	〃	
朱壽林	〃	葛金生	〃	李文際	〃	
戴金友	〃			泥水工		
徐潤之	〃			朱俊峯	2.00	基數2.00×
陶友才				呂疆豪	〃	當期南京指數

江南水泥股份有限公司籌備之經過（一九四九年十二月三十一日）

檔號：1041–1–52

江南水泥公司籌備之經過

江南水泥公司籌備之經過

一九四九年十二月卅一日

（一）創辦江南水泥公司之緣起及動機（一九三三）

（二）籌備及建廠之經過（一九三三—三七）

（三）電力供給之商定（一九三六—三七）

（四）購煤合同之簽定（一九三六—三七）

（五）開始試機抗戰軍興遂告停頓（一九三七）

（六）淪陷初期股本之改變（一九三九）

（七）抗日期間機器被刼（一九三八—四四）

（八）勝利後亟圖復興（一九四五—四八）

（九）首都電廠恢復高壓線之經過（一九四七—四九）

（十）解放時之情形及解放後之工作與可能開工之日期（一九四九）

江南水泥公司之工廠，設在江寧縣棲霞山，為國內兩最大最新水泥廠之一。（按大冶華新水泥廠為美國設計之最新機器，江南水泥廠為歐洲設計之最新機器）。自一九三五年公司成立，迄今十四年，從未能正式開工生產。其間歷盡堅苦困難，茲將其經過陳述於後：

（一）創辦江南水泥公司之緣起及動機（一九三三）

我國最老水泥廠，為啓新洋灰公司。廠設唐山。一九三三—五年，該公司年產廿萬噸左右，遍銷全國，營業尚稱發達。惟自一九三一年九一八後，東北市場，為日本侵入，銷數漸減。故其主要銷場為上海，及滬甯沿線與華南海岸一帶。自偽冀東政府成立後，日人謀我益亟。啓新當局，以唐山工廠機器陳舊，原擬以營業所餘，逐漸添買新機。但鑒於冀東（即唐山一帶）已淪為敵日勢力範圍之內，遂改變方向；擬在江南一帶，另設新廠。一則以避敵日之鋒，一則以就近市場也。

（二）籌備及建廠之經過（一九三三—一九三七）

一九三三年，派技術專家趙慶杰君，在滬寗一帶察勘地質。選定南京以東棲霞山之東麓，為廠址。該處既蘊藏大量適於製造水泥之原料—石灰石、及沙土；又鄰近銷售市場，交通便利。蓋所選廠址，沿滬寧鐵路，西距南京四十八華里。又臨近京杭國道，有公路可通。北距長江僅二公里半，有便民河可以聯繫。是以水運鐵路及公路交通，均稱便利。一九三四年，即着手購置土石山地，以及所需廠基，約共二千餘畝。一九三五年，由啓新股東全體決議，將上年及本年度應分之股利，以及職員應得之紅利酬勞，全部撥作江南水泥公司之股本。不足之數，另行募集。是年五月公司正式成立，開創立會於天津。規定股本總額為國幣貳百四十萬元。選舉顏惠慶先生為董事長，袁心武、王仲劉、陳範有，為常務董事。設董事部於天津，除辦理股東登記過戶外，并處理公司重要事務。決定即向外洋定製最新製造水泥機器；並聘王濤君為技術籌備專員。當即分向德、丹、美、英諸國製造水泥機器名廠，徵集最新機器，分別報價。原意以資本所限，擬先辦置新型機器一單位，年產水泥十萬噸。惟預留逐步擴充地位，預計最後擴充為四單位，總共年產水泥四十萬噸。時各國名廠知江南將為中國最新之模範水泥廠，無不悉心研討，刻意競爭。均遣派代表或專家，齊集天津，面為商討。報價者凡七家，以德國之波利西亞斯 Polysius 廠，所報之價最廉，機器亦頗精緻。首先與其洽商，行將訂約；而丹麥國之史蜜芝廠 F. L. Smidth & Co. 為奪得此項交易，極力慫恿，將原計劃先置一單位者，一次設置兩單位。使產量加倍，而機價所增無多。且用種種方法，保證機器之效率，及付款條件之優惠。當時國內水泥需要量日見增大，江南當局，為減低成本，並利用各外商同業競爭之心理，改變計劃；卒於一九三五年五月廿三日與丹國之史蜜芝廠訂立購買兩單位年產二十萬噸水泥機器之合同。並保證日產水泥七百六十噸，約定製造期間為八個月。在製造期間，由公司派技師趙慶杰君，至該廠監造水泥機器。訂妥後，續向德商禪臣洋行，訂妥電氣設備。（大小馬達九十餘座，共五仟餘匹馬力）。及三百七十五匹馬力柴油發電機一座。並向英商怡和洋行，訂開山機與大吊車，及修機間機器。又向德國波力士廠 Polig ，訂空中架線路，為由廠以空中線路運至江邊上下長江大輪之用。（嗣以江邊坍陷，又限於財力，此掛線路，迄未安裝）。機器訂妥後，即開始建築工程。先行開山墊築廠基，同時自行建築鐵路岔道三・四公里，銜接滬甯線之棲霞山車站。修築石子公路，接連京杭國道。開挖運河，與便民河相接，以通長江。自一九三五年七月興工，至一九三六年，以工程浩大，又以原擬年產十萬噸一單位之機器，刻改為年產二十萬噸二單位之設備。原來之股本二百四十萬元，不敷甚鉅。爰於一九三六年三月，招開臨時股東會，將資本總額，改為四百萬元。除一部份由原股東認繳外，不足之數，另行募集。

一九三六年二月，史蜜芝訂造之機器完成，共計三仟餘噸。於是年四月廿四日以專輪，由歐洲直接運抵浦口卸儎，經鐵路輪渡轉運抵廠。向其他廠所訂之機器，亦陸續運到。時工廠建築廠房，安裝機器之工作，全部展開。安裝方面，由在丹監造之技師趙慶杰君主持。建築方面，由土木工程師庚宗淮君主持。分工合作，積極進行。除廠房外，同時幷闢地建築職工住宅四十餘幢，職工宿舍十餘間，並職工俱樂部、膳堂、小學校、農場，以及自來水下水道等工程。原擬一九三七年春間完工生產，嗣以開石山工程艱鉅，而工具不應手，以致延至是年秋間，始能完成。

與史蜜芝訂立購置水泥機器合同後，復因提高水泥成色，加訂原料漿摻合機，以控制原料之化學成分，并續訂各種機器之配件。益以各項建築工程之浩大，資本復有不足。旋於一九三七年四月，招開股東會，議決將資本總額增爲四百五十萬元。並發行公司債二百萬元，公司債除一部分由股東儘先認購外，其餘由天津之新華與中孚兩銀行承銷。

（三）電力供給之商定（一九三六—一九三七）

查江南所訂製造水泥機器二單位，如全部同時開動，共需電力四千五百基羅瓦特(K.W.)江南當時配合建設委員會集中發電之計劃，及大電氣事業國營之政策，除自備三百七十五匹馬力之小柴油發電機，作爲備件外。（此發電機主要之目的，爲防首都供電中斷時，可以自轉璇窰，不致遽受重大損失）。一切電源，均事前商定由建設委員會之首都電廠供給。按該電廠主要電量，爲供給南京市電燈之用。故每於晚間點燈之時，（每晚五時至十時）其電廠之負荷，高於其他時間一倍以上。此種負荷忽高忽低之現象，在電廠自不經濟。普通水泥廠，原係廿四小時繼續開動，不能停止。其中磨子及碾石機部分用電較多，約占全部百分之八十。此項磨子等，因無高熱度燃燒關係，每日停關五六小時，並無重大損失。不過因每日之停關，產量減少，必須將磨子能力，比例加大，方能配合日夜不停大窰之產量。江南廠爲避免電廠晚間最高負荷之時間，特允電廠，於每日下午五時至十時期間，將磨子及其碾石機等全部停關。故江南在訂購機件時，即將磨子等能力增加百分之廿五。因此江南在機器設備方面，投資較多。而一日之間笨重機器，時開時停，經常之損失，亦復不少。電廠方面，因江南此項之設施，在電廠發電部份，既無須多增加設備費用，并可使發電負荷日夜平均，增加發電之效能。故電度價格，亦特別低廉。爰於一九三六年十一月十五日，與首都電廠（即現在之南京電廠）訂立互惠合同，其主要條件為：

用電量　在電廠非高負荷時，為四千瓩（即K.W.）。

在電廠高負荷時，（每日下午五時至十時）為七百瓩。

電價　基本電費每月三千八百五十元。最高需電量，不及規定之一半時，得照半數收取基本電費。

流動電費　第一級（每瓩用電在一百五十度以內）每度一分五厘。第二級（即一百五十度以外）每度一分二厘。

保證金　江南於簽合同時，繳付電費保證金一萬六千元。

路線設備費　自電廠起，至江南之配電所間，之一切供電設備由電廠於簽合同十個月內，辦理完竣。

其餘細節，詳見所訂合同十八條，及附則三條。

在訂上項供電用電合同之同時，電廠為敷設高架線路，向江南借款二十萬元。年息一分。由江南於正式用電時，以電費按月扣抵。又電廠因江南借款協助之關係，將平均電費，每度再減低一厘六毫一絲。另定立借款合同六條。上項兩合同簽訂後，江南當將應付之保證金一萬六仟元付訖。應付之借款廿萬元，於簽合同後一星期內付訖。電廠亦即開始訂購路綫所需之材料，及變壓器等。放綫工作，於一九三七年夏間開始，同年十月完成。（以前綫路係用木桿）

（四）購煤合同之簽訂（一九三六—一九三七）

水泥工廠之主要材料，為燃煤。查江南所訂製造水泥機器，璇窯二具，如全部同時開動，每天共需燃煤弍百廿餘噸。該項煤斤，如不大量存儲，勢必有礙生產之繼續爰於一九三六年十二月四日，與淮南煤礦局，訂立合同。其主要條件為：

購煤數量　購用淮南屑煤五萬弍仟噸。

價　　格　每英噸按法幣伍元八角計算，在裕溪口江南所僱民船艙內交貨。

付　　款　簽訂合同時，江南預付全部貨款百分之五十，計法幣壹拾伍萬零捌百元。

煤　　質　照所附化驗單供給，並保證水份為百分之七·五三，灰份百分之廿二，熱力一〇七〇〇 B.T.U.，含硫不超過百分之一·一。

幷規定此項合同，任何一方如改組或轉讓其承繼人應承認有效。其餘細節詳見所訂合同九條，及合同附件三條。

江南於簽訂合同時，即將五萬二仟噸煤價之半數，計拾伍萬零八百元付訖。次年(一九三七年)方開始交煤，至同年十一月十日，共計實收煤斤七千一百十六噸。此後因戰事發生，即未能續交。祇有俟江南開工時，再行洽商，如何按照原合同精神，繼續供給煤斤之辦法。

(五) 開始試機抗戰軍興遂告停頓 (一九三七)

一九三七年抗戰軍興，而江南建廠已完成十之八九。是年九十月間，雖淞滬戰事吃緊，而江南職工，為早日完成生產任務，迄未停止工作，於十月底機器已全部按裝完竣。電亦接通。十一月四日，開始試機，惟未及旬日，淞滬撤守，戰火迫近棲霞，遂告停頓。除將重要水泥機件拆下，及一部主要工具設法藏匿，以免機器被敵人利用外；所有廠中重要機器圖樣帳册等文件，分裝七箱，與一部分職工，西遷漢口。該圖樣帳册文件等即寄存於啓新漢口辦事處。一九三八年七月，啓新將大冶廠拆遷至湘西之辰谿，同時將江南所存之七箱圖册，一併遷往辰谿。不幸一九三九年九月廿一日，敵機初來襲炸，即被命中燃燒彈。所存物件，全被焚燬。(詳見一九四六年王濤來函及附件)此亦公司一大損失也。

在國軍撤守之際，地方糜亂，所有自南京至棲霞山之輸電桿線，摧毀無遺。公司當局，爲適宜應變，商請丹德兩國售機器洋行，分派代表，冒險馳赴工廠，協同留廠員工，盡力保護廠内所有財產。是以淪陷之初，工廠内部未遭破壞。並就廠址，設難民區，拯救難胞三萬餘人。惟工廠自此時起卽陷於停頓。

（六）淪陷初期股本之改變（一九三九）

一九三七年十月底，工廠淪陷後，一切陷於停頓，僅留一部員工，保護廠產；並進行未完之工程。先是江南之股票，在津甚爲活躍。自工廠停頓後，一落千丈。同時公司以經濟來源無着。所發行公司債之本息，亦無法償付。遂於一九三九年六月股東會議決，將股本總額，改爲八百萬元。先收足七百廿萬元，除原有股本四百五十萬元外，其餘二百七十萬元，商妥公司債執有人，以全部公司債之本息作爲入股之金額。一面託陪都重慶陳漢清律師，於一九三九年十二月廿八日代向前經濟部遞呈，爲撤消公司債之登記。並爲資本總額，改爲八百萬元之登記。

股本總額所餘之八十萬元，由啓新洋灰公司陸續以現金認繳，於一九四一年一月十八日繳足。

（七）抗日期間機器被刼（一九三八—一九四四）

敵日軍事佔領華北華中後，卽進行其經濟侵略政策。屢次誘致江南開工生產，均告以機器未全，電源不繼，設辭推託。一九四一年春，敵商三井洋行，以受其軍部委託管理名義，預擬合作契約，一再迫令簽訂，均予拒絕。嗣後該洋行又催促開工，擬統制銷售。公司當局，仍抱不資敵，不合作素志，未為所屈。致遭敵日嫉視。一九四三年七月，敵軍部突通知江南董事會，以山東張店製鋁，需用江南製造水泥之主要機器，擬即着手拆卸，囑江南迅與敵方輕金屬公司商訂合作或租借契約。江南當局，聞之無不憤慨，在董事長顏惠慶先生領導之下，嚴詞拒絕。而日方壓力與日俱增。我方忍辱折衝，藉以拖延時日。旋召開股東會於天津，投票表決，一致反對拆遷，甯為玉碎，在所不計。延宕半年，至是年（一九四三）十二月中旬，敵日以江南始終抗拒，唆使偽實業部於十二月十七日下令拆遷。（附應拆機器清單。為製造水泥主要機器，是為第一批）。一九四四年一月，敵日軍部派兵進廠，由輕金屬公司率領大批日本技工，開始拆卸。此為在不安協下武力强行拆遷之開始。是年六月，第一批機器已大半拆移，日人猶以為未足。續開列第二三批應拆機件清單，再囑偽實業部，於六月卅日，以偽令通知江南，繼續拆遷。計自一九四四年一月起，至同年十月止，凡十閱月。江南之製造水泥主要機器，及其附件，被劫一空。十年來苦心經營之工廠，至此為敵人全部破壞。所幸廠房、住宅、交通設備、機器底座，及其他與製造水泥無關之機器，如開山機、碾石機、大吊車、修機間機器，原料漿摻和機及柴油引擎等，未被遷移，得以保全。一九四五年夏，敵人正擬利用廠址及所留設備開辦酒精廠，未及實施，即行投降，亦不幸之幸也。

（八）勝利後亟圖復興（一九四五—一九四八）

一九四五年秋，敵日投降，江南即着手籌備復興。首先申請將日寇强行劫奪拆遷至山東張店之機器，予以發還。當分向偽經濟部魯豫晉特派員辦公處，及偽行政院山東青島區敵偽產業處理局，呈請發還。同時並與張店鋁業公司接收人員接洽。復於一九四六年十二月派棲廠總技師趙慶杰，前往調查機器置放地點，及件數。另有詳細報告。嗣於一九四七年二月中旬接偽處理局通知，准予發還，並附發機器現存情形表。乃查附表所列現存機器件數，與趙總技師實地查點之報告單比對，名稱既間有歧異，數量亦短少甚多。正待交涉重予會同點查核對，乃以交通梗阻，迄未能實行。

在山東之機器尚未批准發還之前，江南環顧當時情形，膠濟及津浦兩鐵路之交通，在國民黨統治之下，殊難恢復，機器運回，一時殊少希望。為使生產之能早日實現，乃一面籌劃另行訂購被拆之補充機器。其時民營工業，向外國訂購機器，極為困難。不但請購外滙，層層阻滯；且歐美各國，在第二次大戰後，工業復員，尚未就緒。對於國外訂購機器，交貨期限，異常遲緩。惟有由偽行政院善後救濟總署轉託聯合國救濟總署，訂購機器，較為迅速。江南遂於一九四六年二月請善後救濟總署蘇甯分署，轉請總署，准予配售補充機器。比由聯總派加籍工程師白氏(Mr. Baird)及蘇甯分署陳耀奎君，到廠實地查勘後，認為有配售機件之必要。本公司遂將被日寇强行拆遷而需應行補充之機件清單，開交行總詢價。一九四六年秋間，行總為訂購一般之機器及器材，曾派專員赴美與各製造廠家洽商，十一月內大致洽妥。惟本公司所申請部份，除水泥機器一小部份，及電氣設備之全部，因時間所限，製造不及，未能商妥外。其餘大部份水泥，補充機器，均已在美代為訂妥，旋於一九四六年十二月三日，與行總訂立購買契約。計原價美金一百三十二萬三千四百八十元，另加行總費用三成。共計美金一百七十二萬〇五百廿四元。訂約時即須付給三成，餘七成，貨到即付。時江南以工廠停頓，將及十載。金融枯竭，已達極點。一時無法籌付此項鉅款。當於一九四六年十二月廿日在天津招開股東會，決議將股本八百萬元增至六十四億元，全收現金。（當時約合美金一百九十萬元）除一小部由天津原有股東認繳外，大部現金，係由上海新股東以溢價方式，參加投資。是以行總代訂之價款，均能如期繳付。惟除行總代訂之機器外，尚有被拆製造水泥機器之一小部，及電氣設備全部，與行總磋議再三，未能代訂。但無此項機件，仍不能恢復生產。隨由江南自行訂造，於一九四七年五月初旬委託史密芝公司，在美分五廠家代為訂購，共計美金卌五萬二仟七百九十元。外滙所需之資金，又須自行籌措。彼時法幣貶值日甚，非但美金價格日高，而安裝機器之工料，以及運輸費與原預算不敷甚鉅。乃於一九四七年五月卅日召開勝利後第二次股東會。將資本總額由法幣六十四億元增為二百廿四億元。除原有股本六十四億元，及按照當時法令固定資產重估升值六十四億元外；其餘所增現金股本，票面九十六億元，按照溢價增收現金，計實收法幣三百廿億元。是年夏間，行總代訂之機件，即陸續運到。是年秋，自訂之電氣設備，亦開始自美裝運。一九四八年五月，機器大部運到，積極安裝。預計一九四八年內，全部工程可以完竣開工

一一

，惟以物價驟漲，原預算，復有不敷，且開工前，應行添補之器材，及燃煤、石膏、鐵石、紙袋、等料，以及添建南京貨棧，與通江公路等工程，必須及時趕辦，方不誤年內之開工。因此不得不再作勝利後第三次增資；遂於一九四八年五月卅一日召開第三次股東會。將股本由二百廿四億，增至一仟〇〇八億。連溢價部份，實收現金法幣五仟〇四十億元。增資後，除積極將機器安裝工程，設法趕於年底完成外。並在南京中央路購置基地，採買材料，準備建築貨棧。在廠添建工人住宅廿四幢，及工人宿舍十餘間。又另築直達江邊之公路路基。同時購辦燃煤、石膏、鐵礦石，及紙袋等材料。所有年底開工前，應備之器材，大部均已齊備。

（九）首都電廠恢復高壓線路之經過（一九四七—一九四九）

按在行總配售江南機器之時，曾一再與南京首都電廠洽商，供給電力問題。首都電廠，以以往與江南有訂立互惠合同之關係，並為推廣營業，承認供電設備，由其負責恢復。所有線路需用之鐵塔、銅線、瓷瓶、即向慎昌洋行定購。並允於一九四八年秋，線路可以完成供電。詎管轄京電廠之揚子電氣公司，於一九四八年夏，忽以資金難以週轉，要求江南付貼桿費美金伍萬元。江南當以恢復線路，按照原約，乃電廠之責任。且江南前為敷設線路，所借與電廠二十萬元之本息，迄未歸還。揆之情理，實無再付鉅費之理由，據理力爭。揚子公司以事實上之困難，謂江南如不貼費，線路工程勢將中輟，即已購器材，亦難保全。倘能付給貼費，則線路工程，即可趕速進行，一九四八年年底决可通電。江南急欲開工，迫不得已，在財力萬分窘乏之時，祇得於第三次增資股款內，撥付揚子公司貼桿費美匯伍萬元。接電線路之鐵塔鋼料製造工程，即由揚子包與上海慎昌洋行承作。至一九四八年十二月間，江南廠所有訂購之機器，均已安裝完竣，材料亦大致備齊。專候電線接通，即可試機。不料揚子電氣公司，復以款絀，積欠慎昌製造路線之鐵塔工資，以致工程陷於停頓。江南因籌措五萬美滙，對董事會原以開工為先决條件，未能坐視。乃與電廠相商，從速繼續鐵塔工程。所有製鐵塔工資，及由滬運棲運費，暫由江南墊付，照付款時電度電價折合，作為預繳電費。

自一九四九年二月起，慎昌復工。四月鐵塔製造工程業已完竣，且正陸續運至工廠，適值南京解放，京滬車運中斷，以致最後一批鐵塔材料未能運廠。則線路工程，至此又暫告停頓。

（十）解放時之情形及解放後之工作與可能生產之日期（一九四九）

一九四九年四月初旬，解放軍行將渡江，南京居民多恐戰事發生，紛紛遷避。江南廠在滬寧沿線之棲霞山，雖似為軍事必爭之地。但廠中員工，為愛護工廠，以及對解放軍之信仰，均各守崗位，無一人遷移。即員工眷屬，亦未有移動。在國民黨軍撤退，而解放軍尚未來臨之際，地方情形，稍形混亂。但全體員工，堅强組織，日夜輪守。非但暴徒未敢侵犯，且附近村鎮老弱，來廠避難者數千人。是以在解放之際，廠中毫無損失。

解放後，為響應政府增加生產之號召，首先與南京軍管會接洽，如何繼續高壓路線之工程，俾工廠能以開動。當由南京建設局，約集電廠及江南雙方開會，商定線路工程，仍應賡續進行。所需費用，估計約需食米四仟七百餘石，由雙方各半担負。江南担負之部份，仍作為該電廠預收電費。時揚子電氣公司，及首都電廠，均為軍管會接收。首都電廠，易名為南京電廠。江南當與南京電廠面商，如何分工合作，將此線路工程早日完成。當商定由江南担任者為：(一)將滬存鐵塔待運之鐵料，運至江南廠。(二)製造鐵塔上之螺絲。(三)建築鐵塔底脚，所需石子及鋼條之供給。(四)全路鐵塔底脚之建築，及鐵塔拆裝與樹立工程之一半。(江南担任全路之東半段)其餘之工作，由南京電廠担任。當於一九四九年六月七日商安，記有筆錄。八月初對路線建築及鐵路安裝工程，由電廠公開招標。江南所担任之東半段，由江南得標承包。十二月中旬江南所包之東段，業已完竣。西段因有一小部份底基遇流沙，工程尚未完竣。南京電廠，擬一九五〇年二月初開始放線，預計一九五〇年三月內全部路線工程可完竣，開始供電。江南廠內其餘工程，早已完成，一俟電源接通，即可開始試機。各項機器試驗及校準，約須一個月。預計正式生產，約在一九五〇年四五月間。

江南水泥股份有限公司之歷史與内容（一九四九年十二月三十一日）

檔號：1041–1–52

江南水泥公司之歷史與内容及擬為政府部份加工之建議

（甲）江南水泥公司之歷史

（一）創辦江南水泥公司之緣起及動機（一九三三）

（二）籌備及建廠之經過（一九三三——三七）

（三）電力供給之商定（一九三六——三七）

（四）購煤合同之簽定（一九三六——三七）

（五）開始試機、抗戰軍興遂告停頓（一九三七）

（六）淪陷初期股本之改變（一九三七）

（七）抗日期間機器被劫（一九三八——四四）

（八）勝利後亟圖復興（一九四五——四八）

(九)首都電廠恢復高壓線之經過(一九四七—四九)

(十)解放時之情形及解放後之工作與可能開工之日期(一九四九)

(乙)江南水泥公司之內容

(一)歷次增資經過及股東成份

(二)目下公司之經濟狀況及困難情形

(三)江南公司及工廠之現況

(丙)建議為政府部份加工

(一)自行備儲流動資金開工後不能維持之實況

(二)建議為政府部份加工

(三)將來之展望

（乙）江南水泥公司之內容

（一）歷次增資經過及股東成份

江南於抗戰前增資二次抗戰初股本改變一次勝利後增資三次業於（甲）（二）（六）（八）各節有所叙述茲將各項增資日期股本總額及實收現金列表於后：

創立及增資日期	股本總額及增至	實收現金	附註
一九三五年五月	國幣貳佰肆拾萬元	國幣貳佰肆拾萬元	創立時資本 七月廿日實業部設字783執照
一九三六年三月	〃肆佰萬元	〃壹佰陸拾萬元	五月九日實業部新字第443號增資執照
一九三七年四月	〃肆佰伍拾萬元	〃伍拾萬元	另於本年度發行公司債國幣貳佰萬元
一九三九年六月	〃捌佰萬元	〃叁佰伍拾萬元	增募資本叁佰伍拾萬元以貳佰柒拾萬元償付公司債

一九四六年十二月廿日	法幣陸拾肆億元	法幣陸拾叁億玖仟貳佰萬元	
一九四七年五月廿日	〃貳佰貳拾肆億元	〃叁佰貳拾億元	實收現金因有溢價股款在內故較股額為多
一九四八年五月廿日	〃壹仟零零捌億元	〃伍仟零肆拾億元	〃

廿四年初次所收股本全部係啟新洋灰公司股息及職員應分之酬勞撥作股本故當時江南股東即係啟新股東及啟新之職員啟新股東約貳仟餘戶職員貳佰餘名故江南股東為多數小股東集合而成 一九三六 一九三七年兩次增資大部份為原股東比例分攤有一部份外加之新股東當時江南為新設之廠股本比啟新為小而產量能大效率高故北方投資於股票者多願購買江南股票一九三六—一九三七年間江南之股票在津市之買賣頗為活躍以前首屈一指之啟新

股票竟為後起之江南所替代因過户之增加江南之股東成份即逐漸改變不完全為啟新之股東而股東人數亦年有增加一九三八年工廠停頓江南之前途暗淡股票在市場上之周轉大為減少但仍僅次於啟新至一九三九年公司債改為股本又參加銀行方面及持票人之股本一九四一年啟新公司以現金八十萬元認足八百萬元增資之餘額彼時啟新公司以法人地位占十分之一之股本為當時最大之股東勝利後於一九四六年訂購補充新機需款六十餘億之鉅原來股東無力擔負遂在上海紗廠方面接洽新股東以溢價方式投資現金四十億元其餘二十餘億元由原股東儘先認繳不足之數再另行募足此次增資後上海方面之

新股東約占全額百分之廿五一九四七年之增資其溢價放棄部份由上海之股東認繳一九四八年之增資最為困難蓋最近三年每年增資一次股東已感精疲力盡又值物價高昂生活維艱實無餘力再行投資在股東會上由董事會說明困難且復興已大部完成未能功虧一簣並聲明此乃最後一次之增資此次增資後即能生產營業以後決不再向股東增股費盡唇舌將股東說服增資議案得以通過但所有應行繳款最多之溢價部份一般股東悉行放棄不繳幸由啟新公司及上海新股東分別認足增資得以完成

江南公司最初原為啟新股東及同人所投資十餘年

來股票在市場上交易以及歷次增資其成份變動頗多除啟新洋灰公司及上海方面為數較大之股東外其餘多係小股東尚有中孚金城等銀行及久安信託公司股權較多但大部係受顧客之委託寄存或因抵押過戶其銀行本身仍佔少數按照一九四九年一月股東簿所載共計股東三仟九百五十五戶足以代表小資產階級之民族工業股東約有九成以上（按戶名計）在天津故董事部自創立起迄今均係設在天津所有股據印發股冊編造以及股份過戶等事宜均歸天津董事部辦理自本年一月天津解放後董事部遵照民營公司一般之辦法對於股份暫停過戶聽候調查南京解放後由南京市

工商局及軍管會公安部審查股東名册指出葉秀峰吳佩秋曾養甫等股份應予凍結同時天津公產清管局通知吳宋洪筠之股份亦應凍結聽候處分（嗣於年終奉到通知將曹興平等九户股份一併凍結）復由津董事部自行查明邸玉堂鴻記二户係屬漢奸股份均經呈報凍結嗣根據南京市公安局函將葉秀峰吳佩秋股份没收各在案至八月廿日本公司股東名册經天津市軍事管制委員會金融接管處審查完畢除以上凍結之股（共計十五户其股額之合占全部股額千分之四一九）指令准予在天津市証券交易所上場交易迄至現在尚在正常交易中

(二)目下公司之經濟狀況及困難情形

自一九三八年增資後其預標係估計至是年九月即可開工〔至開工〕前一切應備之器材及部份流動資金原應足用乃以電廠接電之稽延至本年八月全部流動資金俱已耗盡不得不仰賴出售存料以維持高壓電線路工程之進行及全部職工之開支資金缺少一切不能如原來預算進行其主要原因如后、

(一)一九四八年六月大部增資股份收齊之時正值法幣貶值行將崩潰之際現金不及購買材料而價值日落雖亦酌購金鈔但究不能全部利用

(二)增資歘收集未久揚子公司突提出貼補高壓線路費美滙五萬元之要求當經付法幣一仟二百七十九億餘元此係預算以外之額外支出

(三)增資未久即遭八月十九日僞金圓券之施行公司僅有之金鈔均爲國民党政府以金元券換收致僞金圓券存於銀行生息不數月其價值幾等於零

(四)揚子公司製造鉄塔工程雖經貼費五萬美滙乃又中途停工由公司代付工資運費以及建造鉄塔安裝工程等費截至一九四九年底結欠電力六十三萬八仟九百八十八度按目下時值約五億元此亦額外支出

(五)增資原預算為去年九月完竣開工現拖延一年之久以目下每月開支六仟萬元約合八億餘元原預算未列入

綜觀以上五項原因均係受反動政府及其官僚資本之危害及壓迫至為明顯

公司自本年八月以來全恃出售廠存燃煤以資維持至明年二三月間開工前應續備之材料及流動資金毫無着落若再增資則上次股東會上已有聲明不再增加股東担負且事實上大多數股東亦實無力再行投資即較大之股東如啟新與上海投資之紗廠自顧尚且不暇更無餘力資助江南此為目前如即進行開工籌措流動資金之困難情形也

㈢江南公司及工廠之現狀

江南公司自一九四六年十二月增資後組織上略有變更迄至目下止董事長仍為顏惠慶副董事長為袁心武常務董事為劉靖基周志俊唐星海俞君飛孫棐忱陳範有董事部仍設在天津有職員十人自一九四七年設總事務所於上海（江西路四〇六號三二〇室）總經理陳範有副總經理庾宗溎盧祖詒此外尚有職員十人工友四人工廠設棲霞山廠長兼總工程師趙慶杰副總工程師張百鋼副廠長孫柏軒此外尚有職員廿六人工友一百五十八人解放後成立職工學習委員會十二月中旬棲霞山工廠管轄問題始决

定爲南京市一九四九年十二月廿日職工籌委會成立選舉胡慶
泉姜王龍爲籌委會正副主席南京方面暫由工廠派職
員二人接洽事務
員工福利方面廠内建有職工住宅六十餘所單身職工宿
舍公共食堂浴室理髮室設有診療所爲職工及眷屬免費
治療組織福利社配給職工日用必需品兼有職工子女小
學校在未開工前限於財力尚未開辦職工子女由工廠備車送
往棲霞街小學校就讀闢有籃球場供職工工餘運動之
用本年二月間添辦工友識字班
工廠設置情形已詳見(甲)二項勝利後在美訂購之機器

因係補充機器且由在美原來之工廠照原圖設計大致與原來相同所改者以前大窑用鉚釘接連現均改用電銲磨子以前用減速齒輪中心直接動轉現改為用大齒輪由旁邊轉動

全部資產按照目下時值約在人民幣九百億至一仟億元之間（約合美金四百五十萬元）公司迄目下止除欠啟新公司水泥約四百噸及銀行臨時小額透支外並無其他鉅額負債

（丙）建議為政府部份加工

（一）自行借貸流動資金開工後不能維持之實況

查產量減低所需流動資金亦可隨之比例減低惟江南廠機器單位較大現有之機器為兩單位每一單位正常之產量應為月產一萬噸如開慢車可能減至月產八仟噸若比此再低則每月大窰須停廿一個時期非但損失熱量且大窰停火火磚必有相當損壞修補之工料所需甚鉅成本必至驟增不能與同業競爭故江南開半機（即一單位）月產八仟噸為最低之生產量茲按月產八仟噸所需之流動資金列後

開工前必須籌措之最低資金：

淮南煤三仟噸　每噸二三〇.〇〇〇　六九〇〇〇萬

電費準備（一個月）七四五〇〇乘八〇〇〇　五九六〇〇〃

50萬個紙袋進口稅　每個四五〇元　二二五〇〇〃

斗車補充及其他必需材料　二八九〇〇〃

共一八〇、〇〇〇萬

開工後最低之週轉資金：

廠存半成品（灰塊）一〇〇〇〇噸　每噸一四、五萬　一四五〇〇〇萬

〃〃散倉水泥　三〇〇〇〃　〃〃二一、〇〃　六三〇〇〇〃

〃〃裝成水泥　一〇〇〇〃　〃〃二七、〇〃　二七〇〇〇〃

各銷售地存　一〇〇〇〃　〃〃三五、〇〃　三五〇〇〇〃
共　二七〇、〇〇〇萬

以上總共　四五〇、〇〇〇萬

以上係假定銷路通暢製成水泥大部隨時銷售絕少存貨且銷出之貨隨即均收現款故周轉資金內並無待收之款或貨款之期票在內也

若在商業正常時期廿億之流動資金已為極低之數額蓋固定資金照目下約略估計為（四五〇萬乘二一〇〇）九四五億元四十五億元僅占固定資產百分之五弱

假定上項流動資金均向銀行借貸以最近三個

月（十、十一、十二三個月）平均之銀行放款利息每千元日息二一·五元七日複息一次計祘則每月利息約合四十億元每月產水泥八〇〇〇噸每噸僅利息一項即合每噸五十萬元已超過最高之水泥市價矣

假如江南能獲得低利優惠之借款日息十二元十天複息一次則每月利息之担負約減為十八億五仟萬元每噸約攤二十三萬餘元以目下市價僅售每噸四十餘萬元是亦無法生存况此種低利借款既難獲得而又未能長期使用故特借款開工以為流動資金殊未能維持也

(二)建議為政府部份加工

江南機器之新穎設備之優越以及富有經驗之優秀技術員工（江南技術員工多由啟新選調或由江南招考後在啟新或華新各廠服務多年並在江南有兩次裝新機器之經驗）於十四五年堅苦經營之下在電力接通之後如仍不能開工生產似與政府提倡生產繁榮經濟之意未符

為配合目前國家經濟政策並為解決江南目前資金之困難擬用江南廠之生產工具及技術人才為國家部份加工所出產品除少半由江南自售外大部均

歸政府為建設之用建議辦法如下

製造水泥所需之煤電紙袋三項由政府供給其他石土石膏材料消耗職工薪津管理費及折舊等項均由江南担負所產成品按照成本內政府所供給之項之時價比例分配

按煤電紙袋所需之流動資金在製造水泥成本中為最多若此三項資源由政府供給則江南對籌備流動資金之問題可以大部解決同時此三項物資均掌握在政府手中 政府供給可無須現金之籌措蓋江南所用之煤以淮南煤最為適宜該礦由國

家經營已有大量之生產所用之電力為南京電廠之發電

目下該電廠電力有餘，尤其非高負荷之時間（即除晚五時至十時）所餘之電力更多紙袋需要外滙亦係由國家控制國家經營之紙廠頗多將來能自製牛皮紙袋由國家供給以節省外滙則更合宜

茲將暫開單機月產（仟噸水泥每噸之成本估計如下表：

開單機月產八仟噸水泥成本估計表〔廠交，不連出廠稅 每噸價格〕

1949.12.31.

號數	項目		每噸需要	單價	噸共價	百分比（不連利息）	百分比（連利息）	說明
1	煤		0.33吨	230,000	75,900	24.2%	21.4%	燒窯用運到工廠價
2	電		135度	552	74500	23.7%	21.0	目下南京工業用電價760+5% =798假定江南大量用電并避免高負荷時間打七折 =552
3	紙袋		20個	2500	50000	15.9	14.1	五十公斤裝四或五層牛皮紙袋
1-3共計						63.8	56.5	
4	石土		1.70吨	7000	11900	3.8	3.4	山價，炸藥，工具修理及補充
5	石膏		0.04吨	42000	16800	5.4	4.7	用應城或湘潭石膏
6	材料消耗				23000	7.3	6.5	鋼球，鉄段，火磚，鋼板，机器油，鉄矿石等
7	職工薪津	工人	1.72	11000	18700	8.2	7.1	直接工人230人土石坑包工120人運輸包裝等100人約共450人
		職員			6900			廠，寧，滬，三處共55人
8	管理費	經費			4000	2.1	1.8	廠寧滬三處經費包括徵糧公益捐助職工福利等
		董事部			2500			天津董事部職工薪津及經費
9	折舊及機件補充				29500	9.4	8.3	按資產估值3% $\frac{450万\times21000\times.03}{12\times8000}$
1-9共計					313,700			
10	借款利息				41,000		11.6	借款八億日息十二元每月利息3.3億
1-10共					354,700	100.0	100.0	

江南水泥股份有限公司

按上表煤電紙袋三項占全部成本之百分比為：

a. 不連利息計祘　六三·八〇%

b. 連利息计祘　五六·五〇%

利息一項係按照前三項之資源由政府供給平均借用流動資金減低至八億元按最低利息之核計茲為易於計祘起見以a. b. 平均計祘約合60%　即政府供給製造一萬噸水泥所需之煤電紙袋換取裝成水泥六仟噸每噸平均價約為三十三萬元此項約價約合市價八折之譜又南京之煤及電力係在最近（十二月十七日）始公佈漲價計煤加百分之廿電

力加百分之八十七·五政府如按煤電之成本及紙袋之直接購買價（目下連百分之五十之關稅每個約為美金七分至八分）計祘其採取水泥之成本每噸可能僅在念萬元左右約市價之半數製造水泥一萬噸所需三項之數量為：

又上項成本估計表内未將江南投資人之利潤或股息計祘在内

又成本估計表中所列折舊及配件補充一項係按全部資產所值百分之三計祘此為維持機器效力最低之費用

(三)将來之展望

為簡化起見暫時先只以煤電紙、係三項由政府供給為初步之試驗以後政府掌握之物資較多時可將製造水泥所需之炸藥石膏鐵礦石鋼鐵料機器油耐火磚等統由政府供給由為政府部份加工作到為政府全部加工之成份以期成為共同綱領第三十一條所稱之國家資本主義性質之經濟

由江南先行試辦此項部份加工之辦法如有成效可逐見推行至其他較大之私營水泥廠以期全國水泥廠均與政府聯繫合作如此則政府對全國水泥

事業可以統籌生產分配用途，步入計劃經濟之
階段，此為將來之展望也

一九四九年十二月卅一日陳範有草於上海